HARMONIE

Système de la succession des tons.

(SYNTAXE)

PAR

J. CHR. AUG. TENNSTEDT.

Vita brevis, ars longa.

PRIX NET: 10 francs.

EN DÉPÔT:

PARIS
SCHOTT, Éditeur
1, Rue Auber

BRUXELLES
SCHOTT FRÈRES
82, Montagne de la Cour

LONDRES
SCHOTT & Cº
159, Regent Street

MAYENCE, LES FILS DE B. SCHOTT

1868

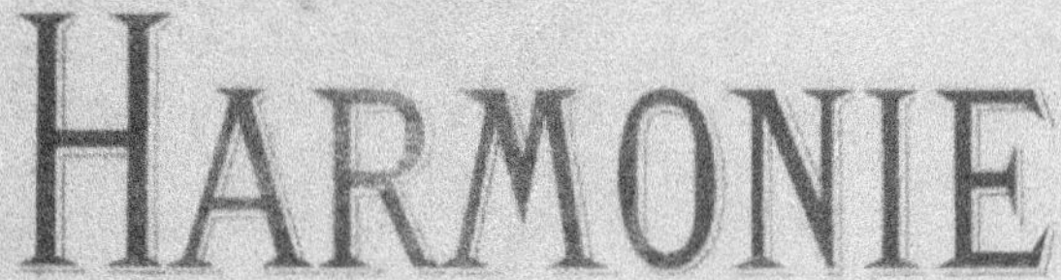

Système de la succession des tons.
(SYNTAXE)

PAR

J. CHR. AUG. TENNSTEDT.

Vita brevis, ars longa.

PRIX NET: 10 francs.

EN DÉPÔT

PARIS
SCHOTT, Éditeur
1, Rue Auber.

BRUXELLES
SCHOTT FRÈRES
82, Montagne de la Cour

LONDRES
SCHOTT & Cie
159, Regent Street

MAYENCE, LES FILS DE B. SCHOTT

1868

Prop. de l'auteur. Ent.d Sta. Hall

[illegible]

Avant-Propos

Le compositeur de musique, aussi bien que les autres artistes a besoin en entrant dans sa carrière de se guider d'après de bons modèles, s'il veut conserver l'espoir de la parcourir honorablement. Mais il serait exposé à faire fausse route s'il croyait que pour voir ses efforts couronnés de succès il lui suffit d'enflammer son imagination et de cultiver le sentiment du beau par l'audition des immortels chefs-d'œuvre de son art. Il comprend bien qu'en se bornant pour l'étude de son modèle au seul côté esthétique, il resterait dans l'ignorance des moyens scientifiques employés par l'auteur pour produire l'œuvre dont il vient d'admirer la beauté. C'est dans la tranquillité du cabinet que doit se continuer & se compléter l'étude commencée à la salle d'exécution; là en faisant la *lecture analytique* de la composition entendue le jeune compositeur pourra étudier plus particulièrement le choix des accords, ainsi que la construction et l'enchaînement des phrases, ce qui le mettra à même de rapprocher de l'effet produit les moyens employés. Pour cette partie de son étude, il reste peut-être quelques conseils à lui donner et surtout des ressources à mettre à sa disposition pour en faciliter et assurer la réussite. L'analyse harmonique tant grammaticale qu'approfondie d'une composition musicale peut se faire absolument comme celle d'une pièce de littérature. Ce qu'il faut pour l'entreprendre c'est un guide sûr: c'est un traité spécialement destiné à cet usage, qui soit complet, suffisamment explicite, et qui fasse remarquer jusqu'au moindre détail du langage harmonique (compris toujours dans le sens grammatical) tel que l'ont entendu les maîtres qui font, à juste titre, autorité en cette matière. Un traité ainsi conçu peut, selon moi, porter le titre de Traité d'Harmonie. Celui qui l'étudie attentivement, peut être assuré qu'au moyen du temps, de l'exercice et de l'étude de la composition proprement dite il parviendra à exprimer ses propres inspirations avec la même correction de langage qu'il a trouvé dans les œuvres dont il a fait l'étude analytique.

Depuis de longues années, je m'occupe de la rédaction d'un ouvrage de ce genre, savoir *la lecture musicale raisonnée*, ouvrage divisé en un préliminaire et trois parties: *grammaire, syntaxe, analyse*. Il serait superflu de faire sentir combien pareil travail, qui à mon avis, est destiné à frayer une voie nouvelle aux études harmoniques demande de temps, de soins et de recherches. J'ai la satisfaction de voir mon ouvrage achevé, sinon dans toutes ses parties, au moins dans les parties les plus essentielles. Les matières à traiter étant nombreuses et souvent très étendues, les citations à l'appui tirés d'environ quatre cents analyses par écrit dont parfois une seule comprend une composition entière étant infiniment plus nombreuses encore, le volume de l'ouvrage a de beaucoup dépassé mes prévisions et doit me donner à réfléchir relativement à la publication de l'ensemble. Rien que le chapitre dont je présente ici le résumé, remplirait avec les citations, les formes altérées des *accords déterminants* et les *tableaux comparatifs* au complet, plusieurs forts volumes, grand format. J'ai résolu par conséquent de le publier par monographies, et je commence par le chapitre Succession des tons, qui fait partie de la Syntaxe et que je considère comme l'un des plus importants. Cette monographie est entièrement conforme à mon grand travail pour le texte; elle n'en diffère qu'en ce qu'elle ne donne pas l'énumération des formes altérées de tous les accords déterminants et en ce que les citations y sont remplacées par un certain nombre d'harmonisations extraites de mes analyses, harmonisations dont je commente les passages qui offrent des successions à la fin de l'ouvrage.

Il serait inutile de faire ressortir combien la lecture d'une composition musicale deviendra plus instructive et plus attrayante quand on la *comprendra* au point de suivre, sur le champ, dans [illegible] de la succession, les traces de l'auteur jusque dans les circuits les plus capricieux. Car enfin, on en conviendra, c'est peu, trop peu de chose que de remarquer qu'ici tel ton succède à tel autre, la science n'y a rien gagné et cela suffirait tout au plus si chaque succession de tons ne pouvait se faire que d'une seule manière. Mais comme il est loin d'en être ainsi, il importe de *spécifier* en appelant la succession par son nom, alors seulement la science sera bien servie. En Harmonie comme en n'importe quelle autre science, *à toute chose nom et place*, tel doit être l'adage adopté de tous ceux qui portent un intérêt véritable au développement de l'art musical.

Louvain, Février 1868.

J. Chr. Aug. Tennstedt

Système de la succession des tons

§ 1. Quand on se propose d'écrire sur la *succession des tons*, il convient de s'expliquer au préalable sur la *différence des tons*. La matière à traiter dans ce livre a donc nécessairement un préliminaire. La théorie, après avoir exposé l'alphabet harmonique (do, ré, mi, fa, sol, la, si) qu'elle appelle *mode*, s'occupe d'en former le dérivé. Ce dernier reproduit les mêmes notes en les commençant par la sixième (la), mais arrivé à sa septième note (sol) il la hausse d'un demi ton (ainsi la, si, do, ré, mi, fa, sol ♯). En se terminant de la sorte, le mode dérivé accuse sa parenté avec le mode principal *transposé* à la note par laquelle il commence lui même (la majeur). C'est donc une production mixte. Avec les six premières notes empruntées au mode principal et qui renferment les deux demi tons de celui ci, le mode dérivé en adopte en même temps la signature de tonalité; c'est pourquoi il lui est *relatif*. Les dénominations de *mode principal* et de *mode relatif* expriment donc parfaitement les rapports intimes qui existent entre eux dans le sens grammatical. Mais d'un autre côté ils s'éloignent considérablement l'un de l'autre. On comprend aisément que le premier mode commencé autrement et altéré dans l'une de ses notes, doive changer totalement de construction et partant d'effet. Tout se trouve interverti dans le second mode. Les deux demi tons du premier y occupent d'autres places et s'accroissent d'un troisième demi ton; de plus, l'intervalle entre la première et la troisième note qui est celui de la tierce *majeure* dans l'un, se trouve remplacé par celui de la tierce *mineure* dans l'autre. C'est en raison de cette dernière différence que les modes sont appelés *majeur* et *mineur*, dénominations qui, en portant plus particulièrement sur le caractère différent, les désigne donc dans le sens artistique.

§ 2. Lorsque les notes de chacun des deux modes ont été réunies en accords appartenant à plusieurs catégories on appelle *ton* l'ensemble de ces accords. Les deux tons naturels sont donc ceux de *do* et de *la*. La double dénomination de tons *principal* et *relatif* et de tons *majeur* et *mineur* leur convient par continuation toujours; mais comme la théorie, les tons naturels une fois constitués, n'a par la suite plus aucun motif de s'occuper d'eux au point de vue de leurs rapports de filiation elle laisse tomber la première dénomination comme n'ayant plus de raison d'être et elle ne parle plus que du *ton majeur* et du *ton mineur* qu'elle considère en toute circonstance comme entièrement indépendants l'un de l'autre et qu'elle traite conséquemment sur le pied de la plus parfaite égalité. Sous ce rapport, les tons transposés aussi sont assimilés aux tons naturels. Pour tout ce que la théorie a à exposer concernant la *succession*, depuis celle des *accords* d'un même ton (harmonisation unitonique majeure et mineure) jusqu'à celle des *tons* eux mêmes, elle ne s'appuie que sur les tons naturels. Les *do majeur* et *la mineur* deviennent ainsi les types et, après leur transposition, les représentants des deux *nuances*, *dialectes*, comme on voudra, dont se compose la musique comprise comme langage des sons. Voilà pour la différence des tons comme *caractère*.

§ 3. Les deux tons naturels étant reproduits aux onze degrés d'intonation restants et conséquemment différents, le nombre des tons se trouve porté à celui de vingt-quatre, douze pour chaque caractère: un do, do ♯, ré majeur etc., un do, do ♯, ré mineur etc. Cette reproduction des tons s'appelle *transposition*. Prévenons cependant ici une confusion. On dit que la reproduction d'un effet harmonique à l'octave supérieure ou inférieure n'est pas une transposition dans le sens que nous attribuons à ce mot en ce moment, car, dans ce cas, le degré d'intonation reste le même à la différence de l'échelle près, phénomène que l'acoustique se charge d'expliquer. La transposition est terminée de fait lorsque chacun des douze demi tons se trouve être le siège de deux tons, l'un majeur, l'autre mineur, ce qui donne à la musique vingt-quatre tons *différents*

comme

comme degré d'intonation ainsi que cela vient d'être dit. C'est là véritablement l'échelle des couleurs harmoniques. On posséderait ainsi le moyen de se rendre compte seulement de l'harmonie entendue où il importe peu de savoir si les accords qui arrivent à notre oreille appartiennent au ton de do # ou à celui de ré ♭. Prise dans cette acception la succession des tons peut se passer de tout système et pas n'est besoin de dire qu'il ne s'agit point d'elle.

§ 4. La théorie dont les vues sont purement scientifiques et pour ainsi dire matérielles entend la chose autrement; elle ne reconnaît que l'harmonie écrite où le ton est en cause, non comme couleur mais comme dénomination. C'est pourquoi la transposition des tons doit être poussée jusqu'au bout, c'est-à-dire jusqu'à épuisement des sept bémols et des sept dièzes, nombre égal à celui des notes naturelles, à chacune d'elles on doit accorder le même droit. Ces quatorze noms ne correspondent pas tous et à l'exclusion des noms naturels à ceux des quatorze tons transposés obtenus ainsi que le ferait croire ce qui vient d'être dit. La transposition du ton majeur naturel peut donc se faire de force, non seulement sous les six noms naturels restants, mais encore sous les sept noms avec bémol et dièze. Mais de ces quatorze derniers tons transposés on ne doit conserver que ceux qui sont tons ordinaires, c'est-à-dire qui ne renferment ni double bémol ni double dièze. Les tons transposés de cette condition rentrent dans les tons d'ordre supérieur et ne nous concernent pas pour le moment. Après avoir écarté ceux-ci il reste huit tons transposés ordinaires, six sous des noms avec bémol, deux sous des noms avec dièze. En vérifiant maintenant les modes de tous les tons, il se trouve que pour la formation des deux seuls tons obligatoires, chacune des sept notes naturelles a été admise à prendre à son tour un bémol et un dièze. C'est là le droit dont il est parlé plus haut et que la théorie ne peut contester à aucune des sept notes sans cesser d'être conséquente. En effet, si elle voulait trouver parmi les tons ordinaires les ré ♭, sol ♭ et do ♭ majeurs à l'exclusion de leurs synonymes les do #, fa # et si majeurs, les notes si, mi et la seraient privées de leur dièze, de même que les notes sol, do et fa resteraient sans bémol si elle conservait les trois derniers tons à l'exclusion des trois premiers. Cela prouve qu'il faut pousser la transposition d'un côté jusqu'au do ♭ majeur où le dernier bémol, fa, trouve son emploi, et de l'autre côté jusqu'au do # majeur où il en est de même à l'égard du dernier dièze, si. Quant aux tons mineurs il ne faut pas s'en inquiéter puisqu'ils sont relatifs et partant inséparables des tons majeurs; avec ceux-ci la théorie accepte forcément ceux-là. Et de tout cela il appert que l'harmonie possède en fait de tons majeurs le ton naturel, six transpositions sous des noms naturels et huit sous des noms avec bémol et dièze, ensemble quinze, nécessairement autant de tons mineurs, ce qui fait au total trente tons différents de nom et conséquemment d'orthographe dont la théorie est tenue de s'occuper par rapport à leur succession, comme si les tons synonymes au nombre de six produisaient chacun un effet différent.

§ 5. Ces trente tons permettent huit cent soixante successions. Ces huit cent soixante successions de tons peuvent chacune s'effectuer d'un fort grand nombre de manières. Nous nous trouvons donc en présence de bien des milliers de formes différentes de successions de tons. On est exposé à errer à tâtons, voire même à s'égarer dans un labyrinthe composé de nombreuses galeries se croisant en tout sens, si l'on ne se décide à numéroter celles-ci et à se munir d'un fil conducteur. À ces deux conditions seulement on est sûr d'aboutir à un point déterminé. La succession des tons est un peu dans ce cas et on comprendra difficilement que pour elle numérotage et fil conducteur existent déjà. Il serait peut-être même permis d'ajouter que jusqu'ici elle n'a encore jamais été présentée dans toute son étendue. Dans ces circonstances, il ne saurait être indifférent aux musiciens, ce semble, de posséder un système, une véritable classification qui leur permît de s'orienter en cette vaste matière et d'y voir clair au point de trouver sans peine et à volonté chacune des milliers de cases assignées aux successions de toute nature. Nous ne communiquerons ici ce système qu'en

substance

substance et sans être précédé d'autres matières importantes y relatives, altération et caractéristique des accords, construction harmonique, etc.). Il est vrai (1); cependant, ce qu'ils en apprendront sera suffisant, au moins l'auteur ose l'espérer, pour les mettre à même de le juger et de se former une idée de son exécution détaillée. Voici en attendant une collection d'harmonisations tirées de diverses compositions et qui contiennent des successions pour la plupart sans difficulté aucune. Les accords sont présentés en *simplification*, travail analytique préparatoire; le premier triton est constamment à prendre pour la tonique finale du ton qu'elle indique. En outre on est prévenu que ces harmonisations ne présentent presque pas d'exemples de *basse continue* admise sans conteste, et que les *pédale* et *demi cadence* en sont exclues entièrement comme matières à revoir, ce qu'il serait impossible de faire en quelques mots.

Ad. Adam, le Chalet, N° 2, Mes 21 à 28.

1.

D. F. E. Auber, la Fiancée, Ouvert. Mes 5 à 8.

2.

L. van Beethoven, 3 Son. op. 2, N° 2, Largo Mes 13 à 32.

3.

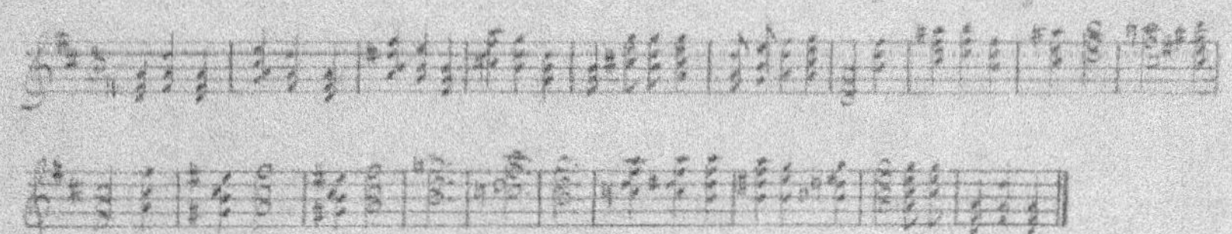

Bellini, la Straniera, N° 9, Mes. 50 à 75

4

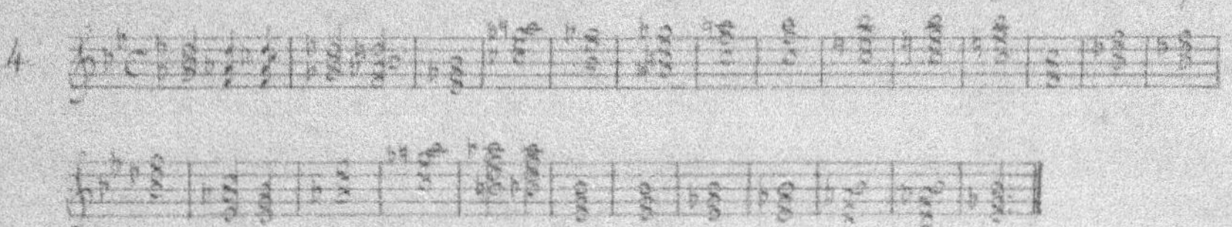

Boieldieu, le nouveau Seigneur de Village, N° 4, Mes 7 à 20.

5

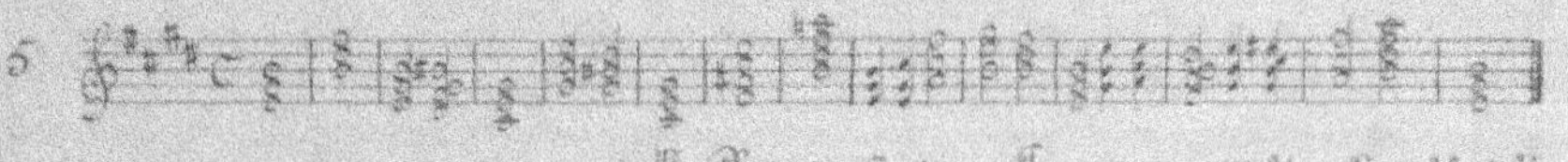

M. Clementi, Gradus ad Parnassum, N° 24, Mes 22 à 34

6

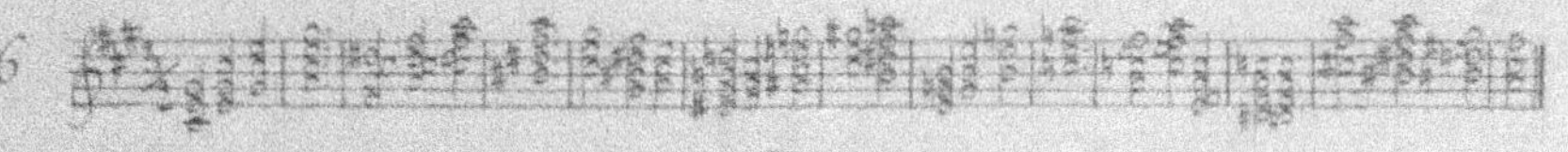

Th. Döhler, 12 Études op. 30, N° 5, Mes 6 à 16

7

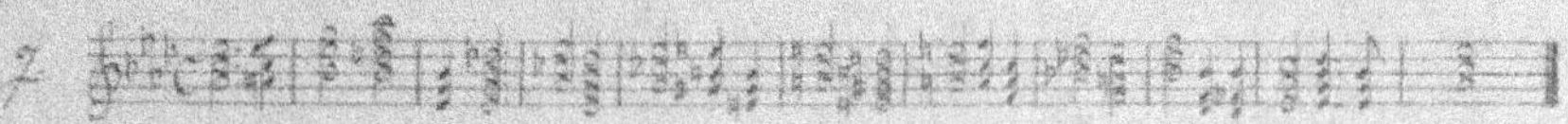

(1) Quelques notes explicatives suppléeront à l'absence de ces matières et à celle de plusieurs autres.

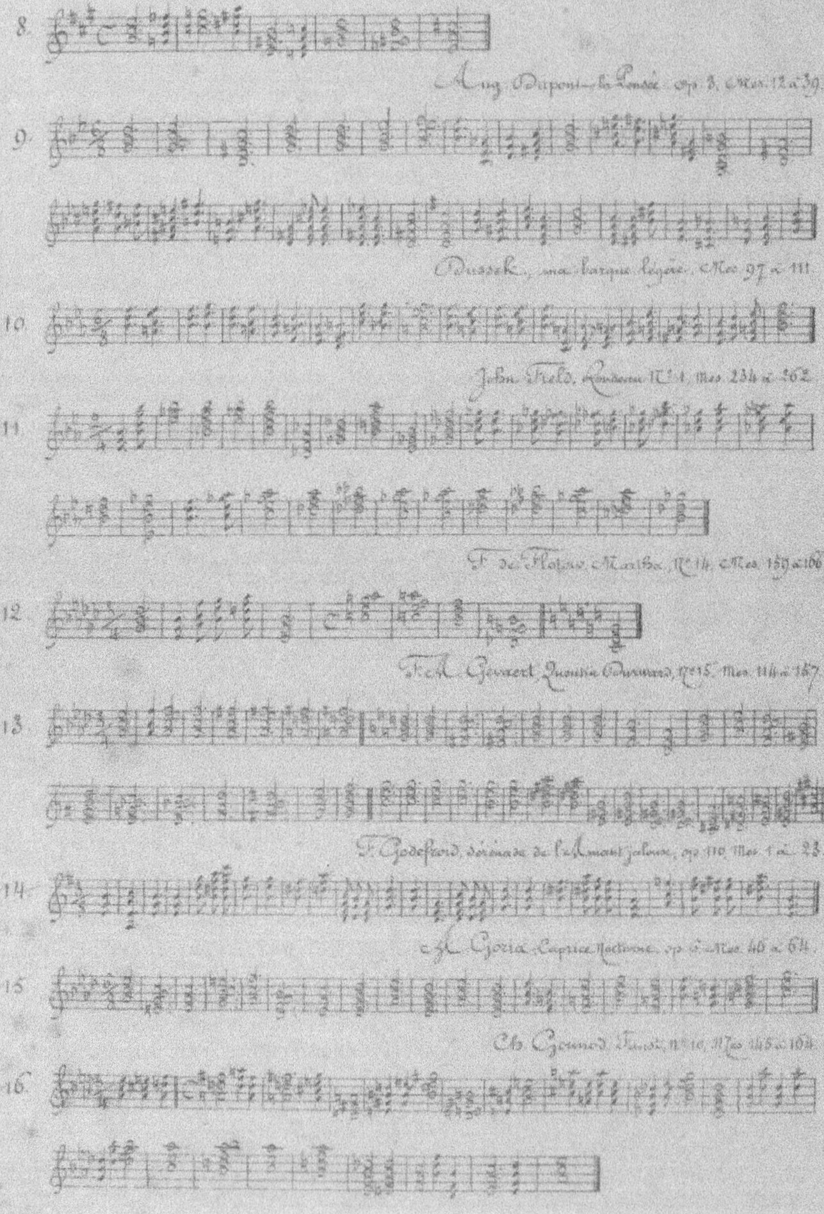
Donizetti, la Favorite, N° 7, Mes 17 à 22.
8.
Aug. Dupont, la Pensée, op. 3, Mes 12 à 39.
9.
Dussek, ma barque légère, Mes 97 à 111.
10.
John Field, Rondeau N° 1, Mes 234 à 262.
11.
F. de Flotow, Martha, N° 14, Mes 159 à 166.
12.
F. A. Gevaert, Quentin Durward, N° 15, Mes 114 à 137.
13.
F. Godefroid, Sérénade de l'Amant jaloux, op. 110, Mes 1 à 23.
14.
A. Goria, Caprice Nocturne, op. 6, Mes 46 à 64.
15.
Ch. Gounod, Faust, N° 10, Mes 145 à 164.
16.

Grétry. le Tableau parlant, ouvert, Mes 16 à 25

17

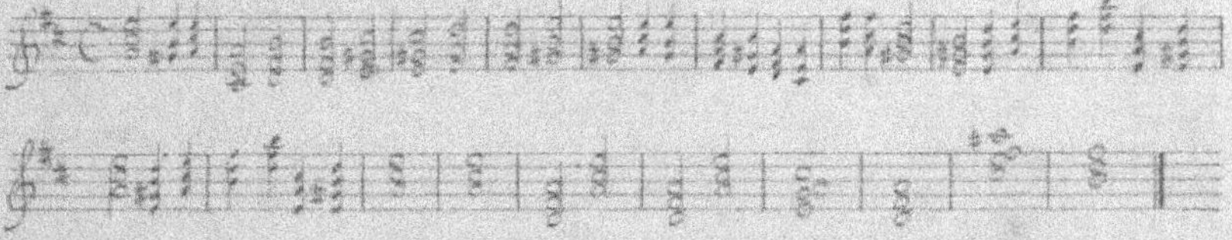

F. Halévy. les Mousquetaires de la Reine No 1, Mes 57 à 85

18

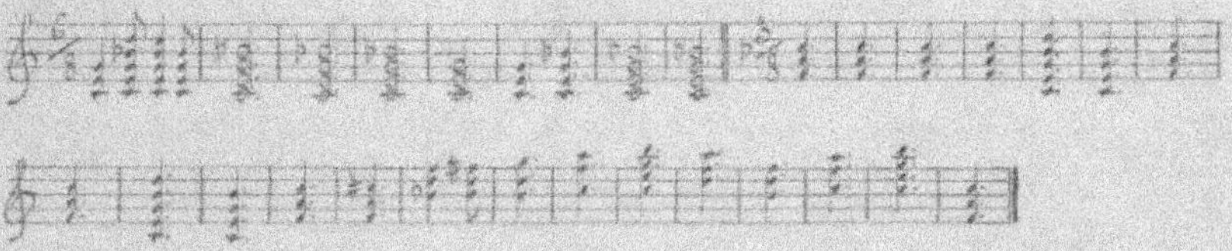

F. Hérold. le Pré aux Clercs, No 5. Mes 1 à 29

19

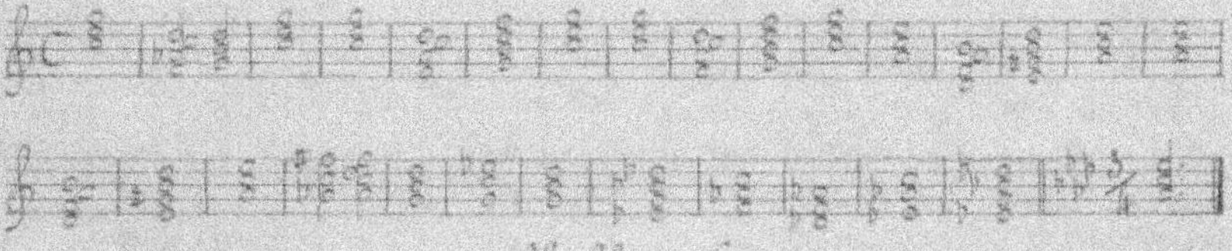

H. Herz. Landler viennois, op. 92. Var 3. Mes 48 à 56

20

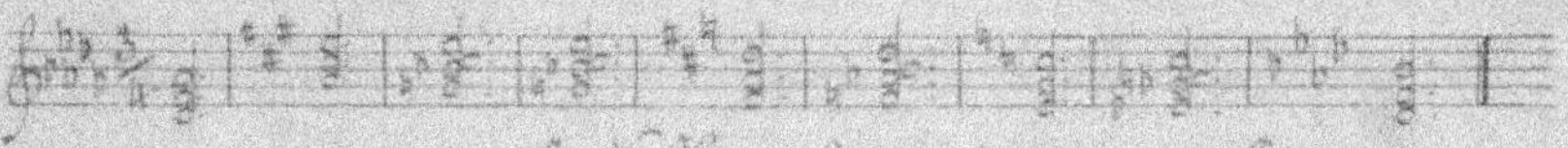

J. N. Hummel. Bella Capricciosa, op. 55, Polonaise, Mes 91 à 100.

21

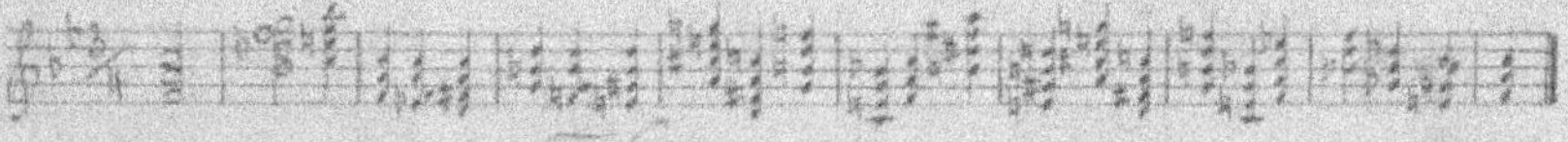

F. Kalkbrenner. Polonaise, op. 141, Mes 113 à 125

22

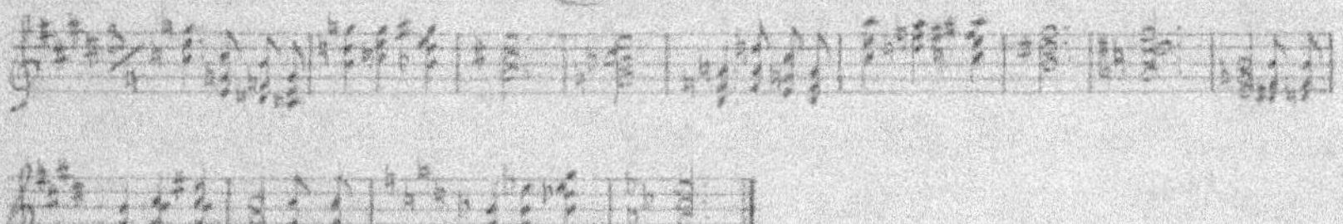

Wm Kuhe. le feu follet, Mes 16 à 25

23

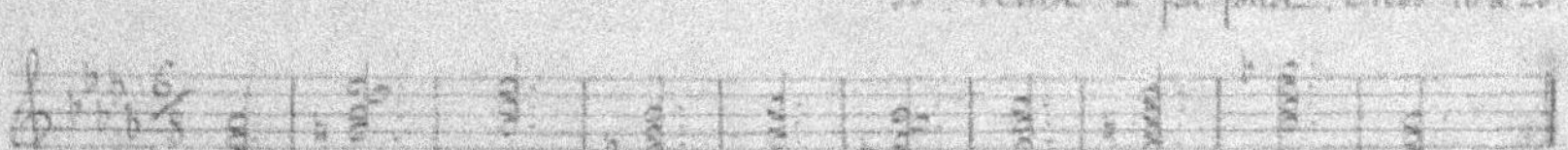

L. Lambert. au clair de la lune, op. 30, Var 3, Mes 8 à 11

24

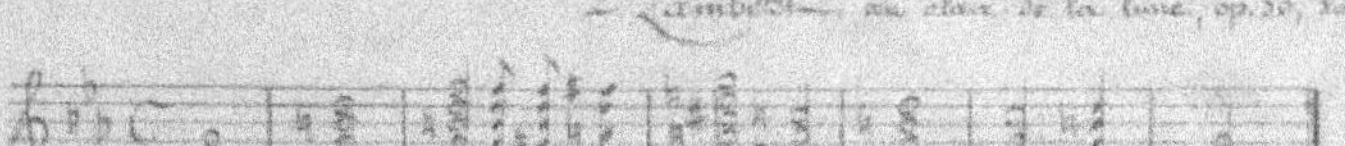

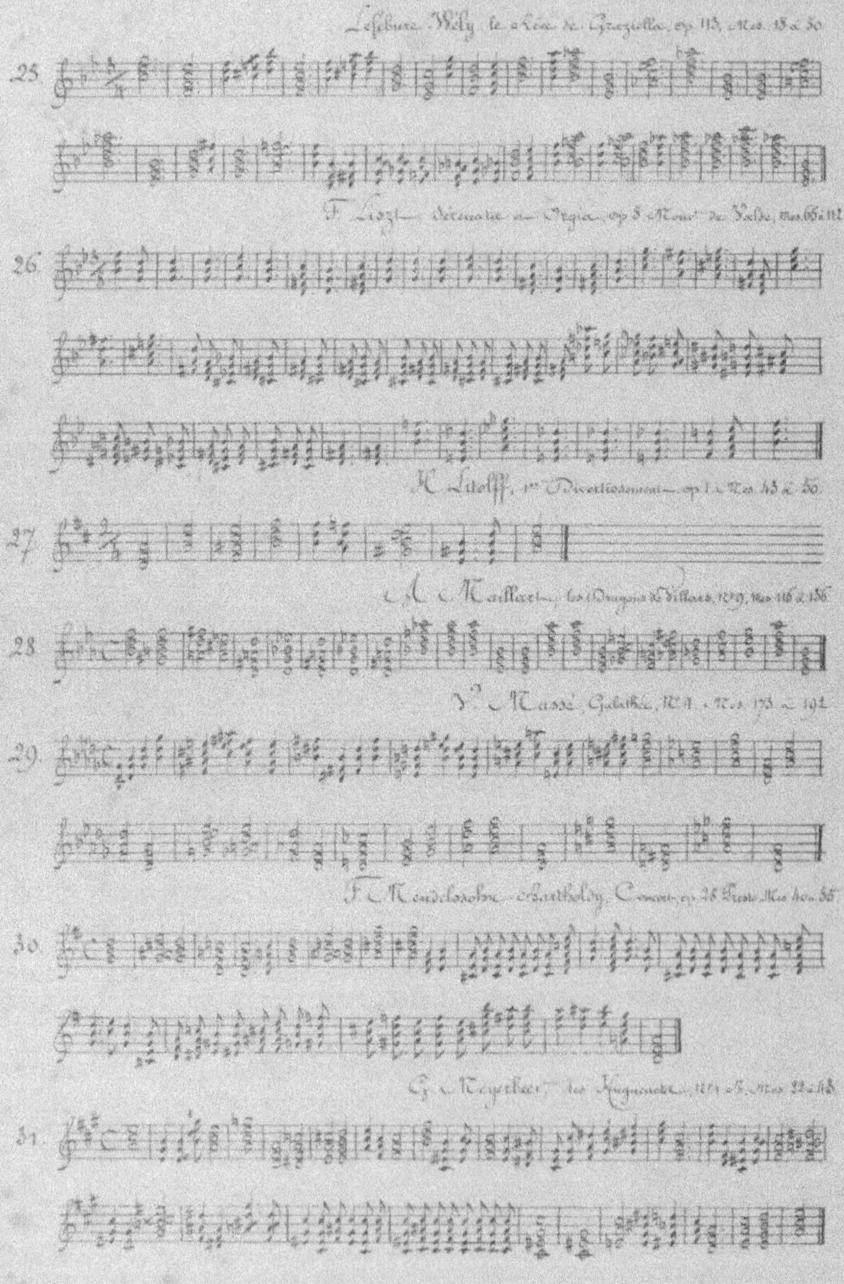
Lefébure-Wély
25
F. Liszt
26
H. Litolff
27
A. Maillart
28
V. Massé
29
F. Mendelssohn-Bartholdy
30
G. Meyerbeer
31

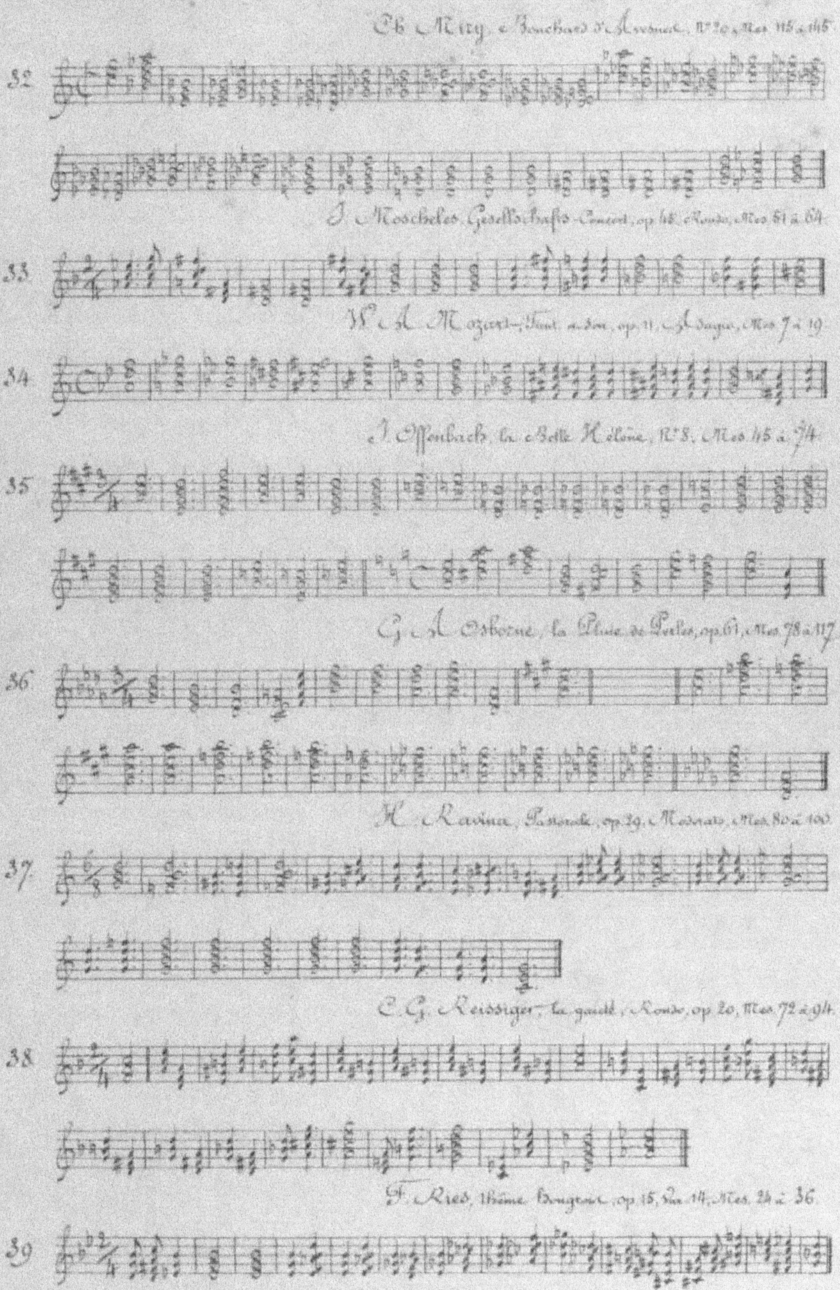

Ch. Mery, Bouchard d'Avesnes, N° 20, Mes. 115 à 145
32
J. Moscheles, Gesellschafts-Concert, op. 45, Rondo, Mes. 51 à 64
33
W. A. Mozart, Fant. ut min., op. 11, Adagio, Mes. 7 à 19
34
J. Offenbach, la Belle Hélène, N° 8, Mes. 45 à 74
35
G. A. Osborne, la Pluie de Perles, op. 61, Mes. 78 à 117
36
H. Ravina, Pastorale, op. 29, Moderato, Mes. 80 à 100
37
C. G. Reissiger, la gaieté, Rondo, op. 20, Mes. 72 à 94
38
F. Ries, thème bourgeois, op. 15, Var. 14, Mes. 24 à 36
39

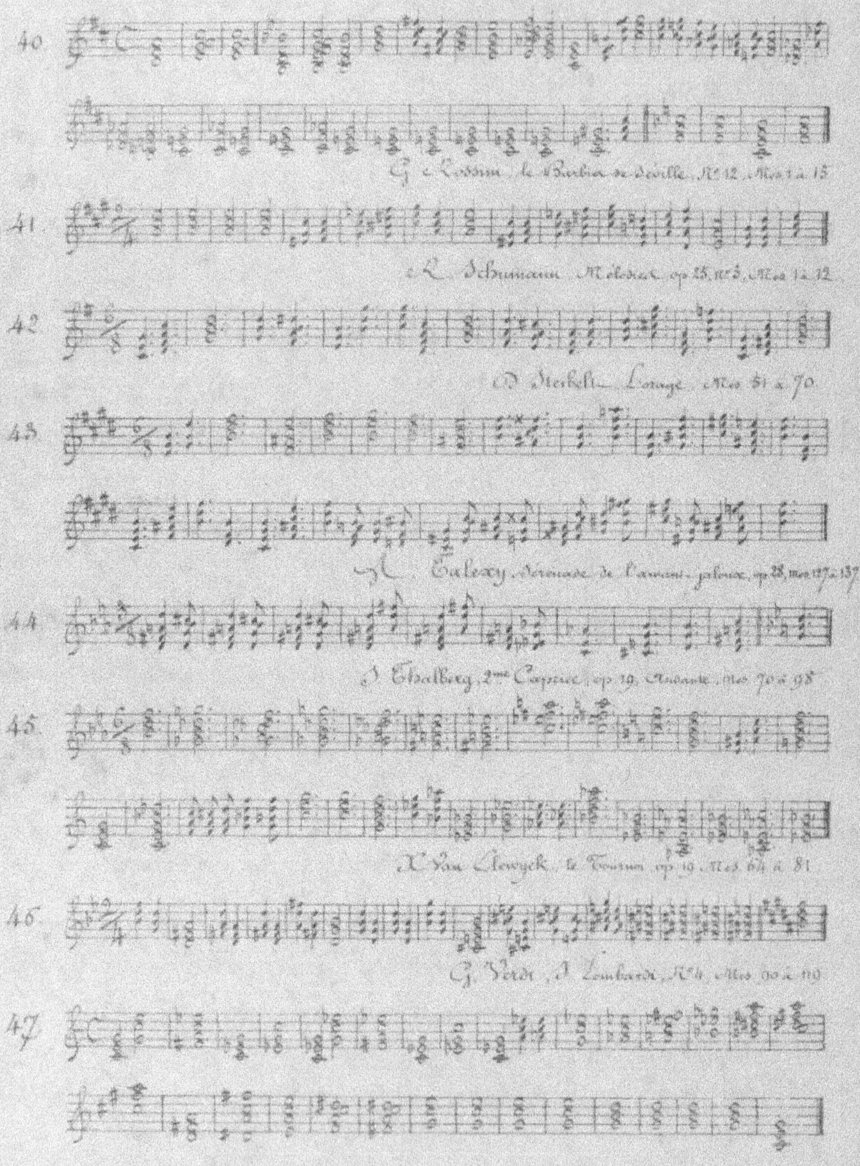
op 36
40
G. Rossini, le Barbier de Séville, No 12, Mes 1 à 15
41
R. Schumann, Mélodies, op 25, No 3, Mes 1 à 12
42
D. Steibelt, L'orage, Mes 51 à 70
43
Sérénade de l'amant jaloux, op 28, Mes 127 à 137
44
S. Thalberg, 2me Caprice, op 19, Andante, Mes 70 à 98
45
X. Van Elewyck, op 19, Mes 64 à 81
46
G. Verdi, I Lombardi, No 4, Mes 90 à 119
47

C. R. Wagner Tannhäuser Ouvert. Mes. 17 à 26

48. 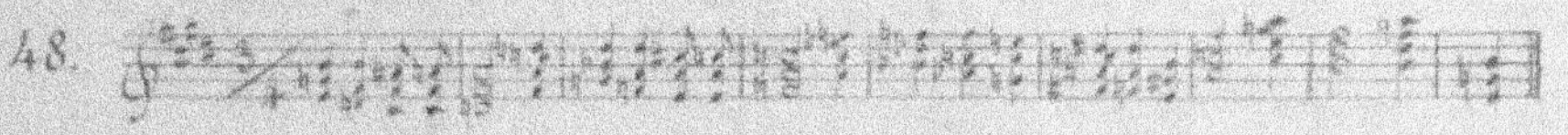

Ch. M. v. Weber Oberon No 11 Mes. 126 à 163

49. 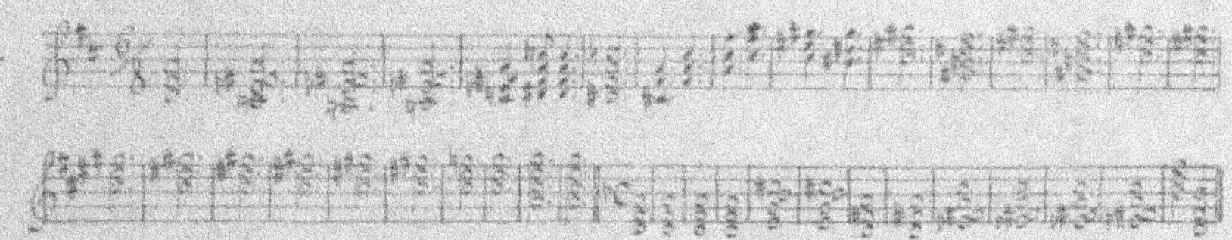

Le lecteur qu'il ait qualité de professeur d'Harmonie ou qu'il s'intéresse simplement à l'interprétation harmonique des compositions musicales, est prié de reconnaître et de déterminer ces successions d'après sa manière de voir, d'en préparer en un mot l'explication la plus exacte possible. De son côté l'auteur donnera plus tard la sienne, en manière de conclusion. Il s'agit, non pas de porter un défi, qu'on en soit bien convaincu, mais de mettre à l'épreuve sous les yeux du lecteur la classification des successions qui va suivre. Commençons par exposer le système harmonique auquel s'adapte la classification dans sa partie essentielle.

§ 6. Quand on procède à la transposition d'après certaine méthode les tons se produisent dans l'ordre connu de tout musicien avec bémols depuis le fa majeur jusqu'au do♭ majeur; et avec dièses depuis le sol majeur jusqu'au do♯ majeur. Leurs tons mineurs relatifs suivent dans le même ordre du ré mineur au la♭ mineur et du mi mineur au la♯ mineur. Voilà les trente tons *ordinaires*. Ils suffisent à la rigueur pour l'exécution de la classification toute entière, par l'excellente raison qu'il n'y a à classer que les successions qu'ils forment entre eux. Aussi le moyen d'y parvenir si on le désire sera-t-il indiqué en son temps. Mais l'uniformité, premier mérite de tout système en serait compromise ainsi qu'on va le voir. Or l'auteur devra dans l'intérêt de la clarté, anticiper quelque peu sur des choses à exposer plus loin ce qui après tout n'est pas un mal. Les successions sont réunies par groupes d'après l'intervalle que forment les deux toniques. Or comme aux degrés inférieurs la construction des successions se borne aux seules tonique et dominante, les groupes ne demandent aucune démonstration et tout se passe entre tons *ordinaires*. Mais lorsqu'au degré supérieur de la modulation la construction prend de développement par l'adjonction d'un ou de plusieurs accords, on y distingue *l'accord déterminant* dont la triple qualité décide de la place de la modulation dans la classification. Tous les accords à l'exception toutefois de la *dominante générale* (accord de neuvième), sont aptes à devenir accord déterminant. Mais que les tonique, dominante ordinaire et grande dominante elles-mêmes conservent respectivement en qualité de *triton* et d'accords dissonants. (1)

---

(1) La double signification du triton de la première note et de l'accord dissonant des cinquième et septième notes n'est aux yeux de l'auteur plus sujette à aucun doute. En toute espèce d'instruments d'accords les trois accords cités ont l'une ou l'autre des deux significations selon la place qu'ils occupent. L'étude soutenue et approfondie de la matière, pendant au moins vingt-cinq années, a démontré à l'auteur jusqu'à l'évidence que sans cette distinction le tissu harmonique d'une composition musicale échappe à toute analyse grammaticalement exacte. (Il tient que cette dernière n'aura pas été obtenue par les théoriciens.)

L'Harmonie ne doit jamais, pour ses parties fondamentales, que chose vague

Pour que l'on puisse confronter entre eux les accords déterminants on procède à leur triage. Chaque groupe doit être accompagné d'un *tableau comparatif* qui contient au complet les accords appartenant aux deux toniques dont l'intervalle est en cause. Le ton naturel doit nécessairement toujours servir de point de comparaison et la démonstration se fait ainsi du même coup pour toutes les modulations du groupe, il ne reste qu'à transposer. Cependant le ton naturel lui même n'est à la tête des modulations à démontrer que dans la moitié des groupes, ce sont ceux dont l'intervalle se laisse former entre le ton naturel et l'un des tons transposés *ordinaires*. Dans l'autre moitié où cela ne peut plus se faire le ton naturel fait nécessairement défaut. Si maintenant on voulait malgré cela maintenir les démonstrations dans la limite des tons ordinaires on devrait changer le point de comparaison pour chaque nouveau groupe en mettant à ce poste le ton qui approche le plus du ton naturel, ce qui détruirait l'uniformité du système, le ton naturel n'étant plus point de comparaison. Donc, si l'on veut que la théorie puisse rester conséquente dans son procédé à elle on doit continuer à démontrer la seconde moitié des groupes comme si leur intervalle se formait avec le ton naturel. Les modulations à la quinte augmentée, entre tons majeurs (par exemple) sont traitées sous le nom de do-sol #, bien que le groupe ne comporte pas cette modulation. C'est pourquoi une seconde transposition des tons tous aussi complète doit suivre celle déjà faite. Elle n'a rien de bien extraordinaire; on continue d'après la même méthode, de manière que toutes les notes étant déjà pourvues de leur bémol et dièse prennent à présent chacune à son tour les signes altératifs doubles pour former les demi tons. Ce sont là les *tons d'ordre supérieur* (1). Figurons maintenant le système harmonique dans ses deux divisions en rangeant les tons en deux colonnes avec le ton naturel à

(1) Comme ces tons n'ont peut-être pas été établis jusqu'ici on en donnera ci-après les modes. Leur signature de tonalité se fera comme celle des tons ordinaires. Toutes les notes sont censées être munies de leur nature d'un bémol ou d'un dièse; il suffit donc de mettre devant la clef les signes altératifs doubles.

Série des tons d'ordre supérieur avec bémols.

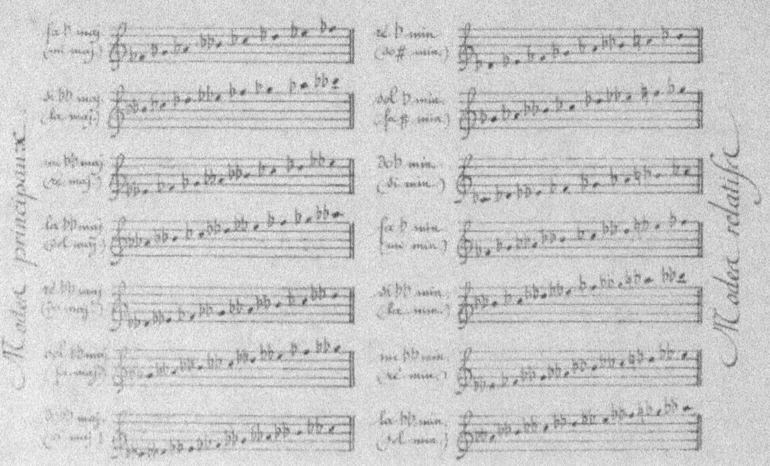

la base, les bémols à gauche, les dièses à droite, comme suit :

Tons ordinaires / Tons d'ordre sup.	Système harmonique – Division des tons majeurs		Tons d'ordre sup. / Tons ordinaires
	do bb	do x	
	sol bb	fa x	
	ré bb	si #	
	la bb	mi #	
	mi bb	la #	
	si bb	ré #	
	fa b	sol #	
	do b	do #	
	sol b	fa #	
	ré b	si	
	la b	mi	
	mi b	la	
	si b	ré	
	fa	sol	
	DO		

Tons ordinaires / Tons d'ordre sup.	Système harmonique – Division des tons mineurs		Tons d'ordre sup. / Tons ordinaires
	la bb	la x	
	mi bb	ré x	
	si bb	sol x	
	fa b	do x	
	do b	fa x	
	sol b	si #	
	ré b	mi #	
	la b	la #	
	mi b	ré #	
	si b	sol #	
	fa	do #	
	do	fa #	
	sol	si	
	ré	mi	
	LA		

« Il importe de faire bonne connaissance avec le système harmonique dans toutes ses parties. »

§ 7. Que l'on veuille en prendre connaissance des tableaux figuratifs Nos I et II qui démontrent à l'œil l'ordre de succession des tons ordinaires. Ces tableaux représentent

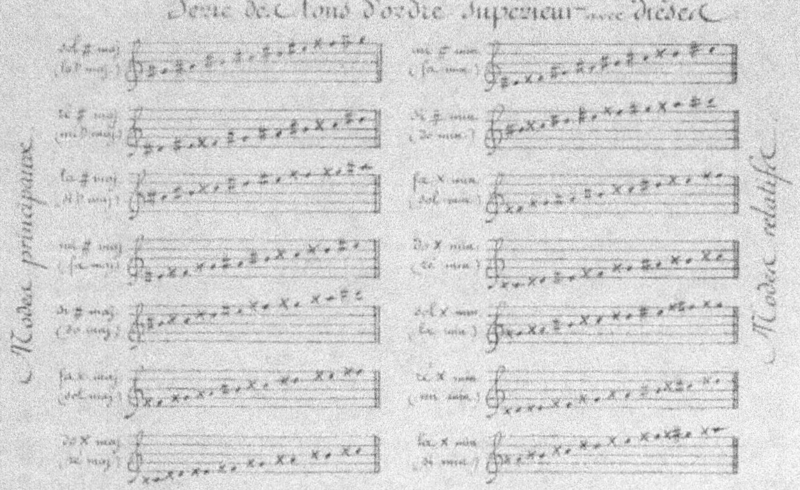

« Bien que ces tons aient une importance plutôt théorique que pratique, tous les musiciens exécutants devraient les connaître, tout au moins les deux ou trois premiers de chaque série et savoir leur substituer l'équivalent en tons ordinaires. Le pianiste en particulier est exposé à en faire la rencontre dans les sonates, concertos etc. Il ne doit point lui être indifférent de savoir qu'au lieu de lire à la note par exemple la gamme de ré # majeur, il doit exécuter en mi b. Quant à l'harmoniste, il doit se rendre familiers tous ces tons. D'ailleurs, on peut affirmer d'expérience qu'avec un peu d'habitude on parvient à manier les tons sous ces noms insolites pour la plupart avec autant de facilité que sous leurs noms ordinaires.

respectivement les tons majeurs et mineurs tels qu'ils se trouvent en conformité de système, disposés sur les instruments à touches et font voir comment l'un vient toujours du flanc de l'autre, les do majeur et la mineur au centre, les bémols à gauche, les dièses à droite (fig 1). Puis, en courbant (fig 2) et en inclinant de plus en plus l'une vers l'autre (fig 3) les deux extrémités de ces enchaînements de tons, on forme le cercle de la fig 4 où les noms seuls sont conservés. Cette disposition circulaire des tons fait allusion au cercle harmonique connu depuis longtemps sous le nom de *cercle de quintes*. Ce cercle est disposé de manière à pouvoir circuler de quinte en quinte par le côté gauche aussi bien que par le côté droit et en partant de n'importe quel ton, entre tous les tons de même genre. On ne peut parvenir à mettre l'intervalle de la quinte entre tous les tons indistinctement qu'en formant le cercle montré par la fig 4 de telle sorte que les tons synonymes se trouvent placés en regard. Par ce procédé, les tons, au nombre de deux fois quinze d'après la différence théorique, se trouvent réduits à celui de deux fois douze d'après la différence acoustique, c'est à dire d'après la différence des douze degrés d'intonation ou demi-tons (§ 3). Le cercle de quintes contient donc en douze stations les quinze tons ordinaires distancés partout d'une quinte juste. Trois de ces stations sont formées par les tons synonymes dont l'un des deux noms au choix, *l'intervalle* prenant ici le *nom*. Nous aurons à y revenir. Voir à la fig. 5 des tableaux Nos I et II le cercle de quintes pour chaque genre.

§ 8. Les tableaux figuratifs Nos III et IV montrent de la même manière les tons majeurs accompagnés des tons mineurs qui leur sont relatifs. Ces derniers se trouvent placés (No III) à la place que leur assigne le principe de l'Harmonie, c'est-à-dire à la droite de leurs tons principaux, disposition de laquelle résulte la fig 4 qui donne, par le procédé connu, *le cercle combiné* (fig 5). Ensuite, au tableau No IV, les relatifs sont descendus à la tierce inférieure de leurs principaux, ce qui nous procure (fig 5) un troisième cercle, le *combiné interverti*. Par cette inversion, les toniques de tous les tons se rangent alternativement majeures et mineures, en une suite régulière de tierces également alternantes de mineures et de majeures. Finalement, et pour la curiosité du fait, les trois cercles sont réunis (fig 6) en un *cercle général*. Théoriquement les cercles sont sans importance. Toutefois il est bon de les connaître ainsi qu'on le verra en son temps. L'auteur se propose de traiter la succession des tons sous toutes ses faces.

La succession des tons

Généralités

§ 9. Exposons d'abord l'ensemble du système de la succession pour que l'on puisse le soumettre à l'inspection. Le développement successif de ses parties n'en sera que mieux compris.

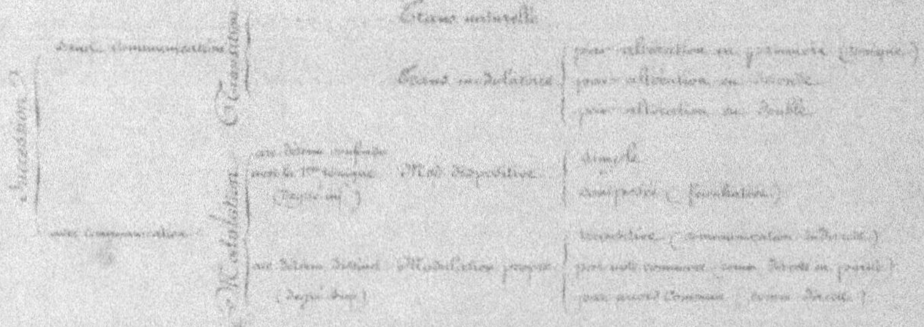

On ne reprochera à coup sûr point à ce système d'être trop compliqué.

§ 10. De même que tous les accords du ton, les tons ont même pouvoir de mélange en toute liberté et sans distinction aucune. Le compositeur est seul juge de l'opportunité de telle ou telle succession; la science n'y met aucun obstacle. La tâche de cette dernière se borne à constater la nature de la succession. Quand deux tons se succèdent ex abrupto, brusquement, en d'autres termes et pour parler un langage plus grammatical, quand la fin du premier ton et le commencement du second ont lieu de la manière la plus positive, par la tonique, comme si rien ne devait plus suivre l'un et comme si rien n'avait précédé l'autre, quand deux tons, disons-nous, se succèdent de la sorte, il y a *transition*. Au contraire, quand les deux tons sont reliés par des accords autres que leurs toniques et appartenant tantôt à l'un exclusivement, tantôt aux deux en partage, de manière à se fondre et se souder insensiblement l'un en l'autre, il y a *modulation*. Quant aux termes de *transition* et de *modulation* qui signifient l'un et l'autre un échange de tons, il faut les apprécier au point de vue de la science. Ce que la *transition* a d'abrupte, et ce que la *modulation* a de successif, réside, non dans l'effet produit par l'échange de tons, mais dans l'absence ou dans la présence de communications d'un ton à l'autre. Il est ici question des communications véritablement grammaticales et non de celles qui ne le sont qu'en apparence.

§ 11. Les deux espèces de succession feront, chacune à son tour, l'objet d'un travail spécial qui les exposera sur les bases qui leur conviennent et avec les subdivisions qu'elles comportent. La transition étant inférieure à la modulation sous tous les rapports, mais surtout comme opération harmonique, on doit la placer au bas de l'échelle et établir d'autant plus qu'elle est en même temps l'énumération pure et simple de toutes les successions que peuvent former les trente tons.

§ 12. Toute succession de tons se détermine d'après l'intervalle qui sépare les deux toniques; cet intervalle sera toujours compris comme formé en direction ordinaire, c'est-à-dire ascendante. L'intervalle *inférieur*, auquel la moitié des modulations devra être démontrée, sera, après coup et comme intervalle renversé, rapporté aux intervalles ordinaires. (1)

§ 13. Les tons qui se succèdent pouvant être majeurs ou mineurs l'un et l'autre, ou l'un majeur et l'autre mineur, il y a lieu de répartir les successions en quatre catégories.

1re Catégorie	Majeur	— majeur	210	successions
2me	id	Mineur	— mineur	210	id
3me	id	Majeur	— mineur	225	id
4me	id	Mineur	— majeur	225	id
		Total	870	successions

---

(1) Comme différence *nominative* les intervalles sont, à l'usage de la théorie, au nombre de trente-sept, savoir: cinq primes, cinq secondes et ainsi de suite jusqu'à la septième, et deux octaves. L'harmonie doit les connaître dans les deux directions. On a besoin des intervalles inférieurs pour démontrer les modulations situées du côté gauche du ton naturel. Parmi ces intervalles se trouvent les *primes diminuée* et *bi-diminuée* qui par après sont rapportées aux intervalles ordinaires comme *octave diminuée* et *bi-diminuée*, de manière qu'en défalquant du nombre de trente-sept ces deux primes comme faisant double emploi, les intervalles sont, comme différence *réelle*, au nombre de trente-cinq, savoir: trois primes, deux octaves, et les autres intervalles à cinq subdivisions.

Au reste, c'est là une matière qui change d'aspect selon le point de vue auquel on se place. En théorie, la *prime juste* est bel et bien un intervalle puisque deux groupes de modulations sont établis d'après cette *distance*, singulière distance en vérité. Par contre l'*octave juste* n'existe pas en théorie, tandis qu'elle est une *distance* en musique instrumentale. A l'usage de celle-ci, les intervalles s'étendent au delà de l'octave, tandis qu'en théorie, les neuvièmes, dixièmes et bien plus loin encore, ne s'utilisent que sous condition ainsi que nous le verrons plus tard.

§ 14. En considérant les tons sous d'autres points de vue, on distingue la transition ou la modulation

au (ton) synonyme,
à l'homonyme (au ton homonyme),
au (ton) relatif,
au (ton) principal.

Comme ces distinctions (qui n'exercent aucune influence sur le système) ne concernent que quelques groupes de successions isolés, elles seront mentionnées aux paragraphes y relatifs.

§ 15. Soulever ici la question de savoir si les successions conservent constamment leur validité pleine et entière, ou si les tons qui les forment ne perdent aux mêmes jamais de leur valeur intrinsèque, serait sortir du cadre de l'ouvrage. Toutefois disons en quelques mots à titre de renseignement: l'analyse raisonnée ne présente entre autres la *demi-cadence* au nombre des transitions et des modulations de valeur inférieure. Les successions de cette espèce ont leur validité contestée, non pour cause de construction défectueuse, mais parce qu'on peut les considérer comme absorbées et annulées par une autre succession. Dans un certain cas, le ton qui succède en transition contracte comme construction un faciès tout particulier: c'est lorsque dans la basse continue (*harmonie secondaire*) le ton ne se caractérise que comme *cadence incluse* qui compte en *harmonie fondamentale* sans y être présente. Quand il arrive que plusieurs de ces constructions de succession ont sous les yeux plusieurs tritons majeurs ou mineurs qui correspondent autant de tons constitués et partant autant de transitions valides, mais sans cadence apparente. Or les tons eux mêmes ne sont pas dans toute la plénitude de leur valeur à cause de la dominante qui appartient à une harmonisation de valeur inférieure.

Transition.

Généralités.

§ 16. La *construction harmonique* nous fait voir que la tonique se place en tête d'une première phrase de deux manières: en construction exceptionnelle **A** ou en construction **C** (par *anticipation*) tant régulière qu'exceptionnelle (1). Or, le ton qui succède en

---

(1) Quelques explications sont ici indispensables. Puisque le ton succédant en transition doit commencer par la *tonique*, il importe de faire connaître les cas où le triton de la première note a qualité de tonique, tâche qui incombe à la *construction harmonique*. Quand les compositions commencent en *harmonie fondamentale*, la première phrase présente l'une des trois constructions suivantes.

A

C'est la *cadence*. Quel commencement plus grammatical saurait-on donner à une composition? Le ton se fait connaître sans détour. La cadence est à la fois *représentant du ton* et *phrase*. En sa première qualité elle devient membre obligatoire de toute phrase harmonique. Comme phrase elle s'emploie en seule, à preuve la musique légère, valses, etc. ce qu'elle désire presque exclusivement, ou précédée d'autres accords dont elle atteste pour ainsi dire la nationalité. Ainsi par exemple comme suit:

B

Dans la seconde mesure le triton de la première note figure comme tel; il ne fait pas cadence. Plaçons maintenant le même accord en tête de la phrase.

A

C

transition commençant, dans le style harmonique, une nouvelle composition, il peut se poser de l'une ou de l'autre des deux manières indiquées. Voici, comme exemple, la transition du do majeur en [illegible] majeur

---

(1) Placé de la sorte, sa qualité de tonique est confirmée par la cadence placée au bout de la phrase. C'est la tonique par *anticipation* (marquée A dans les analyses). Il faut admettre cette interprétation en vertu de ce qui se voit dans les modulations du degré supérieur où la tonique du ton peut non seulement se placer par anticipation, mais encore par reprise intervenir dans la partie une tonique à elle appartenant comme simple [illegible] de la première note. C'est ce qui arrive ici. Or, la construction modulatoire et la construction unitonique, quoique [illegible], elles sont principes différents.[1]

Partout où l'auteur a besoin de citer ces trois constructions typiques d'une première phrase, il les désigne simplement par les majuscules A.B.C. Celles qu'on vient de les voir elles sont *régulières* parce que, dans la cadence, la tonique n'occupe que sa place réglementaire, c'est-à-dire *après* sa dominante. Quand la tonique *précède* en même temps sa dominante, ces constructions deviennent *exceptionnelles* (marquée d'une croix dans les analyses) par cela même pour les mêmes motifs que ceux allégués plus haut. Celui qui pratique l'analyse harmonique de plus en acquiert la conviction que les principes de construction ne se laissent peut-être pas établir autrement. Voici donc les trois exemples ci-dessus comme constructions *exceptionnelles*.

A. B. C.

De ces six constructions, trois commencent au ton qui succède en *transition*: ce sont C régulière et A.C exceptionnelles, parce qu'elles commencent par la tonique; mais de fait il n'y en a que deux, C exceptionnelle n'étant qu'une variante de C régulière. C'est ce qui est exposé au paragraphe.

L'occasion est cependant trop favorable pour ne pas ajouter des détails qui intéressent à un haut degré l'interprétation de la première phrase d'une composition et partant la transition, dussions-nous outre-passer davantage encore les limites permises à une note explicative. Il n'était pas besoin d'un si grand luxe d'explications pour prouver que les trois constructions de première phrase exposées plus haut appartiennent au do majeur puisqu'en vertu de leur cadence la signature de tonalité l'affirme également. Mais il est dans les principes de l'auteur de s'en rapporter, pour établir l'identité du ton, à la cadence plutôt qu'à la signature. C'est là ce qu'il compte développer davantage. Par sa longue pratique de l'analyse, il en est venu à faire un peu la guerre à la signature de tonalité comme *autorité absolue*. Ceux qui voudraient le suivre n'auraient qu'à parcourir des compositions de quelque importance pour se convaincre que les signatures qui se remplacent les unes les autres, ne doivent être considérées que comme un moyen d'orthographe plus commode, et que du ton indiqué il est souvent à peine question. Que s'il fallait prendre toutes ces signatures au pied de la lettre, il deviendrait tout simplement impossible de suivre une harmonisation [illegible] pour décider du plus ou moins de leur exactitude! Au milieu de ces doutes, ne semblerait-il pas rationnel de neutraliser le plus possible l'influence de la signature de tonalité en faveur de l'autorité irrécusable de la cadence! Aux yeux de l'auteur, la signature première fait connaître le ton *prédominant* du morceau, rien de plus. Et à ce titre elle mérite un peu plus de considération qu'un grand nombre de signatures qui lui succèdent dans le courant du

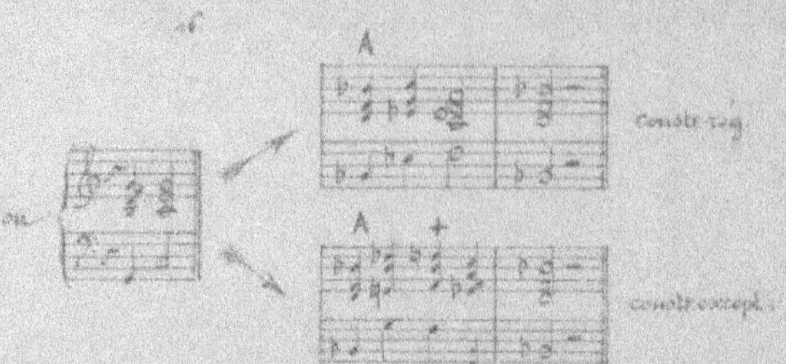

La transition est naturelle ou altérée; dans ce dernier cas elle s'appelle *transition modulatoire*.

---

morceau. De plus, il est bon de la reconnaître comme *autorité* dans un seul cas non mentionné à la suite des trois exemples exposés plus haut. Ce cas se présente assez rarement pour que la théorie puisse trouver dans cette circonstance le droit de n'y voir que l'exception à la règle. Il s'agit du cas où la cadence clôturant la première phrase est celle d'un ton autre que celui indiqué à la clef. Une modulation dispositive *isolée* ou une cadence n'ayant que la valeur de l'*harmonie secondaire*, n'empêcheraient pas les études de rester dans leur état actuel, ou sinon comment les faire rentrer dans l'*harmonie fondamentale*; aussi ne sont-elles point en cause. C'est lorsque la première phrase constitue une modulation du degré supérieur suivie peut-être même d'une transition, de sorte que l'harmonisation se trouve interrompue avant que la signature de tonalité ait pu être confirmée par la cadence. C'est dans ces deux cas, disons-nous, que le triton de la première note du ton indiqué, placé à la tête, devient tonique de par l'autorité de la signature, devient *tonique autorisée* (marquée t.a. dans les analyses), à moins de rapporter cette tonique comme triton, naturel ou altéré, à la cadence finale et d'admettre ainsi qu'une composition puisse commencer par une phrase appartenant à un autre ton, ce qui déclarerait en défaut la signature dès la première phrase. On ne serait pas la difficulté d'après ce qui a été établi jusqu'ici. Mais outre que l'altération n'est peut-être pas admissible toujours, la construction qui nous occupe, considérée comme cas de transition, prendrait alors plutôt l'apparence d'une modulation inconnue; d'où impossibilité complète d'interpréter certaines harmonisations, s'il n'était permis de constater la *tonique autorisée* en vertu de la signature de tonalité *supposée*. C'est à quoi on distingue ces harmonisations assez facilement. En résumé donc la construction en question se laisserait pour être expliquée sans invoquer l'autorité de la signature, comme première phrase proprement dite, jamais comme transition où elle s'enchaîne avec la phrase précédente en forme de modulation impossible. C'est pourquoi la théorie conserve la *tonique autorisée* comme exception. Ainsi qu'on le voit, il n'y a pas lieu d'en faire un troisième cas de transition, c'est la construction C avec une autre appréciation de la tonique.

Quelle explication acceptable pourrait-on du reste donner aux constructions A, B, C ainsi qu'à celle exposée en dernier lieu, la construction D, en elles-mêmes, prises comme quatre différentes manières de commencer un morceau de musique? La circonstance que A, B, C n'ont pas la signature de tonalité pour point de départ, peut nous mettre sur la voie car en effet elle nous donne le droit de ne considérer ces trois constructions que comme phrases incomplètes faisant suite à une phrase dont le commencement nous est inconnu et que nous saisissons en continuant en trois différents endroits. Dès lors, la phrase entière en partie invisible, en partie visible, est supposée commencer dans un autre ton, sans quoi on n'arriverait pas à la tonique par *anticipation*, et elle constitue une modulation de ce ton quelconque au ton indiqué à la clef qui devient le ton succédant. A représente la fin de la phrase où le ton succédant se pose simplement par sa cadence; dans B, la cadence du ton succédant est précédée d'une partie mélodique que nous continuons après la pose de la tonique par anticipation; c'est pourquoi tous les accords du ton (à part ceux qui forment la cadence) peuvent se mettre en tête d'une composition; dans C, nous saisissons la phrase à la tonique par

A. Transition naturelle.

Première catégorie. De majeur à majeur.

§ 17. 1er groupe. Transitions à la prime augmentée. 1, do à do♯ — 2, ré♭ à ré — 3, mi♭ à mi — 4, fa à fa♯ — 5, sol♭ à sol — 6, la♭ à la — 7, si♭ à si — 8, do♭ à do.

§ 18. 2e groupe. Prime bi augmentée. 9, do♭ à do♯.

§ 19. 3me groupe. Seconde diminuée. Transition en synonyme. 10, do♯ à ré♭ — 11, fa♯ à sol♭ — 12, si à do♭.

§ 20. 4me groupe. Seconde mineure. 13, do à ré♭ — 14, do♯ à ré — 15 ré à mi♭ — 16, mi à fa — 17, fa à sol♭ — 18, fa♯ à sol — 19, sol à la♭ — 20, la à si♭ — 21, si♭ à do♭ — 22, si à do.

§ 21. 5me groupe. Seconde majeure. 23, do à ré — 24, ré♭ à mi♭ — 25 ré à mi — 26, mi♭ à fa — 27 mi à fa♯ — 28, fa à sol — 29, sol♭ à la♭ — 30, sol à la — 31, la♭ à si♭ — 32, la à si — 33 si♭ à do — 34, si à do♯ — 35, do♭ à ré♭.

§ 22. 6me groupe. Seconde augmentée. 36, ré♭ à mi — 37, mi♭ à fa♯ — 38, sol♭ à la — 39, la♭ à si — 40, si♭ à do♯ — 41, do♭ à ré.

§ 23. 7me groupe. Tierce diminuée. 42, do♯ à mi♭ — 43, mi à sol♭ — 44, fa♯ à la♭ — 45, la à do♭ — 46, si à ré♭.

§ 24. 8me groupe. Tierce mineure. 47, do à mi♭ — 48, do♯ à mi — 49, ré à fa — 50, mi♭ à sol♭ — 51, mi à sol — 52, fa à la♭ — 53, fa♯ à la — 54, sol à si♭ — 55, la♭ à do♭ — 56, la à do — 57, si♭ à ré♭ — 58, si à ré.

§ 25. 9me groupe. Tierce majeure. 59, do à mi — 60, ré♭ à fa — 61, ré à fa♯ — 62, mi♭ à sol — 63, fa à la — 64, sol♭ à si♭ — 65, sol à si — 66, la♭ à do — 67, la à do♯ — 68, si♭ à ré — 69, do♭ à mi♭.

§ 26. 10me groupe. Tierce augmentée. 70, ré♭ à fa♯ — 71, sol♭ à si — 72, la♭ à do♯ — 73, do♭ à mi.

§ 27. 11me groupe. Quarte diminuée. 74, do♯ à fa — 75, ré à sol♭ — 76, mi à la♭ — 77, fa♯ à si♭ — 78, sol à do♭ — 79, la à ré♭ — 80, si à mi♭.

§ 28. 12me groupe. Quarte juste. 81, do à fa — 82, do♯ à fa♯ — 83, ré♭ à sol♭ — 84, ré à sol — 85, mi♭ à la♭ — 86, mi à la — 87, fa à si♭ — 88, fa♯ à si — 89, sol♭ à do♭ — 90,

---

anticipation elle-même et nous avons sous les yeux toute la partie historique du ton précédent, le type en conformité de ce que nous venons de prôner dans les modulations.

La première phrase D se trouve être placée sur un terrain à part. Elle touche une des questions qui nous ont occupé en dernier lieu et constitue un vrai paradoxe harmonique. En effet, elle paraît réunir les conditions requises pour être à l'abri de toute atteinte, forme complète comme phrase et qui exclut l'idée de la rattacher en quoi que ce soit à une devancière inconnue au commencement en vertu de la signature de tonalité réelle à laquelle manque cependant la légalisation par la cadence, tandis qu'elle reste, comme valeur théorique, de beaucoup inférieure à A.B.C. incomplètes comme phrase et qui portent de la même signature de tonalité comme supposée seulement mais légalisée par la présence de la cadence.

Ainsi donc, nous voici déjà bien plus loin que nous ne comptions aller. Écrivons quelques lignes de plus et nous posséderons un résumé à peu près complet du chapitre construction harmonique de la lecture musicale raisonnée. La première phrase d'une composition bien écrite l'enchaînement des phrases de son ton naturellement. Et chaque cadence devient accusée, la tonique finale devient le chaînon qui termine la phrase en même temps qu'il en commence une autre. Cet enchaînement de phrases est donc chaque fois qu'une transition de phrases. Qu'on veuille bien ne pas perdre de vue que l'on s'occupe ici de la phrase harmonique et non point de la phrase artistique. L'une pour conformer l'autre, même phrases fort à leur fermeture ne coïncide pas toujours. La transition n'est donc sans influence sur la phrase artistique.

sol à do – 91, la ♭ à ré ♭ – 92, la à ré – 93, si ♭ à mi ♭ – 94, si à mi.

§ 29. 13me groupe. Quarte augmentée. 95, do à fa ♯ – 96, ré ♭ à sol – 97, mi ♭ à la – 98, fa à si – 99, sol ♭ à do – 100, sol à do ♯ – 101, la ♭ à ré – 102, si ♭ à mi – 103, do ♭ à fa.

§ 30. 14me groupe. Quarte bi augmentée. 104, sol ♭ à do ♯ – 105, do ♭ à fa ♯.

Ici finissent les intervalles principaux. Les quintes, sixtes, septièmes et octaves qui vont suivre, n'étant que des quartes, tierces, secondes et primes renversées, nous aurons une seconde fois les mêmes successions, mais par ordre inverse et en direction opposée.

§ 31. 15me groupe. Quinte bi diminuée. 106, do ♯ à sol ♭, 107, fa ♯ à do ♭.

§ 32. 16me groupe. Quinte diminuée. 108, do à sol ♭ – 109, do ♯ à sol – 110, ré à la ♭ – 111, mi à si ♭ – 112, fa à do ♭ – 113, fa ♯ à do – 114, sol à ré ♭ – 115, la à mi ♭ – 116, si à fa.

§ 33. 17me groupe. Quinte juste. 117, do à sol – 118, ré ♭ à la ♭ – 119, ré à la – 120, mi ♭ à si ♭ – 121, mi à si – 122, fa à do – 123, fa ♯ à do ♯ – 124, sol ♭ à ré ♭ – 125, sol à ré – 126, la ♭ à mi ♭ – 127, la à mi – 128, si ♭ à fa – 129, si à fa ♯ – 130, do ♭ à sol ♭.

§ 34. 18me groupe. Quinte augmentée. 131, ré ♭ à la – 132, mi ♭ à si – 133, fa à do ♯ – 134, sol ♭ à ré – 135, la ♭ à mi – 136, si ♭ à fa ♯ – 137, do ♭ à sol.

§ 35. 19me groupe. Sixte diminuée. 138, do ♯ à la ♭ – 139, mi à do ♭ – 140, fa ♯ à ré ♭ – 141, si à sol ♭.

§ 36. 20me groupe. Sixte mineure. 142, do à la ♭ – 143, do ♯ à la – 144, ré à si ♭ – 145, mi ♭ à do ♭ – 146, mi à do – 147, fa à ré ♭ – 148, fa ♯ à ré – 149, sol à mi ♭ – 150, la à fa – 151, si ♭ à sol ♭ – 152, si à sol.

§ 37. 21me groupe. Sixte majeure. 153, do à la – 154, ré ♭ à si ♭ – 155, ré à si – 156, mi ♭ à do – 157, mi à do ♯ – 158, fa à ré – 159, sol ♭ à mi ♭ – 160, sol à mi – 161, la ♭ à fa – 162, la à fa ♯ – 163, si ♭ à sol – 164, do ♭ à la ♭.

§ 38. 22me groupe. Sixte augmentée. 165, ré ♭ à si – 166, mi ♭ à do ♯ – 167, sol ♭ à mi – 168, la ♭ à fa ♯ – 169, do ♭ à la.

§ 39. 23me groupe. Septième diminuée. 170, do ♯ à si ♭ – 171, ré à do ♭ – 172, mi à ré ♭ – 173, fa ♯ à mi ♭ – 174, la à sol ♭ – 175, si à la ♭.

§ 40. 24me groupe. Septième mineure. 176, do à si ♭ – 177, do ♯ à si – 178, ré ♭ à do ♭ – 179, ré à do – 180, mi ♭ à ré ♭ – 181, mi à ré – 182, fa à mi ♭ – 183, fa ♯ à mi – 184, sol à fa – 185, la ♭ à sol ♭ – 186, la à sol – 187, si ♭ à la ♭ – 188, si à la.

§ 41. 25me groupe. Septième majeure. 189, do à si – 190, ré ♭ à do – 191, ré à do ♯ – 192, mi ♭ à ré – 193, fa à mi – 194, sol ♭ à fa – 195, sol à fa ♯ – 196, la ♭ à sol – 197, si ♭ à la – 198, do ♭ à si ♭.

§ 42. 26me groupe. Septième augmentée. Transition ou synonyme. 199, ré ♭ à do ♯ – 200, sol ♭ à fa ♯ – 201, do ♭ à si.

§ 43. 27me groupe. Octave bi diminuée. 202, do ♯ à do ♭.

§ 44. 28me groupe. Octave diminuée. 203, do à do ♭ – 204, do ♯ à do – 205, ré à ré ♭ – 206, mi à mi ♭ – 207, fa ♯ à fa – 208, sol à sol ♭ – 209, la à la ♭ – 210, si à si ♭.

2me Catégorie. De mineur à mineur.

Les toniques des successions comprises dans cette catégorie ayant encore l'une et l'autre le même genre, tout se passera comme pour les successions de la première catégorie.

§ 45. 1er groupe. Transitions à la prime augmentée. 1, la à la ♯ – 2, si ♭ à si – 3, do à do ♯ – 4, ré à ré ♯ – 5, mi ♭ à mi – 6, fa à fa ♯ – 7, sol à sol ♯ – 8, la ♭ à la.

§ 46. 2me groupe. Prime bi augmentée. 9, la ♭ à la ♯.

§ 47. 3me groupe. Seconde diminuée. Transition ou synonyme. 10, la ♯ à si ♭ – 11, ré ♯ à mi ♭ – 12, sol ♯ à la ♭.

§ 48. 4me groupe. Seconde mineure. 13, la à si ♭ – 14, la ♯ à si – 15, si à do –

16. do♯ à ré – 17. ré à mi♭ – 18. ré♯ à mi – 19. mi à fa – 20. fa♯ à sol – 21. sol à la♭ – 22. sol♯ à la.

§ 49. 5me groupe. Seconde majeure. 23. la à si – 24. si♭ à do – 25. si à do♯ – 26. do à ré – 27. do♯ à ré♯ – 28. ré à mi – 29. mi♭ à fa – 30. mi à fa♯ – 31. fa à sol – 32. fa♯ à sol♯ – 33. sol à la – 34. sol♯ à la♯ – 35. la♭ à si♭.

§ 50. 6me groupe. Seconde augmentée. 36. si♭ à do♯ – 37. do à ré♯ – 38. mi♭ à fa♯ – 39. fa à sol♯ – 40. sol à la♯ – 41. la♭ à si.

§ 51. 7me groupe. Tierce diminuée. 42. la♯ à do – 43. do♯ à mi♭ – 44. ré♯ à fa – 45. fa♯ à la♭ – 46. sol♯ à si♭.

§ 52. 8me groupe. Tierce mineure. 47. la à do – 48. la♯ à do♯ – 49. si à ré – 50. do à mi♭ – 51. do♯ à mi – 52. ré à fa – 53. ré♯ à fa♯ – 54. mi à sol – 55. fa à la♭ – 56. fa♯ à la – 57. sol à si♭ – 58. sol♯ à si.

§ 53. 9me groupe. Tierce majeure. 59. la à do♯ – 60. si♭ à ré – 61. si à ré♯ – 62. do à mi – 63. ré à fa♯ – 64. mi♭ à sol – 65. mi à sol♯ – 66. fa à la – 67. fa♯ à la♯ – 68. sol à si – 69. la♭ à do.

§ 54. 10me groupe. Tierce augmentée. 70. si♭ à ré♯ – 71. mi♭ à sol♯ – 72. fa à la♯ – 73. la♭ à do♯.

§ 55. 11me groupe. Quarte diminuée. 74. la♯ à ré – 75. si à mi♭ – 76. do♯ à fa – 77. ré♯ à sol – 78. mi à la♭ – 79. fa♯ à si♭ – 80. sol♯ à do.

§ 56. 12me groupe. Quarte juste. 81. la à ré – 82. la♯ à ré♯ – 83. si♭ à mi♭ – 84. si à mi – 85. do à fa – 86. do♯ à fa♯ – 87. ré à sol – 88. ré♯ à sol♯ – 89. mi♭ à la♭ – 90. mi à la – 91. fa à si♭ – 92. fa♯ à si – 93. sol à do – 94. sol♯ à do♯.

§ 57. 13me groupe. Quarte augmentée. 95. la à ré♯ – 96. si♭ à mi – 97. do à fa♯ – 98. ré à sol♯ – 99. mi♭ à la – 100. mi à la♯ – 101. fa à si – 102. sol à do♯ – 103. la♭ à ré.

§ 58. 14me groupe. Quarte bi-augmentée. 104. mi♭ à la♯ – 105. la♭ à ré♯.

§ 59. 15me groupe. Quinte bi-diminuée. 106. la♯ à mi♭ – 107. ré♯ à la♭.

§ 60. 16me groupe. Quinte diminuée. 108. la à mi♭ – 109. la♯ à mi – 110. si à fa – 111. do♯ à sol – 112. ré à la♭ – 113. ré♯ à la – 114. mi à si♭ – 115. fa♯ à do – 116. sol♯ à ré.

§ 61. 17me groupe. Quinte juste. 117. la à mi – 118. si♭ à fa – 119. si à fa♯ – 120. do à sol – 121. do♯ à sol♯ – 122. ré à la – 123. ré♯ à la♯ – 124. mi♭ à si♭ – 125. mi à si – 126. fa à do – 127. fa♯ à do♯ – 128. sol à ré – 129. sol♯ à ré♯ – 130. la♭ à mi♭.

§ 62. 18me groupe. Quinte augmentée. 131. si♭ à fa♯ – 132. do à sol♯ – 133. ré à la♯ – 134. mi♭ à si – 135. fa à do♯ – 136. sol à ré♯ – 137. la♭ à mi.

§ 63. 19me groupe. Sixte diminuée. 138. la♯ à fa – 139. do♯ à la♭ – 140. ré♯ à si♭ – 141. sol♯ à mi♭.

§ 64. 20me groupe. Sixte mineure. 142. la à fa – 143. la♯ à fa♯ – 144. si à sol – 145. do à la♭ – 146. do♯ à la – 147. ré à si♭ – 148. ré♯ à si – 149. mi à do – 150. fa♯ à ré – 151. sol à mi♭ – 152. sol♯ à mi.

§ 65. 21me groupe. Sixte majeure. 153. la à fa♯ – 154. si♭ à sol – 155. si à sol♯ – 156. do à la – 157. do♯ à la♯ – 158. ré à si – 159. mi♭ à do – 160. mi à do♯ – 161. fa à ré – 162. fa♯ à ré♯ – 163. sol à mi – 164. la♭ à fa.

§ 66. 22me groupe. Sixte augmentée. 165. si♭ à sol♯ – 166. do à la♯ – 167. mi♭ à do♯ – 168. fa à ré♯ – 169. la♭ à fa♯.

§ 67. 23me groupe. Septième diminuée. 170. la♯ à sol – 171. si à la♭ – 172. do♯ à si♭ – 173. ré♯ à do – 174. fa♯ à mi♭ – 175. sol♯ à fa.

§ 68. 24me groupe. Septième mineure. 176. la à sol – 177. la♯ à sol♯ – 178. si♭ à la♭ – 179. si à la – 180. do à si♭ – 181. do♯ à si – 182. ré à do – 183. ré♯ à do♯ – 184. mi à ré – 185. fa à mi♭ – 186. fa♯ à mi – 187. sol à fa – 188. sol♯ à fa♯.

§ 69. 25me groupe. Septième majeure. 189. la à sol♯ – 190. si♭ à la – 191. si à la♯ – 192. do à si – 193. ré à do♯ – 194. mi♭ à ré – 195. mi à ré♯ – 196. fa à mi – 197. sol à fa ♯ – 198. la ♭ à sol.

§ 70. 26me groupe. Septième augmentée. Transition au synonyme. 199. si ♭ à la ♯ – 200. mi ♭ à ré ♯ – 201. la ♭ à sol ♯.

§ 71. 27me groupe. Octave bi diminuée. 202. la ♯ à la ♭.

§ 72. 28me groupe. Octave diminuée. 203. la à la ♭ – 204. la ♯ à la – 205. si à si ♭ – 206. do ♯ à do – 207. ré ♯ à ré – 208. mi à mi ♭ – 209. fa ♯ à fa – 210. sol ♯ à sol.

Nous arrivons aux catégories qui contiennent les successions entre toniques de genre différent. Dans chacune des deux premières catégories la seconde moitié était l'inverse de la première moitié, tandis que les deux dernières sont dans le même cas l'une à l'égard de l'autre.

3me Catégorie. De majeur à mineur.

§ 73. 1er groupe. Transitions à la prime juste. Transition à l'homonyme. 1. do à do – 2. do ♯ à do ♯ – 3. ré à ré – 4. mi ♭ à mi ♭ – 5. mi à mi – 6. fa à fa – 7. fa ♯ à fa ♯ – 8. sol à sol – 9. la ♭ à la ♭ – 10. la à la – 11. si ♭ à si ♭ – 12. si à si.

§ 74. 2me groupe. Prime augmentée. 13. do à do ♯ – 14. ré ♭ à ré – 15. ré à ré ♯ – 16. mi ♭ à mi – 17. fa à fa ♯ – 18. sol ♭ à sol – 19. sol à sol ♯ – 20. la ♭ à la – 21. la à la ♯ – 22. si ♭ à si – 23. do ♭ à do.

§ 75. 3me groupe. Prime bi augmentée. 24. ré ♭ à ré ♯ – 25. sol ♭ à sol ♯ – 26. la ♭ à la ♯ – 27. do ♭ à do ♯.

§ 76. 4me groupe. Seconde mineure. 28. do ♯ à ré – 29. ré à mi ♭ – 30. mi à fa – 31. fa ♯ à sol – 32. sol à la ♭ – 33. la à si ♭ – 34. si à do.

§ 77. 5me groupe. Seconde majeure. 35. do à ré – 36. do ♯ à ré ♯ – 37. ré ♭ à mi ♭ – 38. ré à mi – 39. mi ♭ à fa – 40. mi à fa ♯ – 41. fa à sol – 42. fa ♯ à sol ♯ – 43. sol ♭ à la ♭ – 44. sol à la – 45. la ♭ à si ♭ – 46. la à si – 47. si ♭ à do – 48. si à do ♯.

§ 78. 6me groupe. Seconde augmentée. 49. do à ré ♯ – 50. ré ♭ à mi – 51. mi ♭ à fa ♯ – 52. fa à sol ♯ – 53. sol ♭ à la – 54. sol à la ♯ – 55. la ♭ à si – 56. si ♭ à do ♯ – 57. do ♭ à ré.

§ 79. 7me groupe. Seconde bi augmentée. 58. sol ♭ à la ♯ – 59. do ♭ à ré ♯.

§ 80. 8me groupe. Tierce diminuée. 60. do ♯ à mi ♭ – 61. fa ♯ à la ♭.

§ 81. 9me groupe. Tierce mineure. 62. do à mi ♭ – 63. do ♯ à mi – 64. ré à fa – 65. mi à sol – 66. fa à la ♭ – 67. fa ♯ à la – 68. sol à si ♭ – 69. la à do – 70. si à ré.

§ 82. 10me groupe. Tierce majeure. 71. do à mi – 72. ré ♭ à fa – 73. ré à fa ♯ – 74. mi ♭ à sol – 75. mi à sol ♯ – 76. fa à la – 77. fa ♯ à la ♯ – 78. sol ♭ à si ♭ – 79. sol à si – 80. la ♭ à do – 81. la à do ♯ – 82. si ♭ à ré – 83. si à ré ♯ – 84. do ♭ à mi ♭.

§ 83. 11me groupe. Tierce augmentée. 85. ré ♭ à fa ♯ – 86. mi ♭ à sol ♯ – 87. fa à la ♯ – 88. sol ♭ à si – 89. la ♭ à do ♯ – 90. si ♭ à ré ♯ – 91. do ♭ à mi.

§ 84. 12me groupe. Quarte diminuée. 92. do ♯ à fa – 93. mi à la ♭ – 94. fa ♯ à si ♭ – 95. si à mi ♭.

§ 85. 13me groupe. Quarte juste. 96. do à fa – 97. do ♯ à fa ♯ – 98. ré à sol – 99. mi ♭ à la ♭ – 100. mi à la – 101. fa à si ♭ – 102. fa ♯ à si – 103. sol à do – 104. la à ré – 105. si ♭ à mi ♭ – 106. si à mi.

§ 86. 14me groupe. Quarte augmentée. 107. do à fa ♯ – 108. ré ♭ à sol – 109. ré à sol ♯ – 110. mi ♭ à la – 111. mi à la ♯ – 112. fa à si – 113. sol ♭ à do – 114. sol à do ♯ – 115. la ♭ à ré – 116. la à ré ♯ – 117. si ♭ à mi – 118. do ♭ à fa.

§ 87. 15me groupe. Quarte bi augmentée. 119. ré ♭ à sol ♯ – 120. mi ♭ à la ♯ – 121. sol ♭ à do ♯ – 122. la ♭ à ré ♯ – 123. do ♭ à fa ♯.

§ 88. 16me groupe. Quinte diminuée. 124. do ♯ à sol – 125. ré à la ♭ – 126. mi à si ♭ – 127. fa ♯ à do – 128. la à mi ♭ – 129. si à fa.

§ 89. 17me groupe. Quinte juste. 130, do à sol – 131, do ♯ à sol ♯ – 132, ré ♭ à la ♭ – 133, ré à la – 134, mi ♭ à si ♭ – 135, mi à si – 136, fa à do – 137, fa ♯ à do ♯ – 138, sol à ré – 139, la ♭ à mi ♭ – 140, la à mi – 141, si ♭ à fa – 142, si à fa ♯.

§ 90. 18me groupe. Quinte augmentée. 143, do à sol ♯ – 144, ré ♭ à la – 145, ré à la ♯ – 146, mi ♭ à si – 147, fa à do ♯ – 148, sol ♭ à ré – 149, sol à ré ♯ – 150, la ♭ à mi – 151, si ♭ à fa ♯ – 152, do ♭ à sol.

§ 91. 19me groupe. Quinte bi-augmentée. 153, ré ♭ à la ♯ – 154, sol ♭ à ré ♯ – 155, do ♭ à sol ♯.

§ 92. 20me groupe. Sixte diminuée. 156, do ♯ à la ♭.

§ 93. 21me groupe. Sixte mineure. 157, do à la ♭ – 158, do ♯ à la – 159, ré à si ♭ – 160, mi à do – 161, fa ♯ à ré – 162, sol à mi ♭ – 163, la à fa – 164, si à sol.

§ 94. 22me groupe. Sixte majeure. Transition au relatif. 165, do à la – 166, do ♯ à la ♯ – 167, ré ♭ à si ♭ – 168, ré à si – 169, mi ♭ à do – 170, mi à do ♯ – 171, fa à ré – 172, fa ♯ à ré ♯ – 173, sol ♭ à mi ♭ – 174, sol à mi – 175, la ♭ à fa – 176, la à fa ♯ – 177, si ♭ à sol – 178, si à sol ♯ – 179, do ♭ à la ♭.

§ 95. 23me groupe. Sixte augmentée. 180, do à la ♯ – 181, ré ♭ à si – 182, mi ♭ à do ♯ – 183, fa à ré ♯ – 184, sol ♭ à mi – 185, la ♭ à fa ♯ – 186, si ♭ à sol ♯ – 187, do ♭ à la.

§ 96. 24me groupe. Sixte bi-augmentée. 188, do ♭ à la ♯.

§ 97. 25me groupe. Septième diminuée. 189, do ♯ à si ♭ – 190, fa ♯ à mi ♭ – 191, si à la ♭.

§ 98. 26me groupe. Septième mineure. 192, do à si ♭ – 193, do ♯ à si – 194, ré à do – 195, mi à ré – 196, fa à mi ♭ – 197, fa ♯ à mi – 198, sol à fa – 199, la à sol – 200, si ♭ à la ♭ – 201, si à la.

§ 99. 27me groupe. Septième majeure. 202, do à si – 203, ré ♭ à do – 204, ré à do ♯ – 205, mi ♭ à ré – 206, mi à ré ♯ – 207, fa à mi – 208, sol ♭ à fa – 209, sol à fa ♯ – 210, la ♭ à sol – 211, la à sol ♯ – 212, si ♭ à la – 213, si à la ♯ – 214, do ♭ à si ♭.

§ 100. 28me groupe. Septième augmentée. 215, ré ♭ à do ♯ – 216, mi ♭ à ré ♯ – 217, sol ♭ à fa ♯ – 218, la ♭ à sol ♯ – 219, si ♭ à la ♯ – 220, do ♭ à si.

§ 101. 29me groupe. Octave diminuée. 221, do ♯ à do – 222, mi à mi ♭ – 223, fa ♯ à fa – 224, la à la ♭ – 225, si à si ♭.

4me Catégorie. De mineur à majeur.

§ 102. 1er groupe. Transitions à la prime juste. Transition à l'homonyme. 1, la à la – 2, si ♭ à si ♭ – 3, si à si – 4, do à do – 5, do ♯ à do ♯ – 6, ré à ré – 7, mi ♭ à mi ♭ – 8, mi à mi – 9, fa à fa – 10, fa ♯ à fa ♯ – 11, sol à sol – 12, la ♭ à la ♭.

§ 103. 2me groupe. Prime augmentée. 13, si ♭ à si – 14, do à do ♯ – 15, mi ♭ à mi – 16, fa à fa ♯ – 17, la ♭ à la.

§ 104. 3me groupe. Seconde diminuée. 18, la ♯ à si ♭ – 19, si à do ♭ – 20, do ♯ à ré ♭ – 21, ré ♯ à mi ♭ – 22, fa ♯ à sol ♭ – 23, sol ♯ à la ♭.

§ 105. 4me groupe. Seconde mineure. 24, la à si ♭ – 25, la ♯ à si – 26, si ♭ à do ♭ – 27, si à do – 28, do à ré ♭ – 29, do ♯ à ré – 30, ré à mi ♭ – 31, ré ♯ à mi – 32, mi à fa – 33, fa à sol ♭ – 34, fa ♯ à sol – 35, sol à la ♭ – 36, sol ♯ à la.

§ 106. 5me groupe. Seconde majeure. 37, la à si – 38, si ♭ à do – 39, si à do ♯ – 40, do à ré – 41, ré à mi – 42, mi ♭ à fa – 43, mi à fa ♯ – 44, fa à sol – 45, sol à la – 46, la ♭ à si ♭.

§ 107. 6me groupe. Seconde augmentée. 47, si ♭ à do ♯ – 48, mi ♭ à fa ♯ – 49, la ♭ à si.

§ 108. 7me groupe. Tierce bi-diminuée. 50, la ♯ à do ♭.

§ 109. 8me groupe. Tierce diminuée. 51, la à do ♭ – 52, la ♯ à do – 53, si à ré ♭ – 54, do ♯ à mi ♭ – 55, ré ♯ à fa – 56, mi à sol ♭ – 57, fa ♯ à la ♭ – 58, sol ♯ à si ♭.

§ 110. 9me groupe. Tierce mineure. Transition au principal. 59, la à do – 60, la ♯ à do ♯ – 61, si ♭ à ré ♭ – 62, si à ré – 63, do à mi ♭ – 64, do ♯ à mi – 65, ré à fa – 66, ré ♯

à fa ♯ – 67. mi ♭ à sol ♭ – 68. mi à sol – 69. fa à la ♭ – 70. fa ♯ à la – 71. sol à si ♭ – 72. sol ♯ à si – 73. la ♭ à do ♭.

§ 111. 10me groupe. Tierce majeure. 74. la à do ♯ – 75. si ♭ à ré – 76. do à mi – 77. ré à fa ♯ – 78. mi ♭ à sol – 79. fa à la – 80. sol à si – 81. la ♭ à do.

§ 112. 11me groupe. Tierce augmentée. 82. la ♭ à do ♯.

§ 113. 12me groupe. Quarte bi-diminuée. 83. la ♯ à ré ♭ – 84. ré ♯ à sol ♭ – 85. sol ♯ à do ♭.

§ 114. 13me groupe. Quarte diminuée. 86. la à ré ♭ – 87. la ♯ à ré – 88. si à mi ♭ – 89. do ♯ à fa – 90. ré à sol ♭ – 91. ré ♯ à sol – 92. mi à la ♭ – 93. fa ♯ à si ♭ – 94. sol à do ♭ – 95. sol ♯ à do.

§ 115. 14me groupe. Quarte juste. 96. la à ré – 97. si ♭ à mi ♭ – 98. si à mi – 99. do à fa – 100. do ♯ à fa ♯ – 101. ré à sol – 102. mi ♭ à la ♭ – 103. mi à la – 104. fa à si ♭ – 105. fa ♯ à si – 106. sol à do – 107. sol ♯ à do ♯ – 108. la ♭ à ré ♭.

§ 116. 15me groupe. Quarte augmentée. 109. si ♭ à mi – 110. do à fa ♯ – 111. mi ♭ à la – 112. fa à si – 113. sol à do ♯ – 114. la ♭ à ré.

§ 117. 16me groupe. Quinte bi-diminuée. 115. la ♯ à mi ♭ – 116. do ♯ à sol ♭ – 117. ré ♯ à la ♭ – 118. fa ♯ à do ♭ – 119. sol ♯ à ré ♭.

§ 118. 17me groupe. Quinte diminuée. 120. la à mi ♭ – 121. la ♯ à mi – 122. si à fa – 123. do à sol ♭ – 124. do ♯ à sol – 125. ré à la ♭ – 126. ré ♯ à la – 127. mi à si ♭ – 128. fa à do ♭ – 129. fa ♯ à do – 130. sol à ré ♭ – 131. sol ♯ à ré.

§ 119. 18me groupe. Quinte juste. 132. la à mi – 133. si ♭ à fa – 134. si à fa ♯ – 135. do à sol – 136. ré à la – 137. mi ♭ à si ♭ – 138. mi à si – 139. fa à do – 140. fa ♯ à do ♯ – 141. sol à ré – 142. la ♭ à mi ♭.

§ 120. 19me groupe. Quinte augmentée. 143. si ♭ à fa ♯ – 144. mi ♭ à si – 145. fa à do ♯ – 146. la ♭ à mi.

§ 121. 20me groupe. Sixte diminuée. 147. la ♯ à fa – 148. si à sol ♭ – 149. do ♯ à la ♭ – 150. ré ♯ à si ♭ – 151. mi à do ♭ – 152. fa ♯ à ré ♭ – 153. sol ♯ à mi ♭.

§ 122. 21me groupe. Sixte mineure. 154. la à fa – 155. la ♯ à fa ♯ – 156. si ♭ à sol ♭ – 157. si à sol – 158. do à la ♭ – 159. do ♯ à la – 160. ré à si ♭ – 161. ré ♯ à si – 162. mi ♭ à do ♭ – 163. mi à do – 164. fa à ré ♭ – 165. fa ♯ à ré – 166. sol à mi ♭ – 167. sol ♯ à mi.

§ 123. 22me groupe. Sixte majeure. 168. la à fa ♯ – 169. si ♭ à sol – 170. do à la – 171. ré à si – 172. mi ♭ à do – 173. mi à do ♯ – 174. fa à ré – 175. sol à mi – 176. la ♭ à fa.

§ 124. 23me groupe. Sixte augmentée. 177. mi ♭ à do ♯ – 178. la ♭ à fa ♯.

§ 125. 24me groupe. Septième bi-diminuée. 179. la ♯ à sol ♭ – 180. ré ♯ à do ♭.

§ 126. 25me groupe. Septième diminuée. 181. la à sol ♭ – 182. la ♯ à sol – 183. si à la ♭ – 184. do ♯ à si ♭ – 185. ré à do ♭ – 186. ré ♯ à do – 187. mi à ré ♭ – 188. fa ♯ à mi ♭ – 189. sol ♯ à fa.

§ 127. 26me groupe. Septième mineure. 190. la à sol – 191. si ♭ à la ♭ – 192. si à la – 193. do à si ♭ – 194. do ♯ à si – 195. ré à do – 196. ré ♯ à do ♯ – 197. mi ♭ à ré ♭ – 198. mi à ré – 199. fa à mi ♭ – 200. fa ♯ à mi – 201. sol à fa – 202. sol ♯ à fa ♯ – 203. la ♭ à sol ♭.

§ 128. 27me groupe. Septième majeure. 204. si ♭ à la – 205. do à si – 206. ré à do ♯ – 207. mi ♭ à ré – 208. fa à mi – 209. sol à fa ♯ – 210. la ♭ à sol.

§ 129. 28me groupe. Octave bi-diminuée. 211. la ♯ à la ♭ – 212. do ♯ à do ♭ – 213. ré ♯ à ré ♭ – 214. sol ♯ à sol ♭.

§ 130. 29me groupe. Octave diminuée. 215. la à la ♭ – 216. la ♯ à la – 217. si à si ♭ – 218. do à do ♭ – 219. do ♯ à do – 220. ré à ré ♭ – 221. ré ♯ à ré – 222. mi à mi ♭ – 223. fa ♯ à fa – 224. sol à sol ♭ – 225. sol ♯ à sol.

B. — Transition modulatoire

§ 131. Quand des formes altérées se placent entre les deux toniques, la transition

contracte une grande ressemblance avec la modulation et s'appelle *transition modulatoire*.
La première tonique choisit ses altérations parmi celles qui lui conviendraient si, en qualité de triton de la première note, elle servait d'accord de passage (modulation) à la seconde tonique; cette dernière tire les siennes de celles qui lui appartiennent en harmonisation unitonique. Comme l'une des deux toniques prend de ses altérations toutes elles en sont toutes deux. La *transition modulatoire* pouvant donc tirer ses altérations, elle peut se faire

1° par altération en première (tonique),
2° par altération en seconde, et
3° par altération en double.

Voici, pour exemple, comparons la transition de do majeur en ré majeur, tant naturelle que modulatoire et en construction exceptionnelle A.

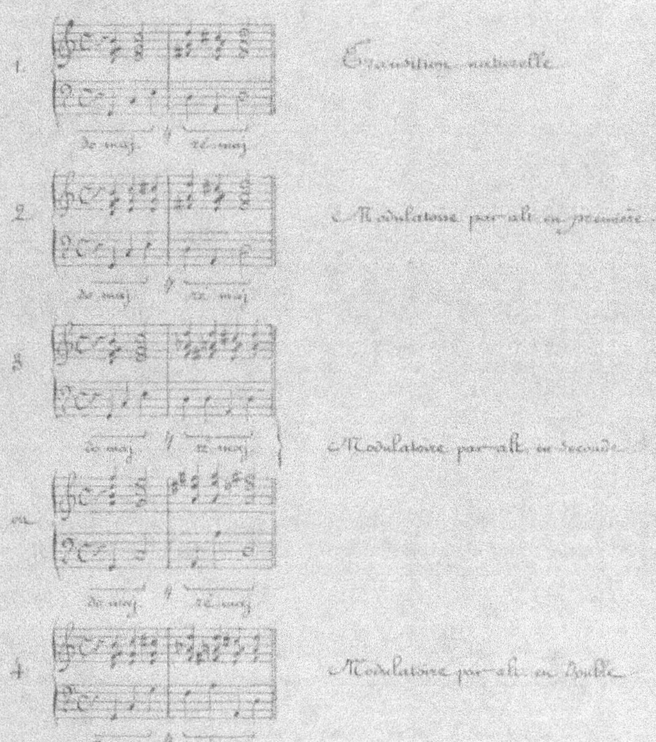

§ 132. L'altération qui simule le genre opposé, mérite une mention spéciale. Quand elle se produit à la première tonique on interprétera généralement avec justesse en consultant l'ensemble de l'harmonisation ou altérant l'exemple N°1 du paragraphe précédent comme suit:

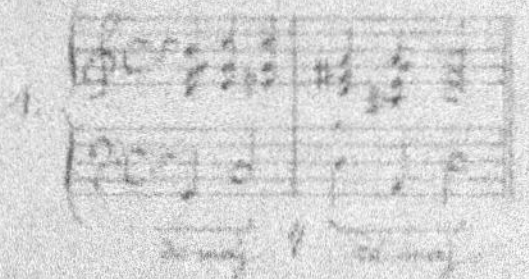

la première tonique ne cesse pas d'être celle du Do majeur et le reste de la phrase est écrit en ce ton.

On est plus à l'aise à l'égard de la seconde tonique, car posée en construction exceptionnelle ou par anticipation elle peut prendre n'importe quelle altération sans rien déranger; la forme qu'elle accuse *précédée de sa dominante* devant naturellement être prise pour la forme définitive. Ainsi, le ré majeur reste toujours le ton succédant dans le même exemple altéré comme suit:

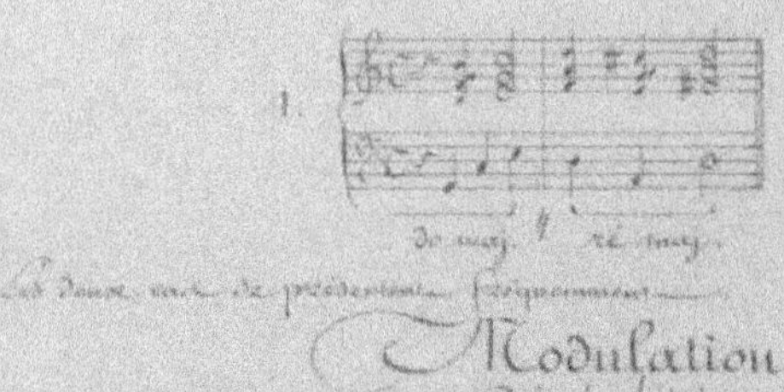

Ces deux cas se présentent fréquemment.

Modulation

Généralités

§. 133. C'est surtout dans la modulation, point culminant de l'Harmonie, en matière d'une étendue excessive et composée d'une infinité de nuances, que l'ordre le plus scrupuleux doit régner si nous voulons parvenir et nous y retrouver. Le principe et garantie, nous le posséderons quand nous aurons distingué parmi les accords d'une modulation celui qui est réellement l'intermédiaire aux deux tons, qui constitue une sorte de terrain neutre sur lequel les tons se tendent la main. Le choix de cet accord ne saurait être douteux. La présence du second ton se constate avec certitude à l'apparition de sa cadence, ou à celle de sa tonique précédant la cadence immédiatement ou à distance. L'accord placé avant l'apparition du second ton est donc logiquement celui dans lequel les deux tons se rencontrent. Cet accord, qui prend de plein droit le nom d'*accord déterminant*, appartient aussi bien au premier ton qu'au second, mais se trouvant sous l'influence de la signature de tonalité des tons intéressés dans une modulation, il n'appartient pas toujours à l'un et à l'autre *dans la même forme*. C'est dans cette acception qu'il faut comprendre l'accord placé avant l'apparition du second ton, pour qu'il puisse devenir *accord déterminant*, c'est-à-dire principe organisateur pour les diverses coupes de modulations à créer. Les autres accords qui se trouveraient entre la première tonique et l'accord déterminant et qui sont donc évidemment aptes à être investis de cette dernière charge le cas donné, ne sont pas consultés. Ils constituent la partie unitonique se rapportant à la première tonique, tout comme les accords placés entre la seconde tonique et sa cadence (tonique posée par anticipation) formeraient la partie unitonique appartenant à cette dernière. Ces deux parties n'exercent aucune influence sur la détermination d'une modulation. Les accords marquants sont d'abord les deux toniques qui indiquent la catégorie et l'intervalle de la modulation, ensuite l'accord déterminant qui fait connaître à quelle coupe elle est à rapporter. Il est des modulations sans partie unitonique aucune et qui ne se composent que des seuls trois accords marquants; il en est même qui semblent n'être composées que de deux accords marquants, le *déterminant* n'étant pas apparent, non compris dans les deux cas la dominante de la seconde tonique. Après ces dispositions préliminaires, entamons la matière dont il s'agit.

§. 134. Les modulations se partagent en deux sections. L'une comprend les modulations plus ou moins développées; on y trouve pour le moins un accord placé entre la première tonique et le commencement du second ton. Ce seul accord est le *déterminant* et on a à s'enquérir dès lors de la forme naturelle dans laquelle il est—

particulier à chacun des deux tons en présence. L'autre section renferme les modulations dont la construction est plus simple et reste uniformément la même pour tous les cas. Le caractère tout particulier des modulations qui rentrent dans cette section est trop bien accusé pour ne pas y reconnaître un degré inférieur. Nous allons en poursuivre le développement pour retrouver la première section par après.

§ 135 La modulation se trouve réduite à la forme la plus simple possible lorsque le premier ton est représenté par la seule tonique et le second par sa cadence, venue accordé en tout. Quand plusieurs de ces modulations s'enchaînent, ce qui arrive souvent, il se forme une succession de cadences. Et cette uniformité de mécanisme vient de joindre une autre particularité. La première tonique étant le seul accord qui précède l'apparition du second ton, il faut nécessairement la considérer comme *accord déterminant*. Il y a plus. La section qui traitera de ce diminutif de la modulation, permettra une organisation intérieure en rapport avec la simplicité et la stabilité de la forme qui le caractérisent. D'abord on pourra se borner à une seule espèce de modulation au degré inférieur en laissant de côté la différence de la forme naturelle de l'accord déterminant, contrairement à ce qui devra arriver au degré supérieur qui exigera la distinction de trois espèces. Ensuite la modulation en question est liée trop intimement à la transition pour ne pas recevoir la même distribution intérieure, c'est-à-dire celle qui a pour base l'intervalle qui sépare les toniques. En effet la modulation du degré inférieur ne diffère de la transition qu'en ce que la dominante du second ton vient se placer entre les deux toniques. La première fait donc suite à la seconde d'une manière bien naturelle. Ce degré inférieur réunit, ce semble, assez de caractères distinctifs pour avoir le droit de prendre une dénomination propre, celle de *modulation dispositive*.

§ 136 Dans la modulation du degré supérieur, l'accord déterminant ne se confond pas avec la première tonique. C'est là le signe distinctif certain. Par suite de la différence de la signature des tons mis en communication au moyen de l'accord déterminant, celui-ci se retrouve, dans le second ton, ou modifié dans toutes ses notes, ou dans une seule ou plusieurs, ou enfin il s'y retrouve sans modification aucune. Ce qui revient à dire que dans deux cas l'accord déterminant a deux formes naturelles, et une seule dans un troisième cas. De là trois sortes de modulations qui, bien qu'établies d'après un même grand principe, n'en sont pas moins assez distinctes pour être traitées chacune dans un chapitre à part (1) et sous une dénomination caractéristique.

§ 137 Quand l'accord déterminant a toutes ses notes modifiées par la signature du second ton, les communications qu'il établit existent cependant, mais elles sont indirectes, au point qu'elles semblent manquer entièrement. C'est la modulation la moins parfaite. Elle tient encore de la transition, en raison de quoi elle est désignée sous la dénomination de *modulation transitive*.

§ 138 Les communications commencent à devenir directes quand la signature du second ton laisse intactes une ou plusieurs notes de l'accord déterminant. Les deux formes de cet accord possèdent donc en *commun* une ou plusieurs notes; circonstance qui indique d'elle-même le nom à donner. C'est la *modulation par note commune*.

§ 139 Quand enfin l'accord déterminant se retrouve dans le second ton exactement dans la forme qui lui est propre au premier, les communications sont tout à fait

---

(1) Il en est ainsi dans la *lecture musicale raisonnée* où chaque accord déterminant est accompagné de toutes ses formes altérées, parfois en nombre très considérable. Dans ces conditions, la réunion des trois sortes de modulations en un seul chapitre aurait eu pour suite inévitable l'encombrement et la confusion. Cela n'est pas à craindre ici où les formes altérées ne seront données que çà et là comme échantillon. C'est pourquoi on pourra les traiter réunies tout en indiquant la forme qui revient à chacune d'elles.

directes. La modulation a lieu par l'entremise d'un accord commun aux deux tons, on l'appelle en conséquence modulation par accord commun. C'est la modulation vraie; elle est essentiellement intime.

§ 110. Les trois coupes en lesquelles se divise la modulation du degré supérieur, se laissent évidemment former aussi dans le degré inférieur; mais on peut, rappelons-le, s'en passer en présence de la circonstance que là la tonique du premier ton est elle-même constamment accord déterminant, et aussi pour cet autre motif que les altérations s'y voient moins souvent. En outre, cette modulation dispositive, d'un caractère si particulier, aurait dû dès lors être divisée en trois parties pour précéder chacune son degré supérieur respectif. De plus, elle n'aurait pu jouir de l'avantage de recevoir une organisation intérieure plus simple. Par contre, le degré supérieur renfermant une variété de modulations excessive, [illegible] très diverses, sont absolument nécessaires et le fractionnement et l'organisation intérieure toute différente. L'un entraîne l'autre, et tous deux ont naturellement pour cause l'accord déterminant. Ce dernier devient la cause du fractionnement du degré supérieur aussi bien par la diversité de ses formes naturelles elle-même que par la différence de son caractère et de sa signification. Quand les tons ut majeur et sol majeur sont mis en communication par l'entremise du triton ré-fa ou accord commun, cet accord produit une modulation intime entre les tons nommés. Mais quand la modulation entre ces mêmes tons est faite par l'accord déterminant de fa-la-ré-do, accord à notes communes, seulement parce que le fa est étranger au sol majeur, elle contracte évidemment un caractère moins intime que eu égard à son rapprochement de la modulation précédente dans la même subdivision. La confusion est la première chose à éviter dans tout travail qui veut être systématique. Le système s'appliquant à la modulation en général consiste nécessairement à créer une série de coupes destinées à recevoir depuis la modulation qui se rapproche le plus de la transition jusqu'à celle qui s'en éloigne le plus.

Deux types principaux ont donc été reconnus; dont le premier doit renfermer les modulations du degré inférieur; celles qui tombent en partage au second type, étant de nature trop diverse pour ne former qu'une seule division, se trouvent distribuées dans les trois subdivisions basées sur les trois nuances qu'affecte le principe organisateur, l'accord déterminant. S'il est démontré ce que l'auteur s'est attaché à démontrer jusqu'ici, si le lecteur y adhère, il approuvera peut-être aussi l'organisation intérieure à donner au degré supérieur par suite du fractionnement, organisation qui se base sur le système harmonique tel qu'il est exposé au § 6.

§ 111. Lors de mettre à la recherche des modulations qui incombent à chacune des trois fractions du degré supérieur, il faut procéder à la comparaison des tons en conformité des quatre catégories que forment les modulations par rapport au genre des toniques (§ 13). On comprendra que cette comparaison conduirait à une besogne embrouillée d'où on ne pourrait sortir et deviendrait par dessus tout difficile à l'endroit du résultat à obtenir si elle se faisait sans méthode aucune. C'est le moment de se rappeler qu'au degré supérieur les modulations se rangent en une immense file d'après la valeur de la communication, elles restent toujours réunies par groupes comme elles le sont à l'état de transition. La valeur de la communication réside dans la nature des accords déterminants; il faut donc s'occuper de la classification de ceux-ci puisqu'ils représentent les modulations. Mais il ne suffit pas de simplement les assortir, il faut en même temps les disposer de telle sorte que les groupes aux mêmes puissent se suivre dans un ordre qui ne soit pas contraire au système des successions. Les accords déterminants se laissent assortir de deux manières, selon qu'on range les groupes de modulations d'après l'ordre grammatical de l'intervalle ainsi qu'il était plus simple de le faire à l'égard du degré inférieur, ou qu'on les range d'après l'ordre ici assigné par la transposition des modes, c'est-à-dire d'après le système harmonique. Dans les deux cas, on fait la comparaison des tons en prenant le ton naturel pour point de départ ; plus loin on trouvera ce qui se rapporte au changement du point de comparaison. Examinons conjointement les deux méthodes de comparaison et choisissons à cet effet les premiers intervalles de la première catégorie. Au groupe de la prime augmentée, les do majeur et do♯ majeur diffèrent entre eux de sept dièses ainsi en principe général, la différence entre les tons de ce groupe est de sept signes altératifs, les accords déterminants sont tous transitifs ; d'après le système harmonique, ce groupe ne vient qu'en septième lieu du côté droit où nous entrons en pleine *modulation transitive*. Il en est de même à plus forte raison de la prime bis augmentée et de la seconde diminuée. Au groupe de la seconde mineure (4me), la différence entre les tons est en conformité des do maj et ré♭ maj de cinq signes altératifs ; mélange d'accords déterminants à *note commune* et *transitifs* ; au système harmonique, ce groupe occupe la cinquième place à gauche où le mélange des deux sortes de modulation se présente d'une manière naturelle. Dans la seconde majeure (5me) où en raison du nombre des signes altératifs nous aurions mélange d'accords déterminants *communs* et *à note commune*, tandis que d'après le système harmonique, ce groupe se trouve en seconde place à droite où ce mélange est dans l'ordre des choses ; car les trois sortes de modulation elles-mêmes se succèdent, eu égard à l'ensemble des quatre catégories avec une certaine régularité. Plus loin nous rencontrerons de nouveau exclusivement la modulation *transitive*, et ce résultat de l'examen est donc tout à l'avantage du système harmonique, et cela doit être puisque les groupes s'y succèdent d'après les signes altératifs en nombre toujours croissant, en raison de quoi la communication entre les tons se transforme *graduellement* (1). On voit qu'avec cette méthode de comparaison, l'intervalle entre les toniques devient chose secondaire ; il se présente pêle-mêle et n'est plus que le moyen de trouver la place que les groupes de modulations occupent dans le système harmonique. A chaque groupe qui se rencontre en partant du ton basal, les accords déterminants vont prendre place par ordre dans la coupe à laquelle ils reviennent d'après leur qualité. C'est en quoi consiste la démonstration qui accompagne chacun des groupes. Après cela, la file des modulations se trouve organisée tout naturellement.

Telles sont les considérations qui ont porté l'auteur à adopter, pour les modulations de toute nature, le plan distributif général qui vient d'être exposé. Reste à faire connaître quelques détails y relatifs et concernant en particulier le degré supérieur, ainsi que quelques autres points rentrant dans les généralités qui nous occupent.

§ 142. Les tons à comparer avec le ton basal ou point de comparaison, et dont l'ordre de succession établi ne sera jamais rompu, s'appellent des *lignes*. Les tons situés à la gauche du ton basal sont les *lignes gauches*, ceux du côté opposé sont les *lignes droites*. Le do majeur étant à la base, le fa majeur forme la *première ligne gauche*, le mi♭ majeur *la troisième ligne gauche*, le sol majeur la *première ligne droite*, le mi majeur *la quatrième ligne droite*, etc. Le ton duquel part la modulation est toujours considéré comme base. Ainsi la modulation du sol majeur au fa majeur est en seconde ligne gauche, celle du si♭ majeur au la majeur est en cinquième ligne droite, etc. (2) Pour dénommer complètement une modulation, il

---

(1) D'après le système harmonique, la transformation de la communication s'opère dans le sens de la modulation par *accord commun* à la *transitive*. L'auteur la prend au renversé parce qu'il lui paraissait rationnel de commencer par la transition pour finir par la modulation la plus intime. Il ne saurait se figurer comme quoi il serait plus rationnel de placer en tête d'un système celles des successions qu'on ne peut faire ni juger que muni de bien des connaissances théoriques, pour en venir ensuite à celles qui n'en demandent presque pas.

(2) La méthode la plus facile pour trouver à l'instant la ligne à laquelle est

faut en outre indiquer la catégorie, l'espèce et l'accord déterminant. L'harmoniste analyseur aura donc à constater, ici une modulation de première catégorie, par accord commun et en seconde ligne gauche, accord déterminant un tel; ailleurs une modulation de quatrième catégorie transitive et en sixième ligne gauche, tel accord déterminant. Le nombre des lignes de l'un et de l'autre côté du ton basal s'élève nécessairement jusqu'à quatorze, le quinzième ton formant le point de comparaison. Au préliminaire de cet ouvrage (§ 6) il a été exposé incidemment comme quoi *théoriquement* les tons naturels doivent rester points de comparaison pour la totalité des lignes; il semblerait donc superflu d'y revenir. J'ajouterai seulement que l'orthographe harmonique aussi le démontre avec beaucoup plus de facilité et de clarté d'après les tons naturels. Il ne reste qu'à faire voir comment on peut *facultativement* procéder à la comparaison des tons à l'exclusion des tons d'ordre supérieur. Le moyen est simple et s'indique en quelque sorte de lui-même. Avec le procédé *théorique*, c'est le point de comparaison qui reste fixe pour les tons, tandis qu'avec le procédé *facultatif* la septième ligne reste fixe et c'est le point de comparaison qui bouge en s'avançant à chaque ton d'ordre supérieur d'une ligne du côté opposé, de sorte que pour les tons d'ordre supérieur avec bémols toutes les lignes occupées par les tons ordinaires avec dièzes deviennent chacun successivement point de comparaison, et vice versa. Il suffit par exemple comparer le do♭ majeur au sol majeur ou le fa♭ majeur au do majeur, c'est tout un, la distance étant la même. Seulement on doit de temps pour averti que du moment qu'un ton autre que le naturel fait la base, les notes dièzées ou bémolisées deviennent théoriquement notes naturelles, ce qui au premier abord nous cause un effet plus ou moins étrange. C'est donc en rapport que la comparaison théorique l'emporte en clarté sur la facultative (1). Les *tableaux comparatifs* concernant les tons d'ordre supérieur seront disposés de manière à mettre chacun à même de choisir selon son goût.

§ 148. L'accord déterminant doit nous occuper de nouveau, mais à un autre point de vue. Il s'agit de faire connaître de quelle manière il sera désigné dans la démonstration des modulations, et de donner quelques autres renseignements le concernant. Au degré inférieur, cet accord peut se passer de toute désignation; au degré supérieur il est indispensable, pour l'entière intelligence de la matière, d'indiquer la place respective qu'occupe l'accord déterminant dans les deux tons. Ainsi on trouvera par exemple triton de la 6me-2de note, accord dissonant de la 5me-4me note, et, pour exprimer que l'accord déterminant est triton de la 6me note dans le premier ton et de la seconde note dans le second, qu'il est accord dissonant de la 5me note dans le premier et de la 4me note dans le second des tons en présence. Les formes altérées placées aux modulations *transitive* et *par note commune*, entre les deux formes naturelles de l'accord

---

situé le groupe dont on tient une modulation qui passe d'un ton autre que le do majeur ou le la mineur, consiste à déterminer l'intervalle de la modulation en question et à le transposer au ton naturel. Une modulation de ré♭ maj. à fa maj. est à la quinte diminuée, elle est donc démontrée par celle de do maj. à sol♭ maj., c'est-à-dire 1re cat., 6me ligne gauche; de sol min. à mi min., c'est comme de la min. à fa♯ min., sixte majeure 2me cat., 3me ligne droite; de si♭ min. à do maj., c'est comme de la min. à si maj., seconde majeure, 4me cat., 5me ligne droite.

Il va de soi que l'accord déterminant aussi est à transposer dans le cas donné.

(1) Ainsi que cela a déjà été dit à une autre occasion (Note au § 6), on aurait tort de ne point se familiariser avec les tons d'ordre supérieur; il y a même jusqu'à un certain point nécessité de les connaître, puisque des modulations entre les deux ordres de tons se rencontrent, et la classe la *lecture musicale raisonnée* mentionne [illegible] elle ces modulations tant au degré inférieur qu'au supérieur, dans des paragraphes supplémentaires, en se bornant toutefois aux deux premiers de chaque série de tons d'ordre supérieur.

déterminant appartiennent aussi bien à la première qu'à la seconde : à la première par l'ordinaire, à la seconde après son apparition. Les deux formes naturelles étant présentes toutes deux, la première placée entre l'autre comme altération. Cet accord important est, dans les exemples de modulations, marqué d'un astérique. Dans les analyses aussi, il est bon de lui donner ce signe distinctif. L'astérique simple désigne l'accord déterminant qui est *accord commun*. Quand le déterminant a deux formes naturelles, l'astérique est accompagné d'un a ou d'un b, selon que la forme naturelle qui précède appartient au premier ton ou au second (1).

Les accords déterminants des trois sortes de modulation sont accompagnés des altérations qui leur reviennent rigoureusement, eu égard au ton auquel ils conduisent. Quand on rencontre une forme altérée non mentionnée, ce sont plutôt l'indice qu'une substitution d'orthographe, totale ou partielle, a eu lieu. Toute la partie unitonique du premier ton se trouve parfois dans ce cas (2).

§ 144. D'autres points encore ayant trait à l'accord déterminant et à la construction d'une modulation en général, se démontrent plus facilement par l'exemple que par des paroles. Ainsi, procédons au résumé. La succession de do majeur à ré majeur a été exposée précédemment à l'état de transition. Les différentes espèces montrent la par continuation à l'état de modulation, qui appartient donc à la première catégorie et est en seconde ligne droite. L'effet est bien de cause, nous sortons ici de la grammaire et non de la musique.

I. Degré inférieur. Sans distinction de fraction, l'accord déterminant se confondant avec la première tonique qui en tient lieu.

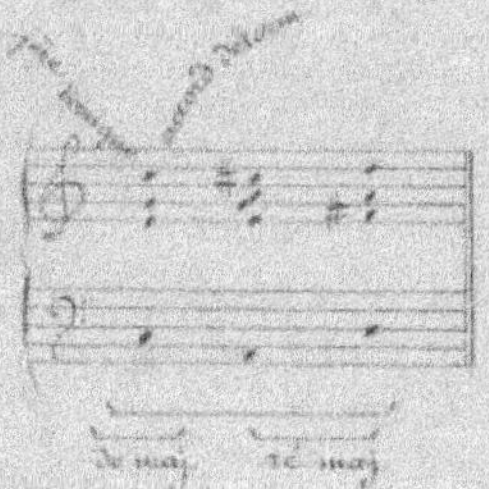

II. Degré supérieur. Un accord déterminant distinct. Choisissons le voisin de la 5me 4me note, *accord commun* entre les tons proposés.

A. Sans partie unitonique aucune

a. Construction régulière

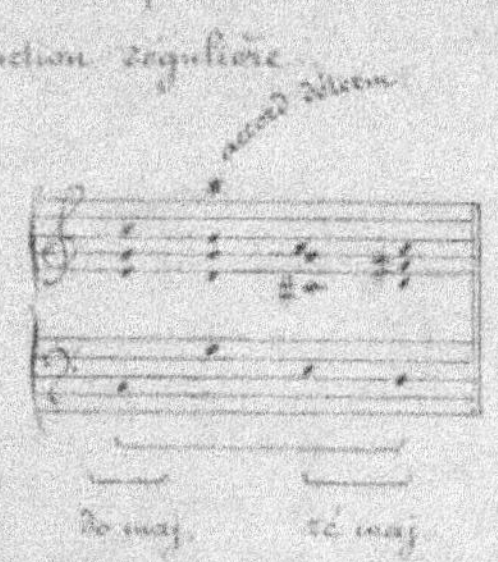

---

(1) Ces dernières dispositions, ainsi que plusieurs autres de l'espèce, l'ouvrage déjà cité les prend en vue de la pratique *par écrit* de l'analyse harmonique, dont on pourra se faire une idée assez exacte lorsqu'à la fin du présent ouvrage nous interpréterons les harmonisations proposées.

(2) Voir du reste à titre de renseignement, puisque le présent ouvrage doit rester dans les proportions d'une simple esquisse.

b. Construction exceptionnelle.

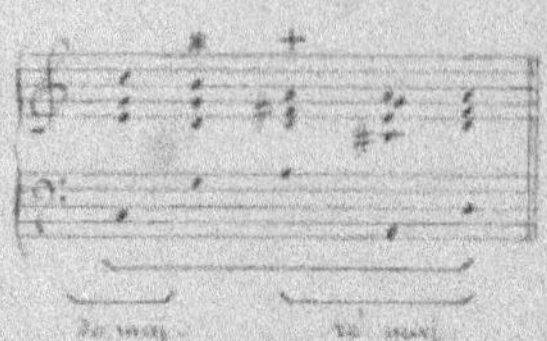

B. Premier ton ayant une partie enharmonique. L'accord déterminant lui-même peut s'y trouver comme accord ordinaire appartenant au premier ton (sous c)

a. Construction régulière.

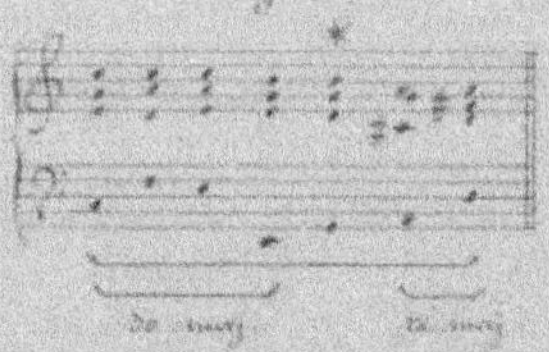

b. Construction exceptionnelle.

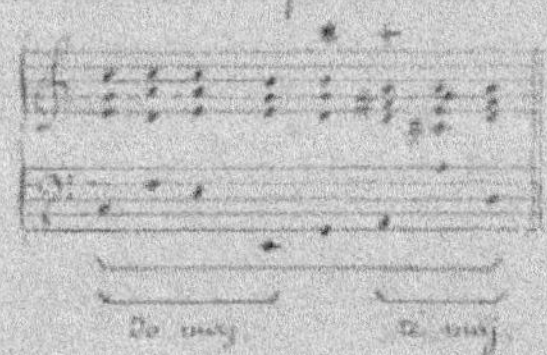

c. Accord déterminant présent comme [illegible] de la 5me note du 1er ton.

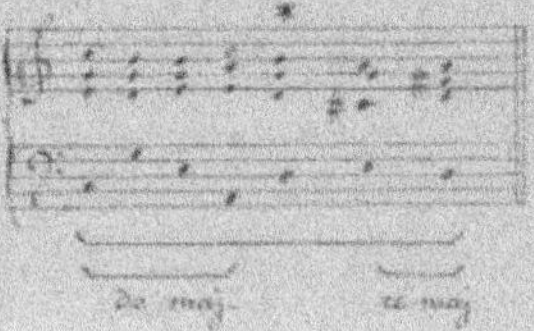

Puis ou Construction exceptionnelle.

C. Second ton avec une partie enharmonique (anticipation de la tonique) à laquelle peut participer l'accord déterminant devenu après coup accord ordinaire (sous c)

a. Construction régulière.

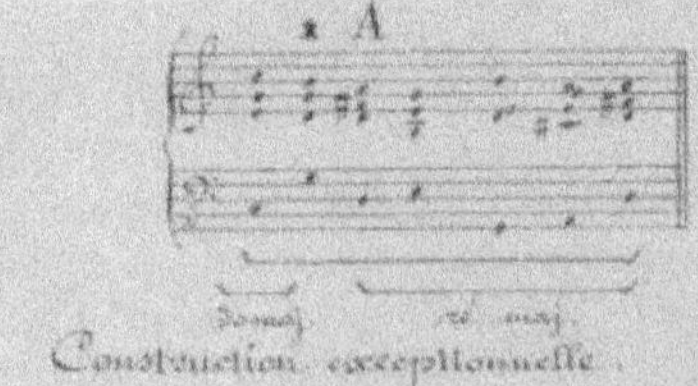

b. Construction exceptionnelle.

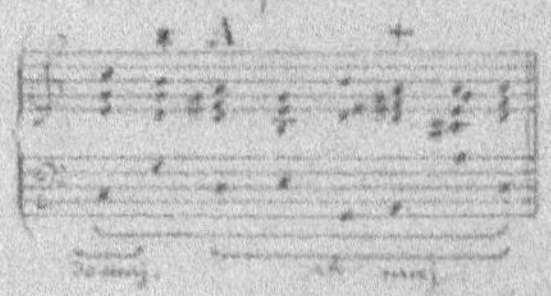

c. Accord déterminant présent comme triton de la 4me note du second ton.

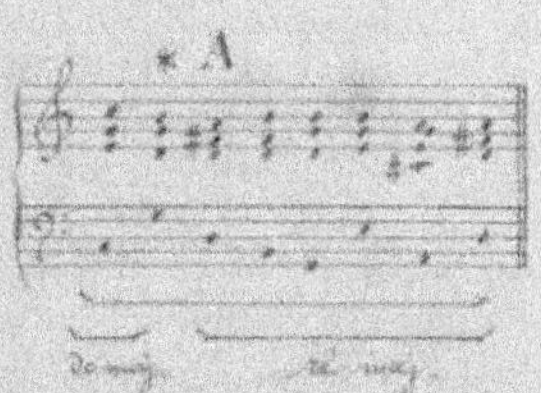

3° Puis en construction exceptionnelle.

D. Chacun des deux tons ayant une partie unitonique. Le tout comme ci-dessus par rapport à la présence de l'accord déterminant et à la différence de la construction. C'est la réunion des formes B et C. Un exemple comme suit.

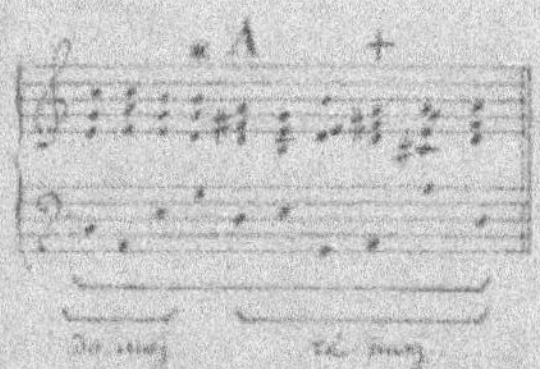

Il va sans dire que la présence de formes altérées ne changerait rien à la chose nulle part, pas plus que le concours d'une autre dominante. Voilà pour l'accord déterminant.

§ 145. Venons maintenant pour les deux toniques. Une petite digression sera nécessaire afin de bien préparer les choses. A une autre occasion déjà, note au § 6, il a été dit quelques mots relativement à la double signification de plusieurs accords. Il faut avoir l'expérience que seule l'analyse peut donner pour se convertir sans peine à la conviction que jamais distinction harmonique n'était plus solidement basée. A la note au paragraphe 16 on a pu observer la participation de la tonique comme triton à la construction unitonique. En effet, placé de manière à ne se laisser aucunement rattacher à la cadence, l'accord en question ne peut qu'embarrasser; disons plutôt rendre impossible l'analyse s'il est considéré comme tonique. Supposons que dans une phrase unitonique il fasse, outre à la place en tête, encore deux apparitions sans faire partie de la cadence, on serait forcé d'admettre que la phrase commence trois fois. Et comment alors interpréter les accords placés entre les deux apparitions? Dans le cas donné tout est dit en n'attribuant à la tonique que qualité de triton, car il ne peut exister aucune raison plausible pour refuser à quelques uns des accords le droit que tous sans exception peuvent réclamer, celui de participer, même à différentes reprises, à la construction unitonique comme *accords ordinaires*. Que trois d'entre eux contractent une signification spéciale quand ils s'installent aux places réservées aux membres de la cadence, c'est là une question à part. La cadence, comme *définition pratique* (1) du ton, est indépendante

---

(1) Saisissons cette occasion pour nous expliquer au sujet d'un point de la dernière importance. Il s'agit de la définition du ton. L'auteur exposera sa manière de voir avec franchise et sans réticences. S'il voit les choses sous un faux jour, qu'on le lui dise; il aimerait encore mieux qu'on le lui *prouve*, parceque ce serait un service rendu non seulement à lui personnellement, mais encore, et surtout, à l'Harmonie. On a

du reste des accords. De ces faits acquis résulte précisément la preuve que les trois accords en question sont en qualité d'accords ordinaires aptes à devenir *déterminants* en se plaçant dans une construction modulatoire, de façon à ne pouvoir être considérés comme membres ni de la cadence du premier ton ni de celle du second. Nous verrons jusqu'à quel point cela est possible aux deux *signes* d'une modulation.

Celle du premier ton se laisse placer de la sorte, à preuve la modulation

---

coutume de reconnaître la cadence ordinaire du do majeur

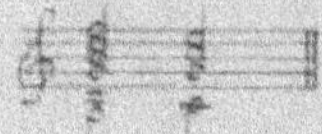

comme expression, quintessence, résumé, en un mot comme définition de ce ton; tout s'arrête là. On croit pouvoir s'en tenir à cette définition avec d'autant plus de sécurité qu'elle est approuvée par le sentiment musical qui se déclare satisfait par la chute de ces deux accords à un plus haut degré que par celle qui se produirait si tout autre accord du ton venait se mettre à la place de la dominante. Eh bien, on est dans l'erreur. La cadence ci-dessus, puisqu'elle passe pour se trouver dans ses conditions finales, est nécessairement à la merci du bon vouloir en ce qu'elle prête à la confusion et en ce que, malheureusement, elle n'offre aucun élément de nature à devenir le moyen d'obvier à cet inconvénient. Si un musicien s'avisait de substituer à la tonique du do majeur celle du do mineur, les partisans du do majeur ne trouveraient rien à y opposer, la dominante ci-dessus employée étant la même dans les deux cas. Et le sentiment musical approuverait également la substitution. Mais laissons là pour le moment cette objection et continuons notre raisonnement. Ce n'est point le sentiment qui se trompe, c'est nous qui induisons le sentiment en erreur en soumettant à son approbation l'une chose pour l'autre et il se prononce de bonne foi en faveur d'une cadence qu'il lui est impossible de distinguer d'avec la cadence véritable parce que l'appréciation du point principal ne peut être de son domaine: c'est de discerner deux dominantes distinctes sous une forme identique. Quoi qu'il en soit, il en résulte du moins un utile enseignement: c'est que vouloir, en matière musicale, faire de la théorie à l'aide du sentiment serait aussi précaire que de vouloir faire du sentiment à l'aide de la théorie, et qu'en conséquence la confusion dans les définitions se perpétuera tant que l'on n'aura banni de la théorie jusqu'au vestige du sentiment en établissant la preuve *matérielle* de l'identité du ton. Or, cette preuve existe et elle réside naturellement dans l'accord qui n'est propre qu'à un seul ton à l'exclusion de tous les autres. *L'accord de neuvième* se trouve dans cette condition; c'est donc lui qui constitue, même *isolément*, la définition du ton. Voilà la *définition théorique*. En effet, pour continuer l'exemple proposé plus haut, poser sol si ré fa la, c'est poser indéfectiblement le do majeur; c'est définir de ce ton le mode tout entier puisque, d'emblée, cet accord fait connaître cinq notes du type et puisque surtout il se termine par le *la naturel*, note qui ne fait point partie du mode du do mineur, de sorte qu'à l'égard des deux notes non présentes aucun doute ne peut exister. Mais cette définition ne peut être destinée à rester purement *théorique*; elle doit pouvoir se manifester devenue *pratique*, car enfin on ne compose guère une *phrase* musicale avec un seul accord. Le moyen est on ne peut plus naturel et il s'est d'ailleurs déjà présenté de lui-même: complétons simplement le mode indiqué en formant un second accord avec les deux notes manquantes et à présent, c'est l'essentiel, il n'est plus permis à aucun musicien, à moins qu'il n'ait l'intention de nier l'évidence ou de démolir la théorie, de mettre à la suite de l'accord de neuvième cité d'autres notes que do et *mi naturel*, le *mi bémol* étant étranger au ton qui a pour accord caractéristique sol si ré fa *la naturel*. Et suivante, de 1er cas, par accord commun en 1re ligne droite, avec déterm. tiré de la 1re – 4me note.

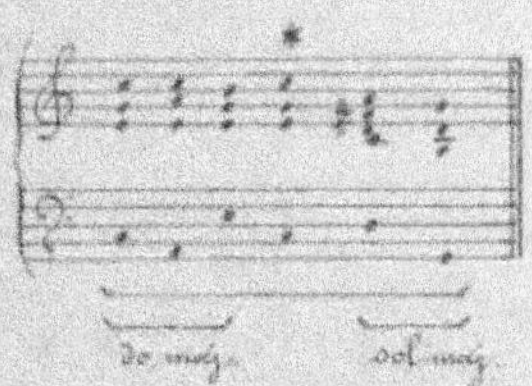

Ici, la première tonique devient le *déterminant* pour un ton auquel elle appartient en forme naturelle. Voici le cas où elle a deux formes naturelles.

---

voilà la *définition pratique*, qui s'appelle cadence, qui est à juste titre le représentant du ton parce que dans ses deux accords elle en exhibe le mode tout entier, et avec laquelle, comme *phrase*, on peut faire de la très belle musique ainsi que chacun le sait. Que le plus souvent l'accord de neuvième se fait représenter, pour conclure la cadence, par l'une de ses formes incomplètes, par exemple, comme c'est le cas dans la cadence exposée plus haut, par la *dominante ordinaire* (sans neuvième) cela est inhérent à son être et cela n'empêche rien: la neuvième est *censée être présente*. En d'autres termes, on a le droit, s'il fallait en user pour n'importe quel motif, de mettre à la place de la dominante employée ci-dessus la *dominante générale* ou toutes notes d'après le genre de la tonique: l'altération même de la neuvième n'y changerait rien, comme toujours. Disons donc en résumé que la dominante sol-si-ré-fa soit suivie de do majeur ou de do mineur, elle n'est que dominante *par procuration* dans l'un comme dans l'autre cas; d'où il suit qu'elle peut servir dans les deux cas sans causer la moindre confusion, puisqu'elle représente sous une forme identique deux dominantes générales distinctes, celle de do majeur dans le premier cas, celle de do mineur (avec la ♭) dans le second. Ce sont là les arguments à opposer au musicien réaliste; arguments qui font défaut aux théoriciens qui ne veulent pas de l'accord de neuvième ou qui, tout au moins, ne l'entendent pas tel qu'on l'entend ici.

Voici encore à l'appui et pour plus d'éclaircissement de ce qui précède. Ce n'est qu'en étudiant de près l'accord de neuvième, aussi curieux qu'il est important, qu'on parvient à se rendre compte du refus d'admission qu'il a essuyé de la part des théoriciens ou de l'embarras qu'il a causé à ceux qui ont entrepris de l'expliquer. Quand il est présent en due forme, c'est-à-dire avec la neuvième en tête (les élisions n'importent pas) il fait tantôt résolution directe sur la tonique, tantôt il en est séparé par des accords que l'on a pris jusqu'ici pour ce que leur forme annonce et qui n'en sont cependant que les formes tronquées et partant les représentants auxquels il continue sa qualité de dominante: c'est comme s'il était présent lui-même autant de fois qu'il y a de formes tronquées entre lui et la tonique. C'est ce qui paraît avoir échappé à l'attention des théoriciens. Quand il n'est pas présent en due forme (sans neuvième ou sans fondamentale), on a encore le droit de le supposer présent dès que la cadence se fait, puisqu'en ce cas il résume en lui tous les accords qui se rattachent à la cinquième note, ainsi qu'on le verra dans un instant. Tout cela s'explique par la nature de l'accord en question, exceptionnelle à tous égards. On sait déjà que, comme les autres accords, celui de la neuvième est susceptible de prendre plus d'une forme, mais c'est par un procédé tout différent. Pour les premiers, on emploie le *renversement*: on élève successivement chaque intervalle à son octave en laissant le reste en place; quand tous les intervalles ont eu leur tour, on retrouve la forme première. Rien de tout cela n'est possible avec l'accord de

Pour exemple : mod. de 1re cat. par note commune en 4me ligne gauche ; ex. dé-but de la 1re - 3me note.

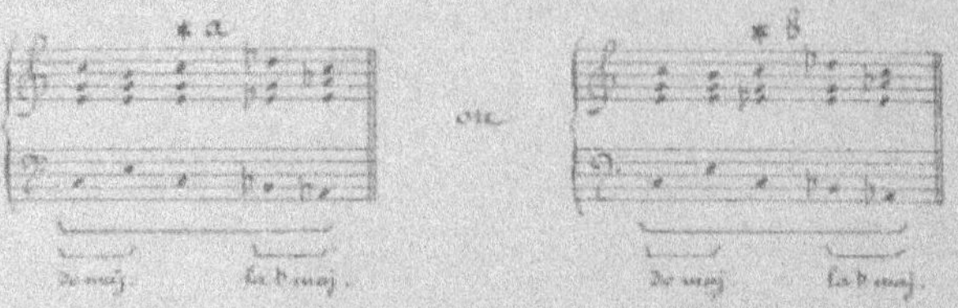

Sans toucher aux autres altérations, car les exemples de cette nature permettent un grand nombre de variantes.

Indépendamment de cela, la première tonique peut, après coup, reparaître

---

neuvième. Comme sa taille excède l'octave, il devient impossible de maintenir les in-tervalles dans un ordre régulièrement progressif, on finit par obtenir des agglomérations de cinq notes d'un effet tellement insupportable à l'oreille, et il n'est plus question de reconstruire la forme première ; qu'on en fasse l'essai, et on verra. Aussi ne trouve-t-on de ces renversements imparfaits que très rarement. Mais si l'accord de neuvième se refuse au renversement proprement dit, par contre il se prête à une véritable désarticulation. Au moyen de cette opération on obtient deux accords dissonants à trois tritons qui sont, séparément ou à plusieurs, sous à l'occasion des dominantes. Ce sont là (outre la tonique) les accords à double signification. Les trois tritons, devant ne jouent qu'un rôle secondaire, ils sont validés par les dominante ordinaire et pseudo-dominante ou bien par la générale elle-même. (Le nom de la seconde exprime peut-être assez bien ce qu'elle a d'anormal. Sa construction s'écarte de la définition que les théoriciens donnent de leur accord dissonant de la dominante dont elle partage cependant l'action.) Toute cette hiérarchie de dominantes, plus étendue mais en même temps plus facile à comprendre qu'on ne pense, est exposée en détail au chapitre caractéristique des accords de l'ouvrage déjà nommé. Le moyen de l'or-ganiser de manière à rendre précisément les services qu'on attend de la construction harmonique et l'analyse consiste simplement à priver les trois dominantes nommées et donner lieu de l'effet rétroactif lorsqu'elles sont précédées d'autres accords provenant de la décomposition de la générale. C'est alors que ces dernières redeviennent accords ordinaires, comme ils le sont aussi lorsqu'il n'est pas question de cadence ainsi qu'on l'a dit déjà ailleurs. Dans ce dernier cas seule la dominante générale fait exception elle n'a qu'une signification, et c'est ce qui amène les cadences retardée et rompue. De la circonstance que la générale seule est exposée à faire cadence irrégulière, résulte donc un autre avantage d'une très grande portée : c'est que toutes les cadences irrégulières disparaissent dans un système qui ne comprend pas aussi l'accord de neuvième, sont acquises ici à l'harmonie régulière, que la tonique se continue ou qu'elle vienne à cesser ; car dans ce dernier cas, ces cadences deviennent elles-mêmes des modulations.

On ne voudra croire combien, avec la question de la cadence résolue de la sorte, se simplifie et se régularise l'Harmonie toute entière.

Et maintenant, l'auteur espère que les théoriciens ne le taxeront ni de pré-tention à leur égard, ni de présomption de son propos d'avoir. Ce qu'il vient d'exposer, est simplement le résultat d'une étude approfondie de l'un des points les plus difficiles à éclaircir ; mais il ne saurait s'empêcher de déclarer que jusqu'au moment où il écrit ces lignes, l'analyse d'un grand nombre d'œuvres des meilleurs maîtres son-mente porter le premier démenti à sa manière de voir.

dans la partie antitonique du second ton comme accord ordinaire appartenant à ce dernier, ainsi que le faisait le déterminant au paragraphe précédent. Voici la première modulation du présent paragraphe, avec le trit. de la 3me 6me note pour déterminant, disposé de la sorte :

* A

do maj. sol maj.

Si la première tonique se retrouve en forme naturelle dans le second ton (distinguons ou le cas où elle ne peut s'y retrouver qu'en forme altérée. Par exemple, mod. de 3me cat., par accord commun, en 2me ligne droite av. dét. trit. de la 3me 4me note.

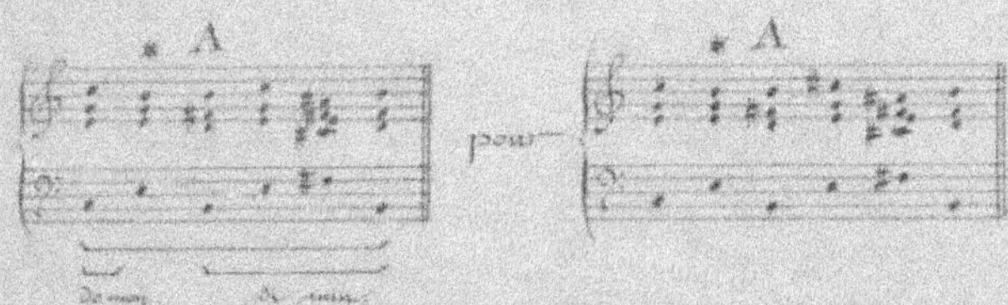

Par exception unique, la tonique du ton succédant ne peut devenir accord déterminant en qualité de triton de la première note, parceque sa pose comme triton ne se laisse pas séparer de sa pose par anticipation : elle se déterminerait donc elle même, ce qui est un non sens. Dans ce seul cas, la double signification ne saurait exister ; le triton disparait absorbé par la tonique. En regardant les exemples C et D du paragraphe précédent, il ne viendra à l'idée de personne de prendre la tonique par anticipation de ré majeur pour le triton. A chaque démonstration que nous aurons plus tard, c'est là l'accord déterminant à défalquer ; il reste donc treize qui sont valides sous tous les rapports.

Quant à la faculté de concourir à sa propre partie antitonique comme triton, la tonique du second ton la partage avec celle du premier. Elle se trouve dans ce cas, quand on donne à l'exemple C du paragraphe précédent la disposition suivante.

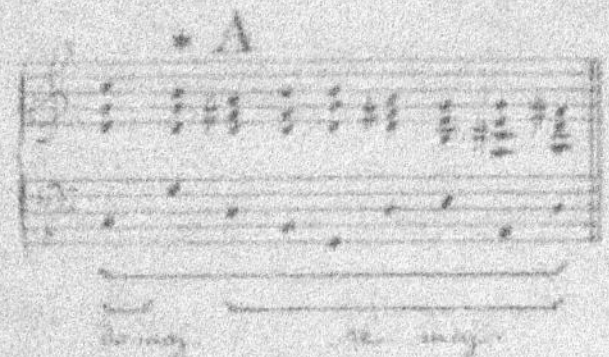

§ 146. Il est une espèce de modulation qui, bien qu'elle permette le même mode de démonstration, s'écarte des autres modulations en ce qu'elle doit se démontrer à part, en dehors des lignes. C'est celle du ton principal à son ton relatif, et vice versa. En effet, appartenant à une même ligne, ils ne peuvent être considérés comme situés ni à gauche ni à droite l'un de l'autre. On trouvera cette modulation exposée en tête des 3me et 4me catégories des coupes auxquelles elle revient en vertu de la différence des accords déterminants.

A. Modulation dispositive.

(Degré inférieur)

§. 147. Il serait fastidieux de reproduire ici les huit cent septante successions, vu que dans le présent ouvrage elles ne sont pas accompagnées de citations. On sait par les généralités que la construction d'une modulation dispositive est invariablement la même. Comme effet, elle est pourtant susceptible de quelque variété, selon que les trois accords dont elle se compose sont en forme première ou renversée, naturelle ou altérée ; elle a de plus à sa disposition trois dominantes différentes. Il va de soi que, lorsqu'en général on évalue l'effet d'une formule modulatoire, on doit faire abstraction de toute ornementation mélodique et de tout travail brillant qu'elle permet prise comme locution harmonique.

§. 148. Les cas de modulation dispositive se prêtent parfaitement à l'enchaînement. Strictement l'exposé de ce point devrait être réservé pour la *dispositive composée*. Mais comme d'un côté cette dernière n'est pas partie intégrante du système des successions, et comme cependant d'un autre côté les enchaînements doivent être connus, il restait à les incorporer à la *dispositive simple*. La connaissance des enchaînements a son importance ; d'abord parce qu'ils sont d'un fréquent usage dans les compositions, ensuite parce qu'ils peuvent prêter, comme premiers matériaux, un concours précieux aux personnes, aux jeunes organistes par exemple, qui voudraient s'accoutumer à *improviser* et auxquelles il ne saurait être indifférent de posséder ainsi un moyen de contracter et de cultiver l'habitude de régulariser la base harmonique de leurs improvisations. Pour ce qui est des conseils à donner relativement à la manière de tirer bon parti des enchaînements et de tout canevas harmonique en général, c'est là une chose à peu près impossible et qui surtout n'incombe pas à la théorie. Du reste, le meilleur conseiller en cette matière, chacun le connaît et le porte en lui-même : c'est l'imagination dont tout musicien est personnellement plus ou moins doué.

§. 149. Dans le cercle de quintes et dans le système harmonique (pour les tons ordinaires s'entend), nous trouvons deux guides à même de diriger et de faciliter *l'exécution* des enchaînements. Le plus souvent nous aurons le choix entre ces deux guides, quelquefois aussi l'un servira mieux que l'autre. Nous allons donc passer en revue les groupes de la modulation dispositive, pour nous arrêter à ceux dont l'intervalle se prête à l'enchaînement avec plus ou moins de facilité.

Il importe de faire remarquer que le système harmonique est étranger à la question comme principe de classification ; il n'y intervient que comme moyen de procurer de la variété aux enchaînements en ce sens qu'il permet de parcourir la filière des tons de manière à éviter la *substitution enharmonique* qui doit avoir lieu d'après le cercle.

Première Catégorie. De majeur à majeur.

(Cercle de quintes et système harmonique pour la division des tons majeurs).

§. 150. Les modulations dispositives à la *seconde majeure* permettent, avec les deux guides et en les suivant par la droite, l'enchaînement divisé en deux phalanges quand on supprime les tons alternativement.

Ainsi d'après le cercle : do – (sol) – ré – (la) – mi etc jusqu'au si b, après lequel on revient au do.

Si l'on préférait se servir des tons supprimés dans cette première phalange, on prendrait la seconde qui commence donc par le sol : sol – (ré) – la – (mi) – si etc.

jusqu'au fa qui reconduit au sol.

Remarquons que chaque phalange met en communication les deux séries de tons en traversant les tons synonymes. On doit donc si par hasard on se servait de la partie médiane de l'une des phalanges, user de la substitution en harmonique si l'on tient à rester conséquent à l'égard de l'intervalle compris simplement comme distance et sans faire attention au nom. Arrivé par exemple au mi majeur, ou bien ce ton étant le point de départ, on module vers l'intervalle distant d'un ton qui s'appelle fa ♯ – sol ♭, puis vers le la ♭, etc. La substitution, bien que rejetée par la théorie, doit être connue et admise comme auxiliaire nécessaire à l'exécution dont il s'agit ici, par la raison qu'en exécution la transition au synonyme n'est pas appréciable; elle n'existe pas pour l'oreille. On peut donc aussi l'enseigner, ainsi qu'il arrive en ce moment, sans commettre une hérésie harmonique. D'ailleurs, les cercles sont établis expressément pour venir en aide à la modulation dispositive, lorsque les cas doivent s'enchaîner avec symétrie.

Le moyen d'obtenir les deux phalanges contenant les treize cas de la modulation en question, sans avoir recours à la substitution, consiste à les former d'après le système qui met en communication les deux séries de tons par l'intermédiaire du ton naturel. On commence et on finit donc ici par les synonymes eux mêmes.

Voici d'après le cercle

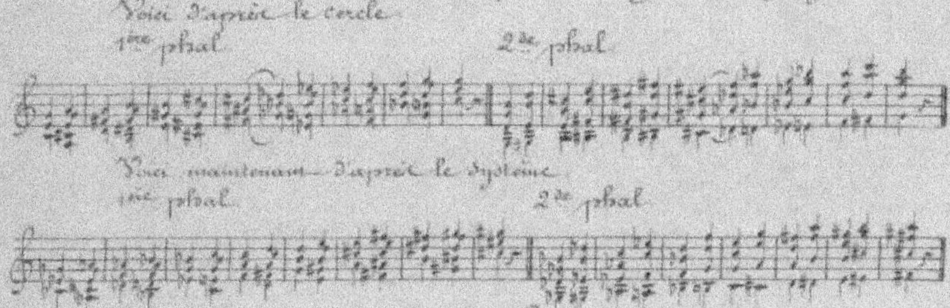

On entre par n'importe quel ton. La même cadence peut se produire plusieurs fois de suite sans préjudice pour l'enchaînement. Il resterait à faire voir l'emploi des autres dominantes, celui de leurs formes altérées, d'autres manières de disposer les accords etc. On tâchera de montrer tout cela, autant que possible, aux occasions subséquentes. Ajoutons que c'est dans les enchaînements de modulations dispositives que les formes incomplètes (comme triton) de la dominante se voient le plus fréquemment, mais heureusement pour l'analyste c'est aussi en ces circonstances qu'on les devine le plus aisément, car il n'est pas d'harmonisation généralement plus facile à saisir que celle formée par une suite de toniques disposées avec plus ou moins de symétrie et d'après un même principe de modulation.

Quant aux remarques théoriques qui accompagnent, à cette première occasion, les phalanges, elles sont faites à titre de généralités, une fois pour toutes.

§ 151. Tierce mineure. L'enchaînement de ces modulations se laisse faire en direction gauche, en trois phalanges et à la condition assez gênante de franchir deux tons. L'intervalle est donc au fond celui de la sixte majeure inférieure.

Cercle.

1re phal 2de phal 3me phal

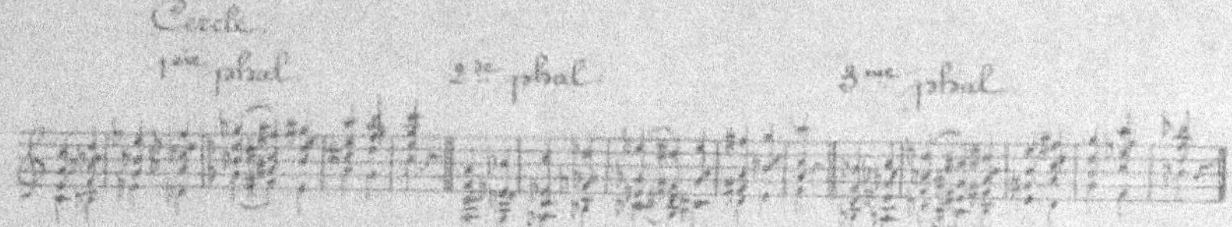

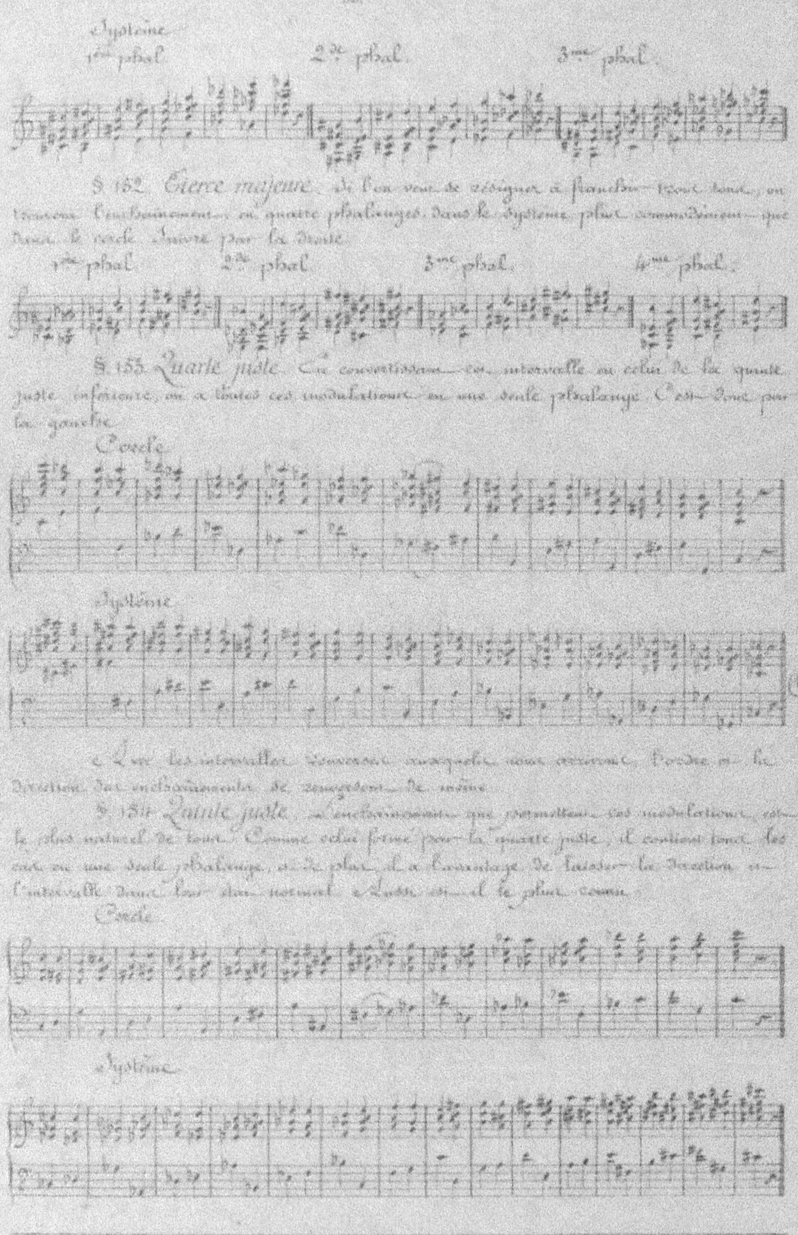

§ 152. *Tierce majeure.* Si l'on veut se résigner à franchir tous tons, on trouvera l'enchaînement en quatre phalanges dans le système plus commodément que dans le cercle suivi par la droite.

§ 153. *Quarte juste.* En convertissant cet intervalle en celui de la quinte juste inférieure, on a toutes ces modulations en une seule phalange. C'est donc par la gauche.

Que les intervalles renversés auxquels nous arrivons, l'ordre et la direction des enchaînements se renversent de même.

§ 154. *Quinte juste.* L'enchaînement qui permettent ces modulations est le plus naturel de tous. Comme celui formé par la quarte juste, il contient tous les cas en une seule phalange, et de plus il a l'avantage de laisser la direction et l'intervalle dans leur état normal. Aussi est-il le plus connu.

(1) L'enchaînement de deux des intervalles principaux donne lieu à un fait harmonique aussi curieux qu'important. Nous nous réservons pour le faire connaître de l'enchaînement exposé en dernier lieu parce qu'il s'y prête le mieux. Quand au

§. 155. *Sixte mineure.* L'enchaînement comme celui de la tierce majeure d'après le système, en quatre phalanges et en franchissant trois tons, mais vers la gauche. L'intervalle se trouve donc converti en celui de la tierce majeure inférieure.

1re phal. 2me phal. 3me phal. 4me phal.

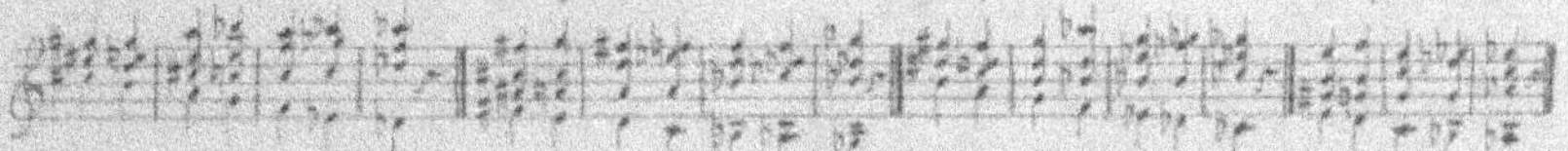

§. 156. *Sixte majeure.* Comme pour la tierce mineure en trois phalanges et en franchissant deux tons. Direction ordinaire.

Cercle
1re phal. 2me phal. 3me phal.

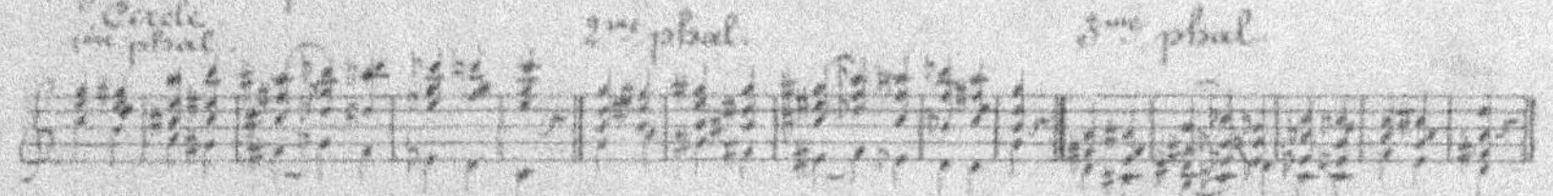

---

lieu de voir écrites les cadences comme ci-dessus en deux accords parfaitement distincts, où les tons orthographiques sont autres comme suit :

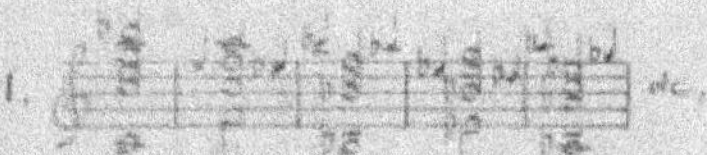

ou bien avec le concours de la dominante générale,

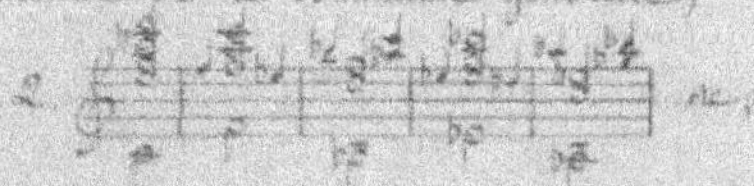

sans doute qu'en analysant il ne faille considérer ces cadences comme écrites à la manière ordinaire. Or, s'il en est ainsi dans le cas de réunion *partielle*, on devra de même les interpréter en ce sens lorsqu'il y a réunion *totale*. Ainsi les deux exemples deviennent :

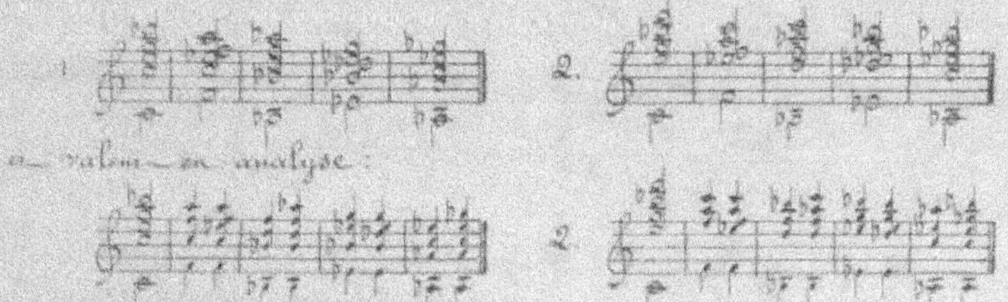

C'est donc une véritable *contraction* que nous constatons.

La forme naturelle de la *pseudo-dominante* ne permet pas la contraction par la raison que les trois notes inférieures font le triton diminué, forme qui n'est pas celle d'une tonique. Mais cet accord compte parmi ses altérations deux formes qui lui donnent l'apparence de la dominante ordinaire, et dès lors la contraction lui devient possible. Malgré cette forme identique, on reconnaît toujours aisément la *pseudo* par la résolution qui se fait sur la *seconde*, tandis qu'elle a lieu sur la *quarte* par l'*ordinaire*. La première contracte la forme de la dernière avec l'altération *ascendante* de la tierce et de la quinte, ou bien avec la *descendante* de la septième et de la fondamentale. Dans le premier cas, la résolution se fait sur la *seconde mineure* comme à l'ordinaire, dans le second cas sur la *seconde majeure*.

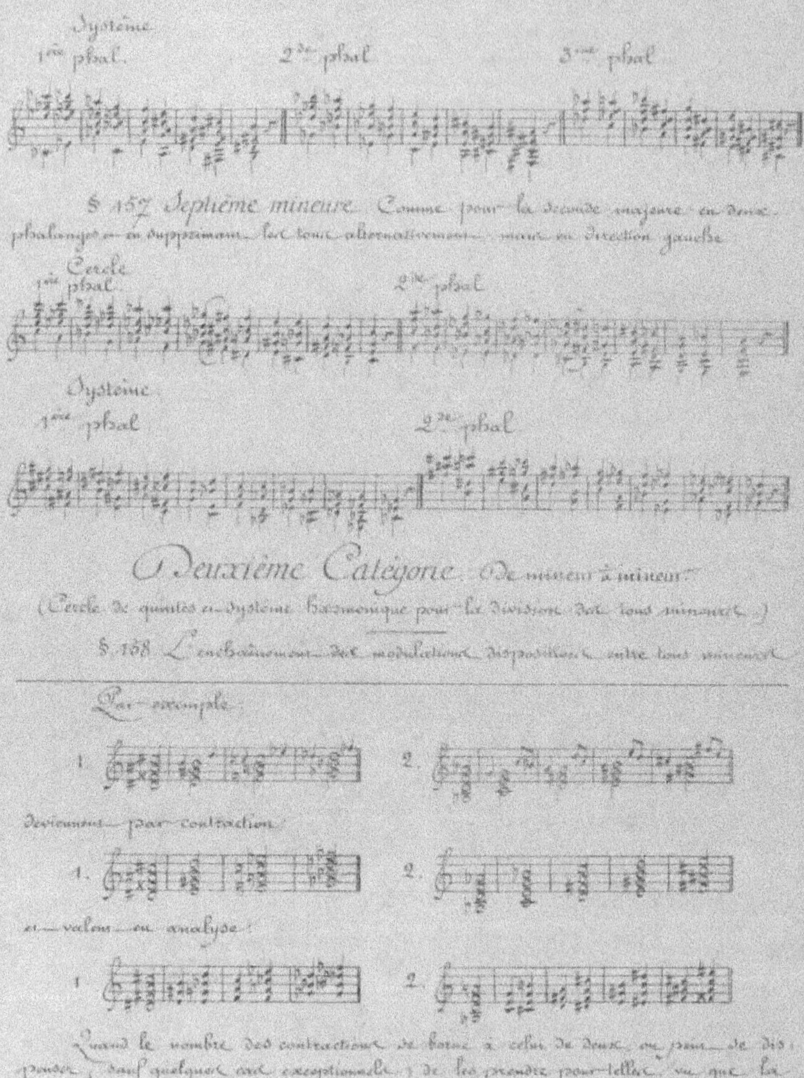

§ 157 Septième mineure. Comme pour la seconde majeure en deux phalanges et en supprimant les tons alternativement, mais en direction gauche.

Deuxième Catégorie (de mineur à mineur)

(Cercle de quintes et système harmonique pour la division des tons mineurs.)

§ 158 L'enchaînement des modulations disposées entre tons mineurs

---

Par exemple:

deviennent par contraction:

et valent en analyse:

Quand le nombre des contractions se borne à celui de deux, on peut se dispenser (sauf quelques cas exceptionnels) de les prendre pour telles, vu que la première peut être prise pour le simple accord dissonant. Il en est autrement lorsqu'elles excèdent ce nombre ou que la généralité se met de la partie.

On trouve assez souvent des suites de contractions dans les compositions, surtout à l'intervalle de la quarte juste et la seconde mineure (elles ne vont jamais loin, c'est pourquoi on n'a pas mentionné l'enchaînement de cet intervalle; le cas précité est l'un des deux plus usités). Quelquefois les intervalles se combinent, principalement les deux secondes.

On le voit, la contraction devient la clef pour l'interprétation de bien des harmonisations, autrement inintelligibles. Cela fait voir qu'il ne faut jamais perdre de vue les formes altérées des dominantes, la cadence se présente plus souvent qu'on ne pense.

se laisse faire avec la même facilité et cependant, on s'en sert très rarement. Ceci ne doit pas devenir pour nous une raison pour le passer sous silence et rien absolument n'est à changer à l'égard des dispositions et remarques qui accompagnent les enchaînements des modulations de la première catégorie

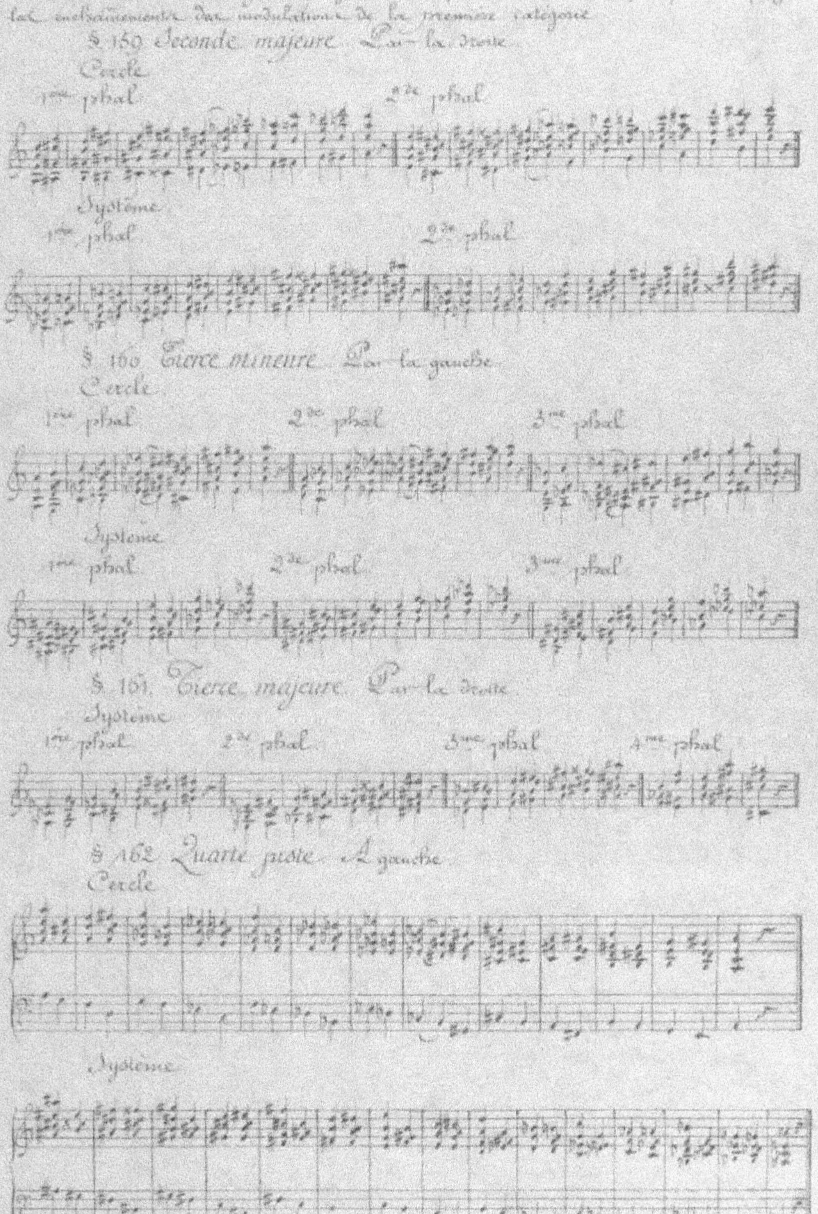

§ 163 Quinte juste. À droite.

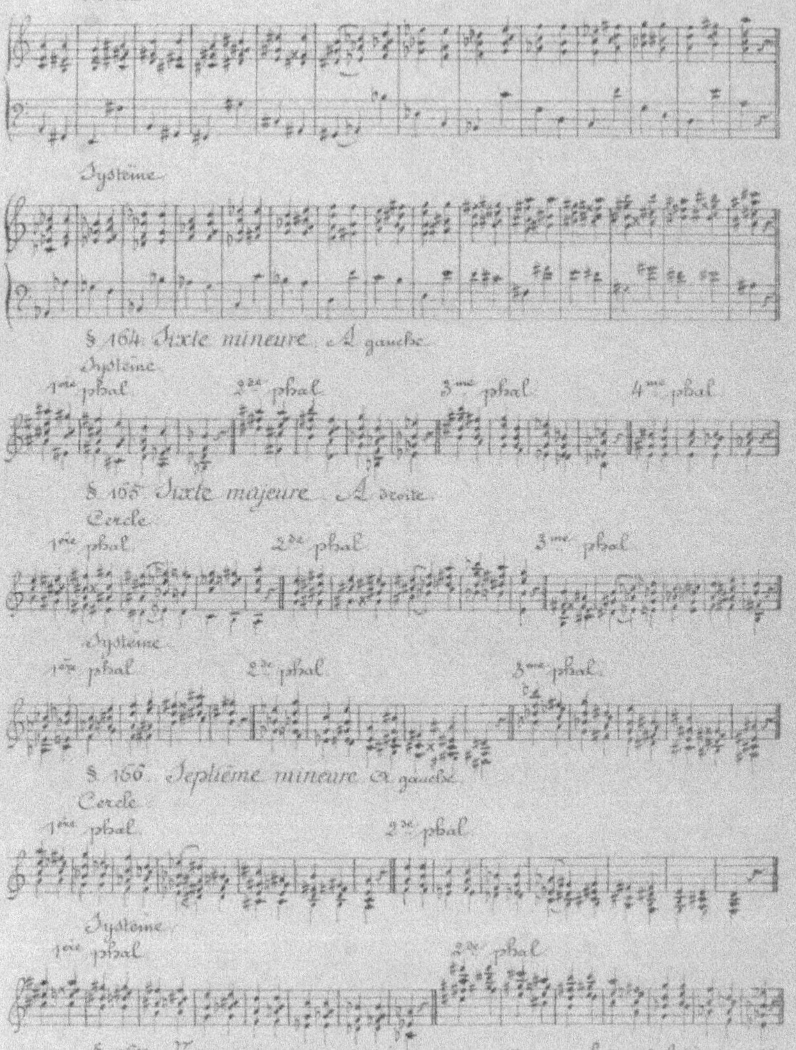

§ 167 Nous arrivons aux catégories qui contiennent les modulations entre toniques de genre différent. Si l'on désire posséder des enchaînements il faut approprier ceux des deux catégories précédentes. Les enchaînements exposés à la première catégorie se laissent approprier à l'usage de la troisième, ceux de la seconde catégorie serviront pour la quatrième, en attribuant dans les deux cas le genre opposé aux toniques alternatives. Sachons cependant à l'avance qu'en se bornant à l'appropriation indiquée, on n'aurait fait et surtout éclairci la chose en question qu'à demi, car on verra comme quoi il est impossible de se contenter dorénavant du nombre des phalanges établies jusqu'ici, et en outre d'obtenir des enchaînements qui appartiennent en propre à l'une des deux dernières catégories. En effet, un enchaînement de modulations disposées entre toniques alternativement de l'un & de l'autre genre, se laisse toujours interpréter dans les deux sens selon qu'il est entamé, ce qui prouve que les troisième et quatrième catégories ne peuvent posséder des enchaînements qu'en commun. Tous ces points ainsi que d'autres particularités s'y rattachant, forment l'objet d'une explication plus détaillée au paragraphe suivant. Il faut avoir l'exemple sous les yeux.

Troisième et quatrième catégories. De majeur à mineur et vice versa.

§. 168. *Seconde majeure.* Enchaînement d'après celui exposé au §. 160.

Cercle

1re phal. 2e phal.

Système

1re phal. 2e phal.

L'inspection de ces enchaînements nous fait voir que la moitié seulement des modulations contenues dans chacun d'eux est appropriée à l'usage de la troisième catégorie, puisque les toniques alternatives appartiennent au genre mineur, et puisque conséquemment chacune de ces dernières forme avec la tonique suivante qui est majeure, une modulation en sens inverse par rapport au genre. Pour que les modulations qui font ici défaut puissent également concerner la troisième catégorie, il ne reste d'autre moyen que d'établir deux phalanges complémentaires commençant respectivement par la tonique qui fait suite à celle par laquelle commencent les deux premières phalanges.

Cercle

1re phal. compl. 2e phal. compl.

Système

1re phal. compl. 2e phal. compl.

Comme, en doublant le nombre des phalanges, toutes les toniques ont changé de genre, nous possédons toutes les modulations qui nous occupent en ce moment, dans le sens de la troisième catégorie. Mais il résulte de cet état de choses, qu'en même temps nous avons eu égard à l'intention de la quatrième catégorie, puisque dans les quatre phalanges réunies nous trouvons aussi toutes les modulations en question en sens inverse, c'est-à-dire de mineur à majeur. Nous avons donc approprié, non seulement l'enchaînement du §. 150 à l'usage de la troisième catégorie, mais encore celui du § 159 à l'usage de la quatrième catégorie il suffit pour cela de les entamer en conséquence. Cela fait voir comment quoi les modulations dispositives entre toniques de genre différent se plaçant alternativement ne se laissent pas enchaîner au bénéfice exclusif de l'une des deux dernières catégories ainsi qu'il est dit dans les quelques mots introductifs du paragraphe précédent. Constatons encore en terminant ces remarques générales qu'à en juger d'après les exemples ci-dessus, il devient impossible de produire un enchaînement mixte de quelque durée sans la participation des tons d'ordre supérieur. Or, la présence de ces tons dans le cercle constitue une anomalie, les tons d'ordre supérieur sont étrangers au cercle. Plus loin nous aurons des exemples d'enchaînement mixte qui nous mettront dans la nécessité d'user de la *substitution* dans le système harmonique si nous ne voulons aller en fait de tons d'ordre supérieur, au delà de ceux admis jusqu'ici en modulation dispositive (1), autre anomalie car la substitution est étrangère au système. Bien des choses sont donc à dire sur le compte des enchaînements mixtes. Il n'en est pas moins utile de les connaître et leur étude nous occupera pour le reste de la modulation dispositive, ne fût-ce après tout que pour éplucher autant que possible jusqu'au dernier repli de la théorie.

§ 169. *Tierce mineure.* D'après le § 151.

Cercle.

1ère phal. 2me phal. 3me phal.

Système

1ère phal. 2me phal. 3me phal.

Enchaînement complémentaire d'après celui du § 160.

Cercle.

1ère phal. compl. 2me phal. compl. 3me phal. compl.

Système.

1ère phal. compl. 2me phal. compl. 3me phal. compl.

§ 170. *Tierce majeure.* D'après le § 152.

Système

1ère phal. 2me phal. 3me phal. 4me phal.

(1) En fait de modulations entre les deux ordres de tons, la *lecture musicale raisonnée* mentionne, en les mettant à part, celles auxquelles participent les quatre premiers tons d'ordre supérieur, deux de chaque série, ceux de la série des dièses dans leurs tons relatifs, ainsi dits en tout—

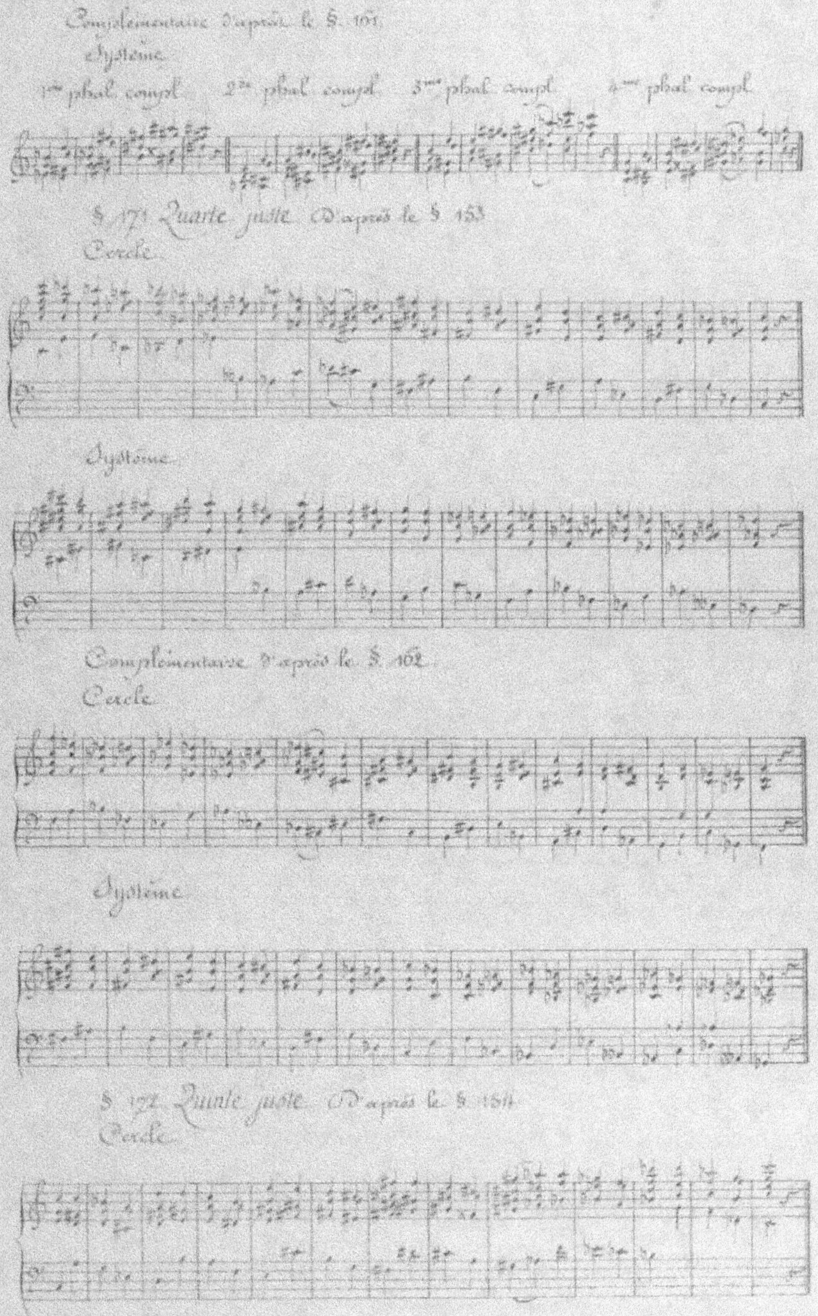
Complémentaire d'après le §. 161.
Système
1re phal. compl.
2me phal. compl.
3me phal. compl.
4me phal. compl.
§ 171. Quarte juste. D'après le § 153
Cercle
Système
Complémentaire d'après le §. 162.
Cercle
Système
§ 172. Quinte juste. D'après le § 154
Cercle

Système

Complémentaire d'après le § 168.

Cercle

Système

§ 173. Sixte mineure. D'après le § 155

Système

1re phal. 2de phal. 3me phal. 4me phal.

Complémentaire d'après le § 164.

Système

1re phal. compl. 2de phal. compl. 3me phal. compl. 4me phal. compl.

§ 174. Sixte majeure. D'après le § 155

Cercle

1re phal. 2de phal. 3me phal.

Système

1re phal. 2de phal. 3me phal.

Complémentaire d'après le § 165

Cercle

1ère phal. compl. 2me phal. compl. 3me phal. compl.

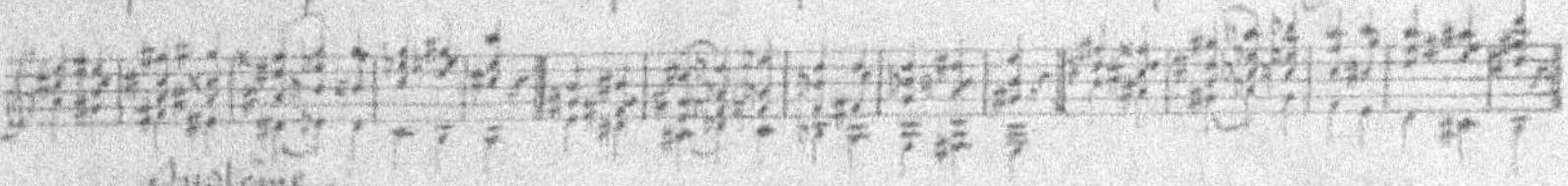

Système

1ère phal. compl. 2me phal. compl. 3me phal. compl.

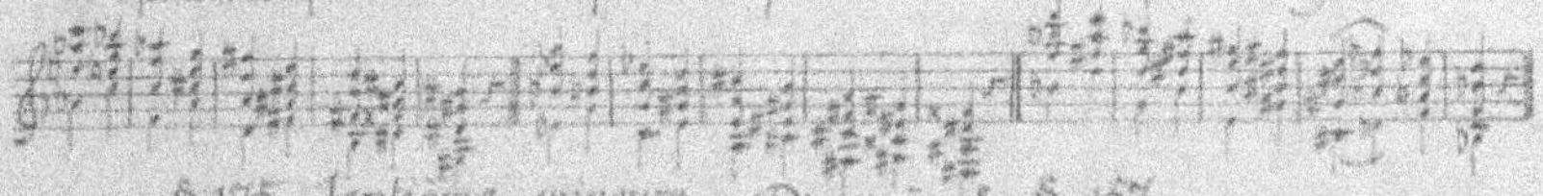

§ 175. Septième mineure. D'après le § 167

Cercle

1ère phal. 2me phal.

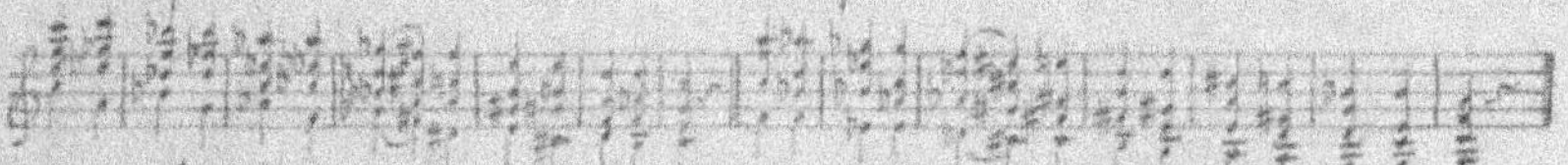

Système

1ère phal. 2me phal.

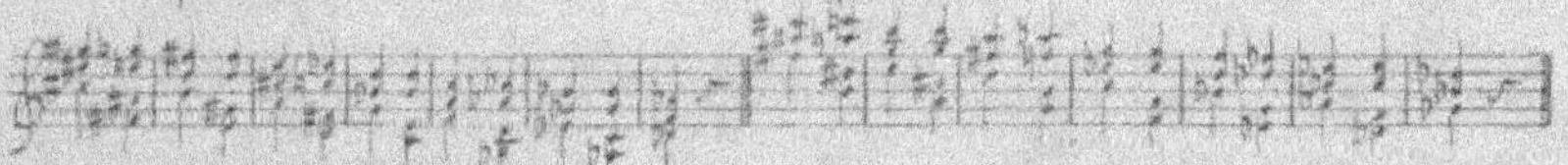

Complémentaire d'après le § 166

Cercle

1ère phal. compl. 2me phal. compl.

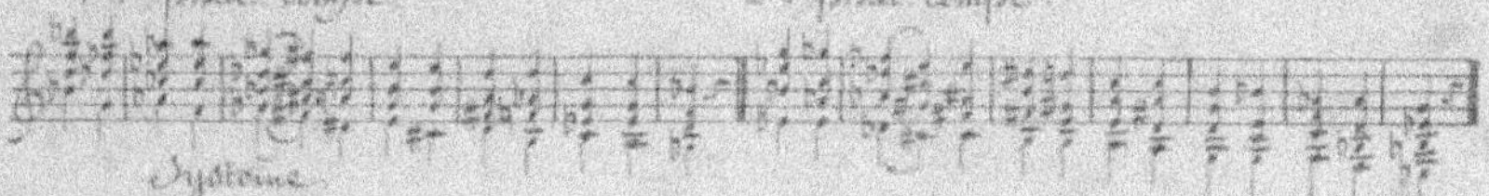

Système

1ère phal. compl. 2me phal. compl.

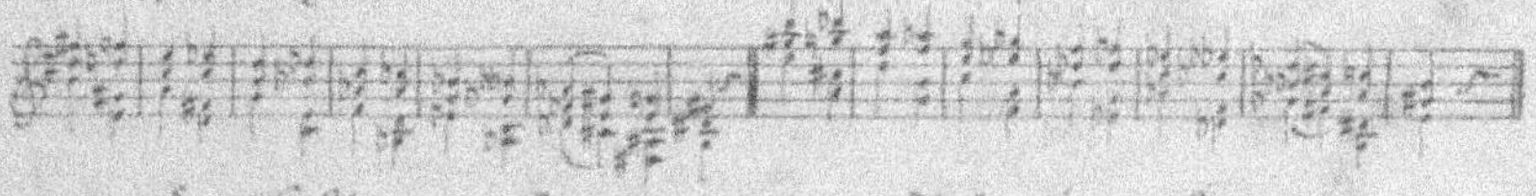

§ 176. Une modulation dispositive isolée formée par les dominantes ordinaires ou pseudo et après laquelle se continue le ton qui la précède (ainsi en harmonisation unitonique) ne devient pas toujours une obligation de constater un changement de ton. Il est des cas où il résulte d'une manière évidente de l'ensemble de l'harmonisation que la cadence étrangère à l'unitonique n'est due qu'à l'altération, à telle enseigne qu'en la maintenant il deviendrait impossible d'obtenir une interprétation rationnelle. Il est d'autres cas où on peut la considérer comme cadence subordonnée on est libre de la maintenir, mais on ne lui attribue pour l'un ou l'autre motif qu'une valeur secondaire, ou la fait disparaître comme due à l'altération afin de n'avoir pas à constater la modulation ou la transition qui lui fait nécessairement suite et dont la suppression ne porte non seulement aucune atteinte à la saine interprétation, mais peut au contraire la favoriser. Cette manière de comprendre la modulation dispositive dans beaucoup de ses cas isolés, devient encore souvent un excellent moyen de faire concorder la chute de la phrase harmonique avec celle du rhythme ou peut-être avec celle de la phrase artistique; et lorsque des considérations de cette nature déterminent la suppression d'un ton qui n'exhibe que sa seule cadence il n'y a certaipas lieu de reprocher à l'analyste d'avoir agi arbitrairement en prenant ici pour subordonnée une cadence qu'ailleurs il maintiendrait. Ces cadences qui sont réellement de formation accidentelle ou qui se laissent prendre pour telles, peuvent se produire plusieurs fois de suite sans que l'on doive pour cela les apprécier autrement.

Des exemples ne sont pas nécessaires, vu que probablement il s'en trouvera dans les harmonisations proposées.

Reste à envisager à un autre point de vue l'interprétation de la modulation du degré inférieur.

Supplément à la modulation dispositive.

§ 177. On vient de recommander à l'analyste de ne pas trop marchander la suppression d'une modulation dispositive chaque fois qu'elle se trouve dans les conditions indiquées et que sa disparition se laisse justifier par des raisons plausibles. Pour la cadence isolée appartenant à cette espèce, on la met de côté en enlevant l'altération ou les altérations qui font ressembler à une dominante l'un des accords dissonants du ton. Mais employer le même procédé lorsque ces cadences sont en plusieurs, s'appellerait bien défigurer quelque peu l'harmonisation à interpréter. Il faut donc recourir à un autre mode de suppression si l'on désire pratiquer l'analyse de ces passages sur une base plus large sans cependant négliger aucun détail. Une suite de cadences commence et surtout finit toujours par un ton plus développé. C'est entre ces deux tons que s'accomplit au fond la modulation. Les cadences placées entre eux font l'effet de stations intermédiaires auxquelles on touche sans s'y arrêter. Elles sont subordonnées dans un autre sens puisqu'on ne les considère pas comme altérations. La modulation se fait en commun, collectivement. Cette interprétation est basée sur la divisibilité de l'intervalle. La quarte juste par exemple, composée de cinq demi-tons, se laisse diviser en une seconde majeure qui enlève deux demi-tons, et en une tierce mineure qui enlève les trois demi-tons restants. Ainsi la modulation de do majeur à fa majeur, tout en devant être développée, peut avoir pour ton intermédiaire ou auxiliaire le ré majeur ou mineur, la différence du genre n'importe pas dans un exemple qui ne doit pas être déterminé et rapporté à son groupe.

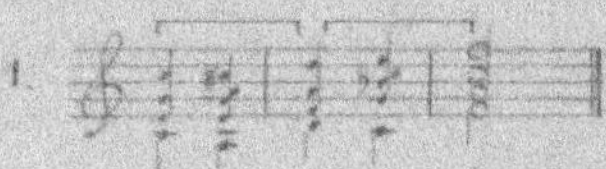

Modulation collective de do majeur à fa majeur par le ré mineur.

Quarte juste divisée en une seconde mineure et deux secondes majeures. Tons auxiliaires ré ♭, mi ♭.

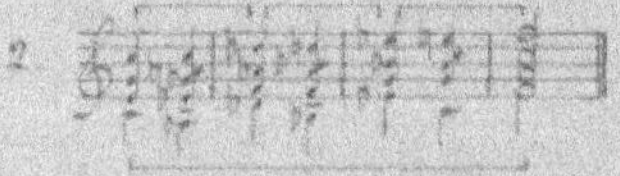

Modulation collective de do majeur à fa majeur par les ré ♭ majeur et mi ♭ majeur.

Quarte juste divisée en une seconde majeure, une seconde mineure, une prime augmentée et une seconde mineure. Tons auxiliaires : ré, mi ♭, mi.

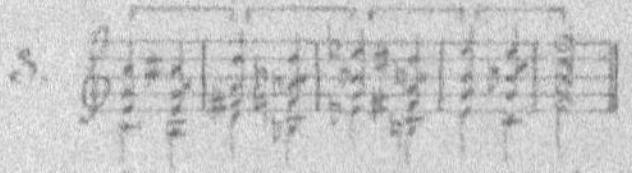

Modulation collective de do majeur à fa majeur par les ré majeur, mi b majeur et mi mineur.

Et encore plusieurs autres divisions à un, deux, trois tons auxiliaires, plus quelques unes à quatre.

§. 178. Cette interprétation des suites de modulations dispositives, bien que purement facultative et entièrement indépendante du système modulatoire adopté dans ce traité, est pourtant de nature à intéresser l'amateur d'analyse harmonique. Mais elle a encore un côté qui n'est pas le moins curieux: c'est lorsque le ton qui se fixe à l'extrémité de la suite est le même que celui du commencement, parce qu'alors il n'y a plus aucune modulation, il n'y a qu'une *diversion harmonique*. De sorte que les trois exemples exposés au paragraphe précédent, se terminant comme suit:

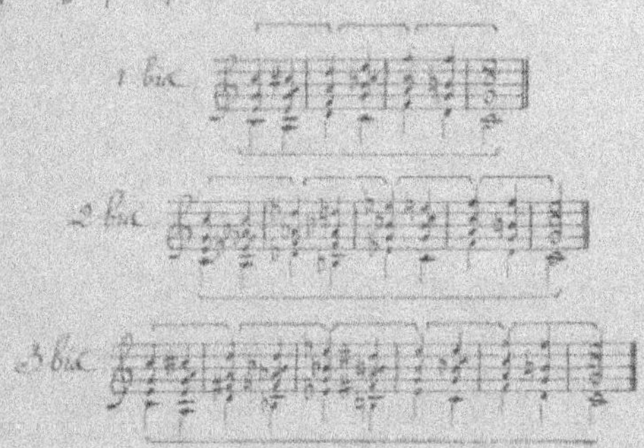

deviennent: le N° 1 bis, une *diversion harmonique en do majeur* par les ré mineur et fa majeur; le N° 2 bis, une id. par les ré b majeur, mi b majeur et fa majeur, etc.

§. 179. Ce supplément a donc pour objet la modulation dispositive *composée*. Il se divise en *parties* dont le nombre sera assez considérable. Dans le corps du chapitre même est exposée la modulation dispositive telle que la théorie la comporte, comme *cas isolé* formé par *deux toniques*, tout comme la modulation du degré supérieur. C'est la modulation dispositive *simple*. Le supplément, par continuation, donne la *composée* qui s'occupe de la *réunion de cas*, c'est-à-dire des cas où à une modulation dispositive concourent *plus de deux toniques*, dont elle considère cependant la première et la dernière comme seules effectives en reléguant les intermédiaires au rang d'auxiliaires, ainsi que nous l'avons vu aux exemples ci-dessus. C'est d'après ces données que s'établissent les *parties* du supplément: la première contient toutes les modulations collectives qui se laissent former par la *réunion de deux cas* (ou trois toniques, un ton auxiliaire); la seconde partie énumère toutes les modulations collectives dues à la *réunion de trois cas* (ou quatre toniques, deux tons auxiliaires); et ainsi de suite. Le nombre des parties ne s'arrête que lorsque l'enchaînement le plus étendu possible (sans substitution enharmonique s'entend) ne formera plus qu'une seule modulation. Par contre, le nombre des modulations collectives à énumérer dans les différentes parties doit nécessairement aller en diminuant à mesure que le nombre des tons auxiliaires va en augmentant. En d'autres termes, plus une combinaison proposée renferme de tons auxiliaires, plus elle est sujette à échouer par diverses causes.

Cela fait voir en même temps qu'ici est la vraie patrie des enchaînements. Ils ont été donnés, par les motifs connus, dans la modulation dispositive proprement dite, mais leur place naturelle est dans la *composée* où ils ont leur source. En effet, dans la première partie, presque tous les intervalles ont aux groupes de l'intervalle *pareil* deux cas connus; à la seconde partie quelques-uns des intervalles s'éloignent, les autres, susceptibles de former des enchaînements plus considérables, continuent en avant.

aux mêmes groupes un cas de plus, et ainsi de suite tant que l'augmentation est possible. C'est ainsi que se forment successivement tous les enchaînements que l'on a vus, les *mixtes* de même aux groupes y relatifs.

Chacune des parties comporte, outre les quatre catégories, des sections, divisions, subdivisions, groupes etc., en grand nombre et provenant de la combinaison des intervalles et du genre des toniques. Les quelques unes d'ordre supérieur admis sont à conserver. Quant aux cercles harmoniques, on a vu, par les enchaînements donnés d'avance dans la disposition *simple*, de quelle manière on laisse utiliser celui de *quintes* dans ses deux divisions, pour servir de guide aux enchaînements formés d'un même intervalle, soit à genre égal soit à genre entrecoupé; ici en disposition *composée*, où devient la combinaison porte à la fois sur l'intervalle et sur le genre, l'occasion se présentera de faire usage des deux *cercles combinés*, si l'on compte faire des enchaînements dans le sens de ceux qui viennent d'être mentionnés.

§ 180. Il importe surtout de s'expliquer relativement à l'intervalle qui, on le prévoit aisément, a besoin d'être mis à la hauteur de la position exceptionnelle que lui fait la modulation collective.

Voyons d'abord l'intervalle comme *distance*. Il serait impossible d'établir la disposition composée d'après un système uniforme sans de figurer toutes les toniques concourant à une modulation collective comme se développant dans une même direction qui ne saurait être que la direction ordinaire, ascendante. Sans cela comment évaluer par exemple l'intervalle de la modulation collective suivante de do majeur à fa majeur.

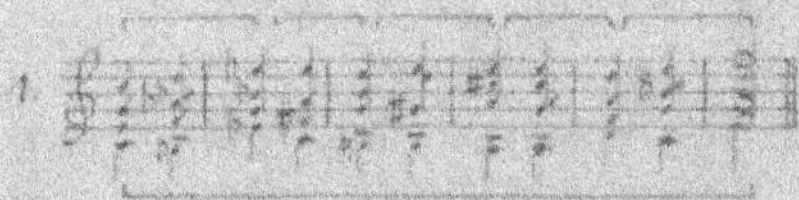

Comment s'y prendrait-on pour placer ces toniques auxiliaires entre le do et le fa censés faire la quarte juste ordinaire?

De quelque manière qu'on place le sol et le la, toujours se trouveront-ils en dehors de l'intervalle formé par les deux toniques effectives et la dimension de la quarte juste ne saurait contenir, en prenant le tracé b, une tierce mineure, une sixte mineure inférieure, une seconde majeure, une quarte juste et une tierce mineure; le contenu serait plus grand que le contenant et d'un autre côté, la quarte juste aurait reçu deux sortes de divisions à la fois, puisqu'on est libre de suivre également le tracé a et b. De plus des exemples bien autrement variés se rencontrent. Il faut donc évidemment de figurer l'exemple donné comme écrit ainsi

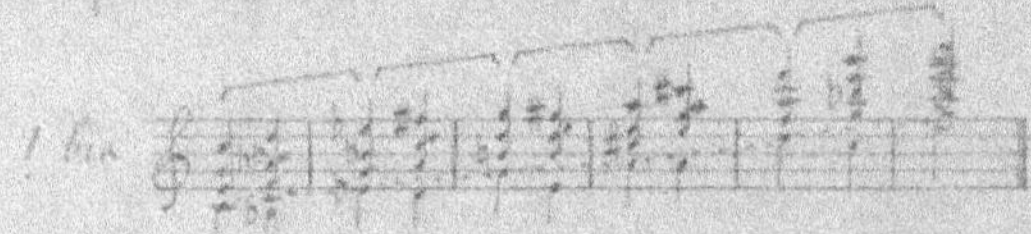

Cela corrobore et pose comme principe ce qui a été dit plus haut, savoir que toutes les toniques d'une modulation collective, quelle que soit leur disposition dans les exemples fournis par les compositeurs, sont à considérer comme se développant en droite ligne. Ordre tous leurs intervalles additionnés ne forment entre eux qu'un seul intervalle suivant une ligne non interrompue, un intervalle *rentrant* est inadmissible et sera plus loin, afin de mettre en même temps l'intervalle comme dénomination de la distance et même de faire face aux exigences de sa nouvelle position. Voici encore la modulation collective en question avec d'autres toniques auxiliaires.

2.

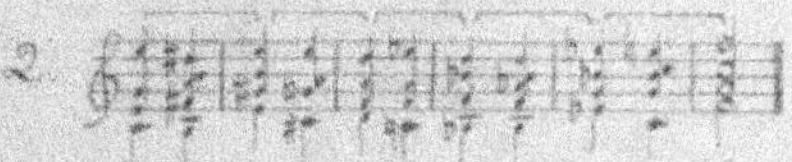

Formulé d'après le principe, l'exemple deviendra ceci :

2 bis

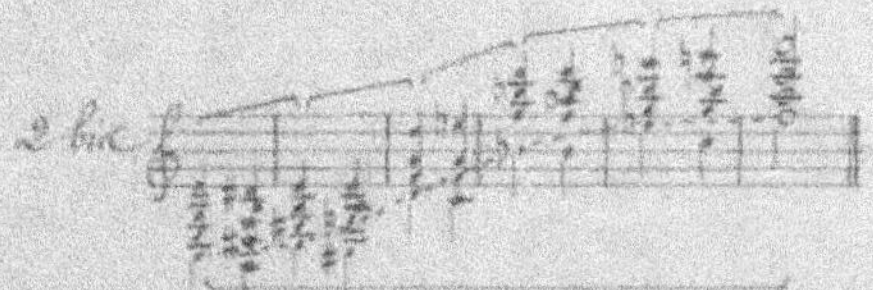

Et ce n'est pas encore la plus grande distance possible. Notre modulation est toujours de do à fa, mais ces deux toniques effectives ne sont la quarte proprement dite qu'au paragraphe 177, où la distance réelle est celle de la onzième au n°1, et celle de la dix huitième au n°2. Ordinairement, la table des intervalles donne, à titre de renseignement, une série d'intervalles excédant l'octave. Rien n'y oblige théoriquement parlant, et moins encore a-t-on à se préoccuper de la réduction de ces intervalles, puisque la modulation ordinaire ne les emploie pas. En modulation collective, il s'agit de compléter cette matière afin de prévenir la confusion. La quarte se présente dans toutes les parties, mais à distance réelle différente. Le fa, porté à une octave (onzième), devient quarte par réduction simple ; à deux octaves (dix huitième) quarte par réduction double, et ainsi à la vingt-cinquième il y a réduction triple, et à chaque octave le nombre des degrés augmente nécessairement de sept.

§ 181. A en juger d'après quelques essais faits par l'auteur (il a ébauché les copies des deux premières parties), il faut renoncer à choisir l'intervalle pour principe de classification, contrairement à ce que l'on pourrait supposer en lisant ce qui précède. Le procédé qui consiste à prendre les intervalles les uns après les autres pour en opérer la division jusqu'à ce que toutes les toniques soient séparées entre elles par la plus grande distance possible à l'intervalle ordinaire, ce procédé, disons-nous, donnerait un travail qui laisserait ignorés quantité de modulations collectives et qui manquerait de système au point de ne s'y plus retrouver ; défauts qui proviennent de la difficulté que l'on éprouve de tenir suffisamment compte de la double combinaison de l'intervalle et du genre. Avec cette dernière donnée indiquée déjà plus haut comme base, les choses se passent, pour la première partie par exemple (réunion de deux cas de disposition simple en trois toniques) comme suit : section A, deux intervalles pareils — 1re Catégorie — les trois toniques majeures, puis la permutation du genre ; section B, deux intervalles différents, de nouveau les catégories et la combinaison des intervalles et du genre, et à chacun des derniers groupes parcourir l'échelle des demi-tons pour trouver ceux qui permettent la modulation collective réunie en groupe, comme en disposition simple. Les subdivisions deviennent plus nombreuses au fur et à mesure qu'on avance dans les parties ; l'intervalle des deux toniques effectives se présente comme dans la modulation du degré supérieur, tantôt l'un, tantôt l'autre. Avec cette méthode, aucune combinaison ne peut s'échapper, toute chose entre autres l'intervention des tons d'ordre supérieur, la répétition du même intervalle des toniques auxiliaires et probablement aussi la superposition de ces dernières, toute chose devant avoir été prévue et venir d'elle-même se ranger à sa place. Le travail, quoique toujours compliqué, devient clair et précis, ainsi se facilitera la recherche de reconnaître et de rapporter les modulations collectives trouvées dans les ouvrages musicaux.

Si l'auteur s'est abstenu, pour des motifs à présent faciles à comprendre, de mettre à exécution le volumineux et curieux travail sur la matière de ce supplément, il tient au moins à en faire connaître le plan accompagné d'indications sommaires. En attendant, on en sait assez pour interpréter les suites de modulations dispositives dans le sens indiqué.

Ainsi qu'on le voit, la *dispositive composée* forme un vrai degré de passage entre la dispositive proprement dite et la modulation du degré supérieur; elle tient de l'une et de l'autre.

B. Modulation propre.

(Degré supérieur).

(*Transitive, par note commune et par accord commun* réunies).

---

§. 182 La *transitive* est la plus étendue des trois espèces de modulation. Par la raison qu'elle est basée sur l'accord déterminant et forme entièrement changée par la signature du second ton, elle a lieu principalement entre tons éloignés l'un de l'autre par rapport à la disposition des lignes. Elle règne presque sans partage sur toute la moitié supérieure du système harmonique. Cinquante quatre lignes, réparties dans les quatre catégories, lui appartiennent exclusivement. Dans les trois dernières catégories cependant, on en rencontre les représentants isolés dès la seconde ligne.

§. 183 La communication entre les tons intéressés dans une modulation commence à devenir directe lorsque une ou plusieurs notes de l'accord déterminant n'éprouvent aucun changement par suite de la signature du second ton. Ces notes sont donc *communes* aux deux formes naturelles. La modulation par *note commune* commence nécessairement dès la première ligne, mais elle ne s'avance pas de beaucoup au delà de la moitié du système harmonique. Dix lignes seulement lui appartiennent en entier.

§. 184 La communication entre les tons qui se succèdent en modulation, est tout à fait directe lorsque aucune des notes de l'accord déterminant n'est atteinte par la signature du second ton, de manière que cet accord, n'ayant qu'une seule forme naturelle, est *commun* aux deux tons. L'étendue de la modulation *par accord commun* est peu considérable: elle s'étend déjà à la seconde ligne dans la première catégorie, et elle ne dépasse pas la cinquième ligne dans les trois dernières catégories. Aucune ligne ne saurait lui appartenir en entier.

§. 185 Après avoir ainsi rappelé en quelques mots la caractéristique de chacune des trois espèces de modulation en ajoutant quelques indications générales relatives à son étendue et à sa disposition, procédons à la comparaison des tons d'après la méthode exposée au §. 142, afin de dénommer et de répartir les accords déterminants. Pour chaque ligne, on dresse un tableau comparatif semblable à celui que l'on trouvera au paragraphe suivant. L'accord déterminant *rejeté* (§. 145), placé entre parenthèses, est également compris dans la répartition, car on a besoin de connaître les altérations qui lui appartiennent en qualité de tonique par anticipation du ton succédant (§ 130 note).

Quand la modulation propre est divisée en trois chapitres, le tableau comparatif se reproduit s'il y a lieu, avec la différence que les accords déjà employés y sont marqués en petites notes. De plus chaque accord déterminant a son paragraphe où il exhibe toutes ses formes altérées pourvues d'un numéro d'ordre, — choses qui portent la clarté nécessaire dans cette partie du système de la succession des tons et qui donnent toute précision désirable à la détermination des modulations, mais que l'auteur a eu le dessein d'introduire dans le présent ouvrage.

Première Catégorie. (De majeur à majeur.)

(Système harmonique. — Division des tons majeurs.)

Première ligne.

A. gauche.

§. 186. Tableau comparatif

	Tritons	Accords dissonants
	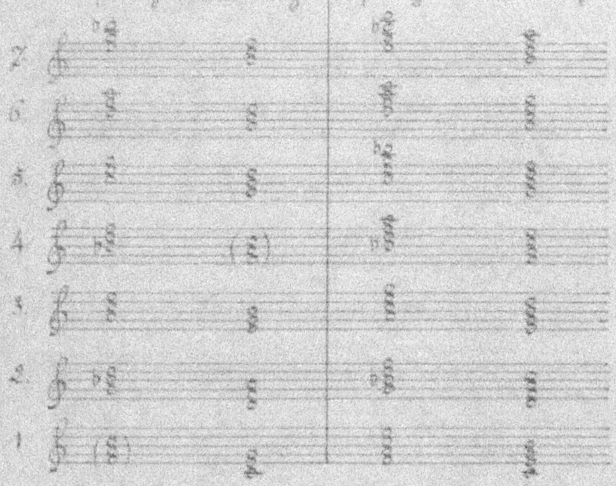 fa maj ← do maj	fa maj ← do maj
7.		
6.		
5.		
4		
3.		
2.		
1		

§. 187. Ce tableau nous apprend d'abord qu'en première ligne gauche la modulation est à la quinte juste inférieure qui équivaut à la quarte juste ordinaire (1er groupe, §. 18) Ensuite, nous y voyons que le premier ton (a) présente des accords qui ne sont pas entièrement changés par la signature du second ton (b); ils conservent des notes communes. Ces accords sont:

les tritons des		3me	5me	7me notes	a, ex.
les accords dièses des	1re	3me	5me	7me notes	
les tritons des	2me	4me		7me notes	b
les accords dièses des	2de	4me, 5me		7me notes	

Ou

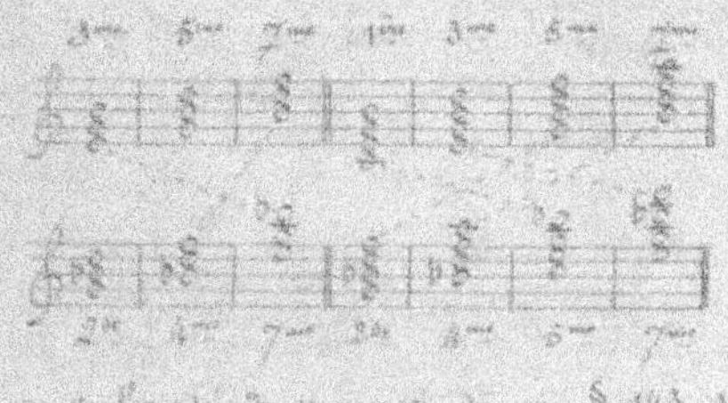

3me 5me 7me 1re 3me 5me 7me

a.

b.

2de 4me 7me 2de 4me 5me 7me

Communications qui, en conformité de ce qui est dit au §. 143, se transforment et s'expriment comme suit:

les tritons des 3me — 7me, 5me — 2de, 7me — 4me notes.

les accords dièses des 1re — 5me, 3me — 7me, 5me — 2de, 7me — 4me notes.

Ou :

1 2 3 4 5 6 7

a b a b a b a b a b a b a b

Voilà les sept accords déterminants à note commune de la première ligne gauche et ainsi toutes les modulations qui se font, à cette distance et de majeur à majeur (1ère cat), au moyen de l'un de ces accords, reviennent à la *modulation par note commune*.

Les sept accords restants du premier ton se retrouvent dans le second sans changement aucun, à savoir

les tritons des 1ère, 2de		4me,		6me notes,	a, a
les accords diss. des	2de.	4me.		6me notes	
les tritons des 1ère	3me.		5me.	6me notes,	b.
les accords diss. des 1ère,	3me,			6me notes	

Ou :

1ère 2de 4me 6me 2de 4me 6me

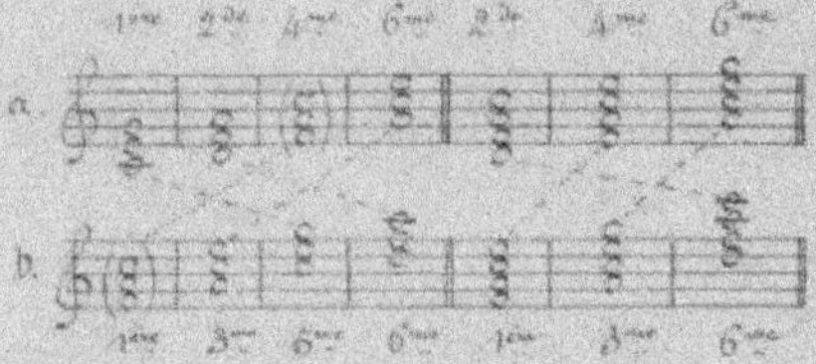

1ère 3me 5me 6me 1ère 3me 6me

En réunion :

les tritons des 1ère – 5me, 2de – 6me, 4me – 1ère, 6me – 3me notes,
les accords diss. des 2de – 6me, 4me – 1ère, 6me – 3me notes

Ou

1 2 3 4 5 6

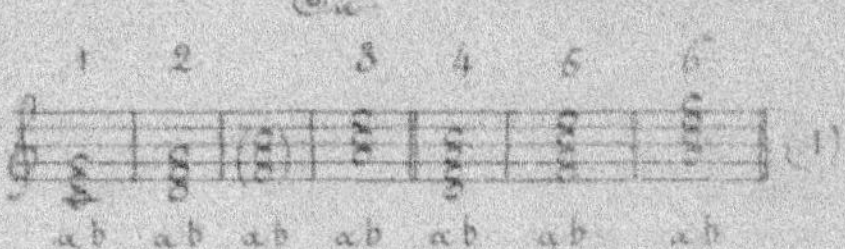 (1)

ab ab ab ab ab ab ab

Après avoir défalqué l'accord déterminant commun rejeté il reste à la première ligne gauche de la première catégorie six *accords déterminants communs* valant toutes les modulations donc qui se font au moyen de l'un de ces accords appartiennent à la *modulation par accord commun*.

Pour presque toutes les lignes subséquentes, l'auteur s'abstiendra de présenter le tableau comparatif suivi de l'énumération préalable, il se bornera à donner le résultat de la comparaison c'est-à-dire l'énumération définitive ou réunion des accords qui montrera suffisamment la répartition des accords déterminants.

---

(1) Voici les formes altérées du quatrième accord déterminant commun (accord diss. de la 2de – 6me note)

nat 1 2 3 4 5 6 7 8 9 10 11 12 13 14 15 16 17 18 19 20 21

22 23 24 25 26 27 28 29 30 31 32 33 34 35

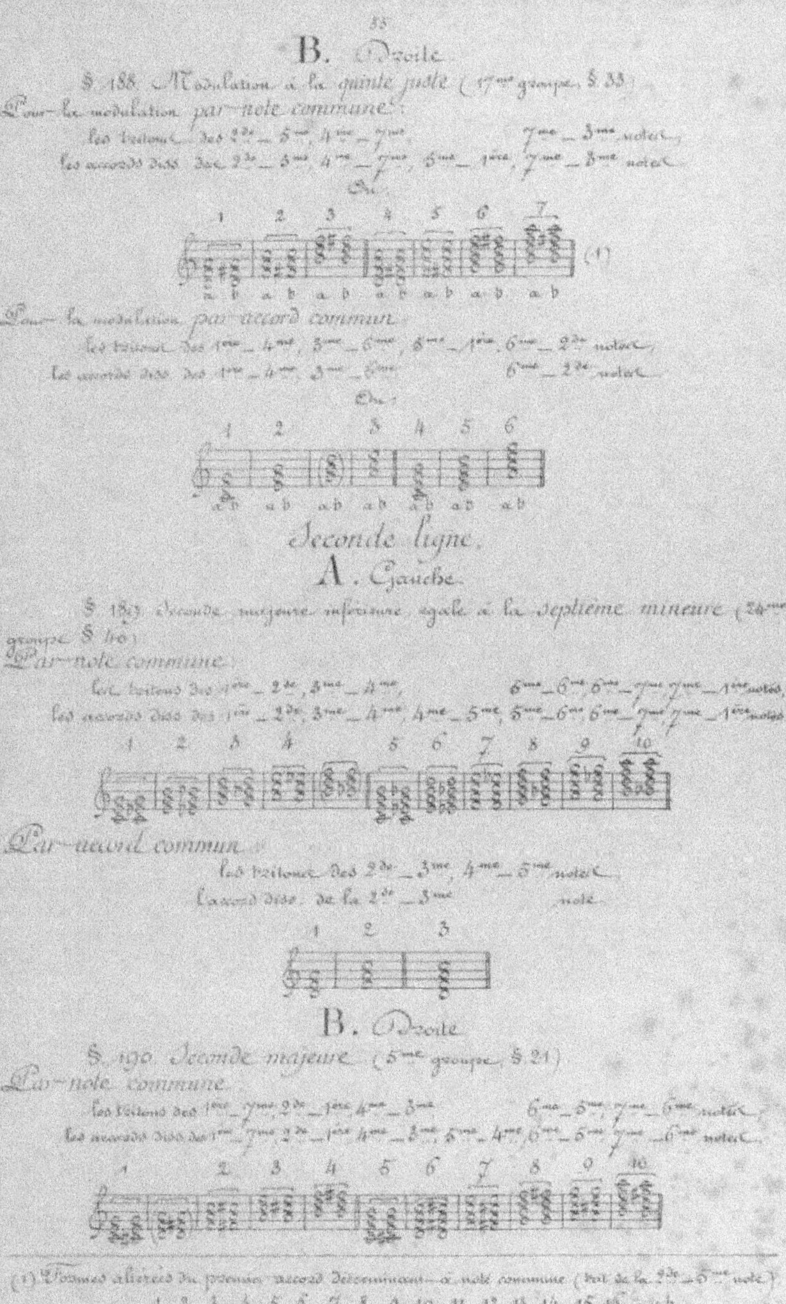

B. Droite

§ 188. Modulation à la quinte juste (17me groupe, § 33)

Pour la modulation par note commune :

les tritons des 2de – 5me, 4me – 7me, 7me – 3me notes,

les accords diss. des 2de – 5me, 4me – 7me, 5me – 1ère, 7me – 3me notes

Ou

1 2 3 4 5 6 7 (1)

a b a b a b a b a b a b a b

Pour la modulation par accord commun

les tritons des 1ère – 4me, 3me – 6me, 5me – 1ère, 6me – 2de notes,

les accords diss. des 1ère – 4me, 3me – 6me 6me – 2de notes

Ou :

1 2 3 4 5 6

ab ab ab ab ab ab ab

Seconde ligne.

A. Gauche

§ 189. Seconde majeure inférieure égale à la septième mineure (24me groupe § 40)

Par note commune

les tritons des 1ère – 2de, 3me – 4me, 6me – 6me, 6me – 7me, 7me – 1ère notes,

les accords diss. des 1ère – 2de, 3me – 4me, 4me – 5me, 5me – 6me, 6me – 7me, 7me – 1ère notes

1 2 3 4 5 6 7 8 9 10

Par accord commun

les tritons des 2de – 3me, 4me – 5me notes

l'accord diss. de la 2de – 3me note

1 2 3

B. Droite

§ 190. Seconde majeure (5me groupe, § 21)

Par note commune

les tritons des 1ère – 7me, 2de – 1ère, 4me – 3me 6me – 5me, 7me – 6me notes,

les accords diss. des 1ère – 7me, 2de – 1ère, 4me – 3me, 5me – 4me, 6me – 5me, 7me – 6me notes.

1 2 3 4 5 6 7 8 9 10

(1) Formes altérées du premier accord dissonant à note commune (Voir de la 2de – 5me note)

nat. a 1 2 3 4 5 6 7 8 9 10 11 12 13 14 15 16 nat. b

Par accord commun

les tritons des 3me – 2de, 5me – 4me notes.
l'accord diss. de la 3me – 2de note.

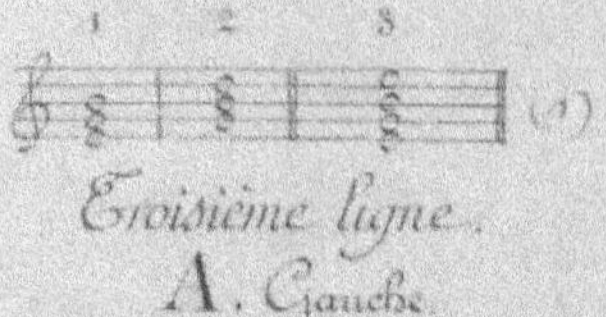

Troisième ligne.

A. Gauche.

§. 191 Sixte majeure inférieure = à la tierce mineure (8me groupe §24) Tous les accords appartiennent à la modulation par note commune tritons et accords dissonants des

1re – 6me, 2de – 7me, 3me – 1re, 4me – 2de, 5me – 3me, 6me – 4me, 7me – 5me notes.

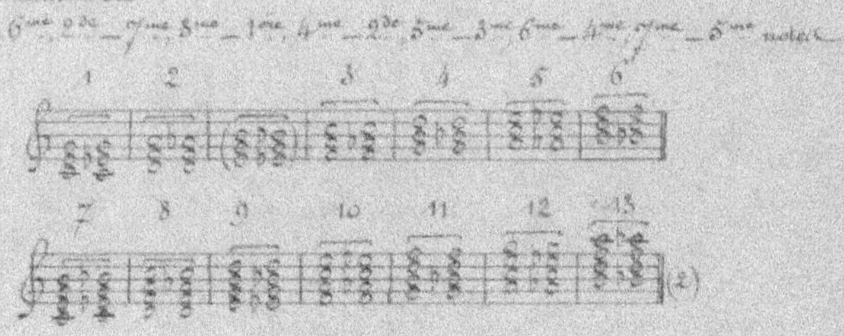

B. Droite.

§. 192 Sixte majeure (21me groupe §37) Cette ligne revient également toute entière à la modulation par note commune, il en est de même de la ligne suivante, tant gauche que droite. Tritons et accords dissonants des

1re – 3me, 2de – 4me, 3me – 5me, 4me – 6me, 5me – 7me, 6me – 1re, 7me – 2de notes.

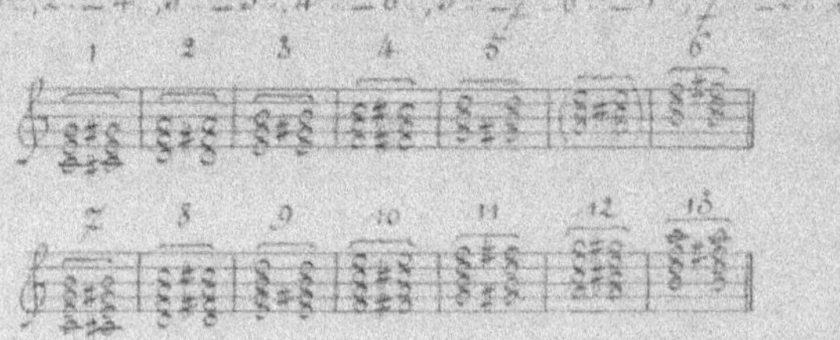

(1) Formes altérées du troisième accord déterminant – commun (accord diss. de la 3me – 2de note.)

nat. 1 2 3 4 5 6 7 8 9 10 11 12 13 14 15 16 17 18 19 20 21

22 23 24 25 26 27 28 29 30 31 32 33 34 35

(2) Formes altérées du deuxième accord déterminant – à note commune (accord diss. de la 6me – 4me note).

nat. 1 2 3 4 5 6 7 8 9 10 11 12 13 14 15 16 17 18 19 20

21 22 nat. ♭

Quatrième ligne

A. Gauche.

§. 193. Tierce majeure inférieure = à la sixte mineure (20me groupe § 36). Tritons et accords dissonants des

1ère – 3me, 2de – 4me, 3me – 5me, 4me – 6me, 5me – 7me, 6me – 1ère, 7me – 2de notes.

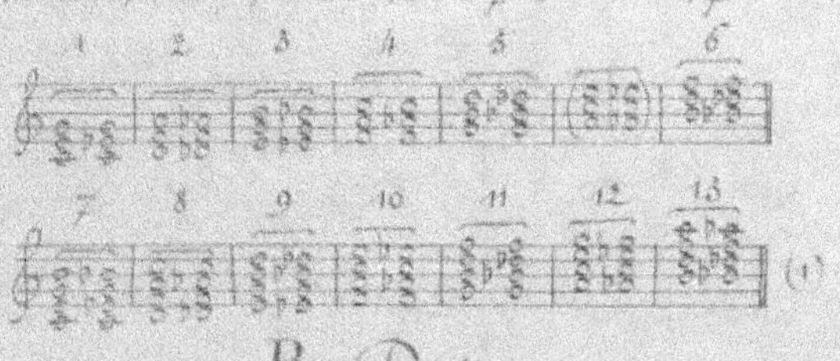

B. Droite.

§. 194. Tierce majeure (9me groupe § 25) Tritons et accords dissonants des

1ère – 6me, 2de – 7me, 3me – 1ère, 4me – 2de, 5me – 3me, 6me – 4me, 7me – 5me notes.

Cinquième ligne.

A. Gauche.

§. 195. Septième majeure inférieure = à la seconde mineure (4me groupe § 20).

Pour la modulation transitive

les tritons des 3me – 2de, 5me – 4me notes

l'accord diss. de la 3me – 2de note

Pour la modulation par note commune

les tritons des 1ère – 7me, 2de – 1ère, 4me – 3me, 6me – 5me, 7me – 6me notes

les accords diss. des 1ère – 7me, 2de – 1ère, 4me – 3me, 5me – 4me, 6me – 5me, 7me – 6me notes

(1) Formes altérées de l'accord dissonant — à note commune rejeté (tout de la 6me – 1ère note)

B. Droite.

§ 196 *Septième majeure* (25me groupe, § 41)

Transitive:

les tritons des 2de – 3me, 4me – 5me notes,
l'accord diss. de la 2de – 3me note

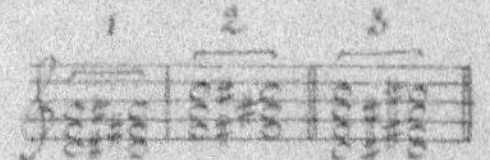

1 2 3

Par note commune:

les tritons des 1ère – 2de, 3me – 4me 5me – 6me, 6me – 7me, 7me – 1ère notes,
les accords diss des 1ère – 2de, 3me – 4me, 4me – 5me, 5me – 6me, 6me – 7me, 7me – 1ère notes

1 2 3 4 5 6 7 8 9 10

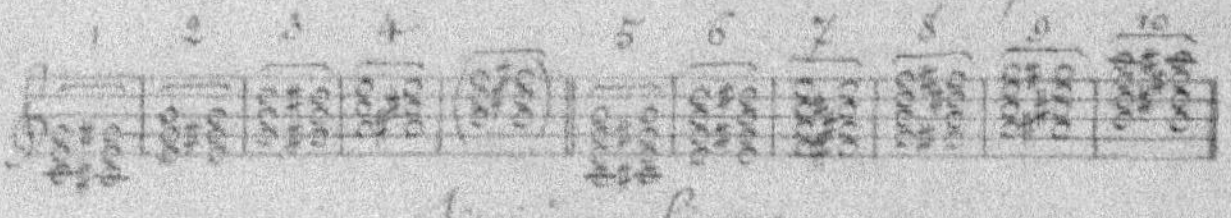

Sixième ligne.

A. Gauche.

§ 197 *Quarte augmentée inférieure = à la Quinte diminuée* (16me groupe § 32)

Transitive:

les tritons des 1ère – 4me, 3me – 6me, 5me – 1ère, 6me – 2de notes,
les accords diss des 1ère – 4me, 3me – 6me, 6me – 2de notes.

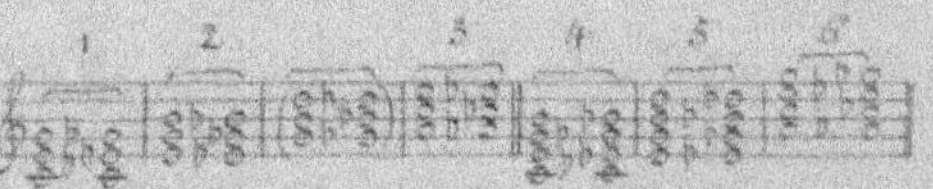

1 2 3 4 5 6

Par note commune:

les tritons des 2de – 5me, 4me – 7me, 7me – 3me notes,
les accords diss des 2de – 5me, 4me – 7me, 5me – 1ère, 7me – 3me notes.

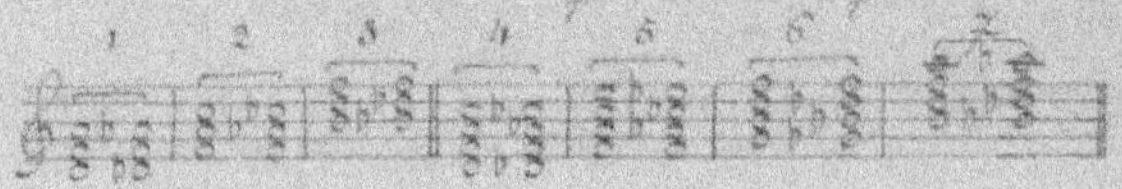

1 2 3 4 5 6 7

B. Droite.

§ 198 *Quarte augmentée* (13me groupe, § 29).

Transitive:

les tritons des 1ère – 5me, 2de – 6me, 4me – 1ère, 6me – 3me notes,
les accords diss des 2de – 6me, 4me – 1ère, 6me – 3me notes.

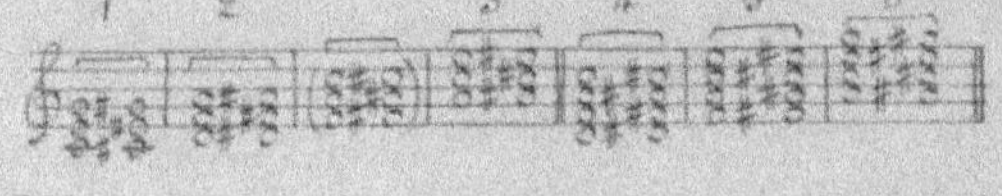

1 2 3 4 5 6

Par note commune:

les tritons des 3me – 7me, 5me – 2de, 7me – 4me notes,
les accords diss des 1ère – 5me, 3me – 7me, 5me – 2de, 7me – 4me notes.

1 2 3 4 5 6 7

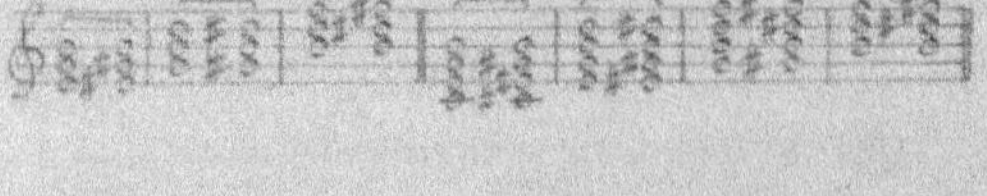

Septième ligne

A. Gauche

§ 199 Prime diminuée = à *l'octave diminuée* (28me groupe § 44). Par le fait que les demi-notes naturelles du premier ton rencontrent autant de bémols (le bécarre fait office de bémol dans les tons avec dièses) dans le second, la septième ligne gauche appartient toute entière à la *transitive* et les accords occupent le même degré. Tritons et accords déterminants des 1re – 1re, 2de – 2de notes, etc.

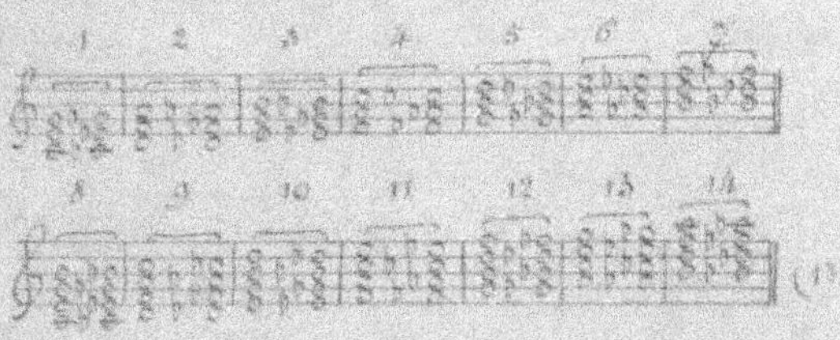

(1)

B. Droite

§ 200. *Prime augmentée* (1er groupe § 17). Entièrement *transitive* ainsi que toutes les lignes jusqu'à la fin de la catégorie. Mêmes remarques que pour la ligne précédente (le bécarre fait office de dièse dans les tons avec bémols).

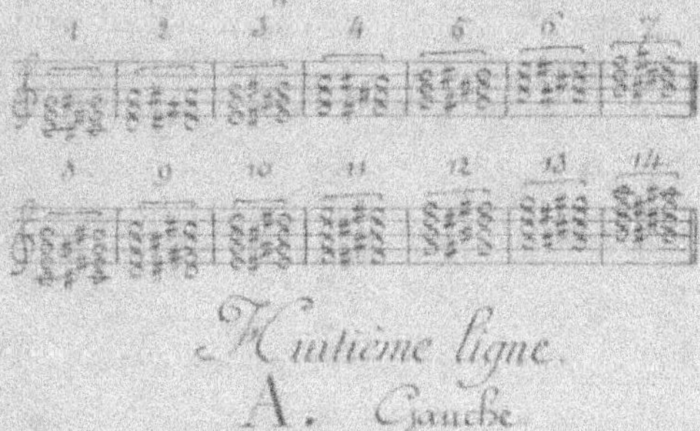

Huitième ligne

A. Gauche

§ 201 Tableau comparatif

---

(1) Une coïncidence singulière se produit ici. Le triton de la 1re – 1re note est rejeté comme accord déterminant parce qu'il renferme la forme de la seconde tonique et que celle-ci ne saurait se déterminer elle-même, et le même triton doit être conservé comme accord déterminant en qualité de triton de la première note du premier ton. Rien n'empêche de rester fidèle au principe ; de sorte que la seconde tonique serait cette fois privée de la faculté de se poser par anticipation. Mais on serait toujours tenté de voir dans la forme b plutôt la seconde tonique elle-même. C'est en ce sens que le petit différend se laisse aplanir facilement. Le triton de la première note du premier ton revient à la forme naturelle b qui est prise pour la tonique du second ton. Les altérations suivantes appartiennent donc au triton pour l'ordinaire, et à la tonique après son apparition.

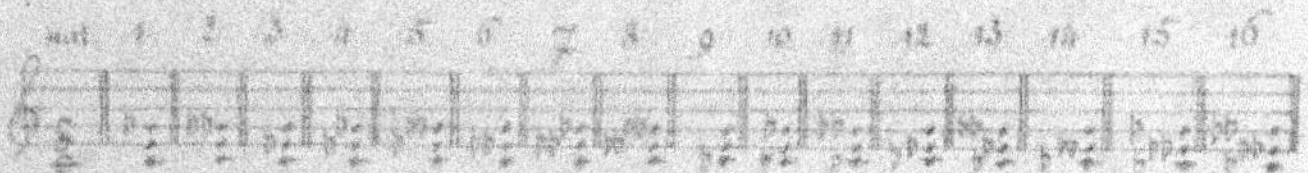

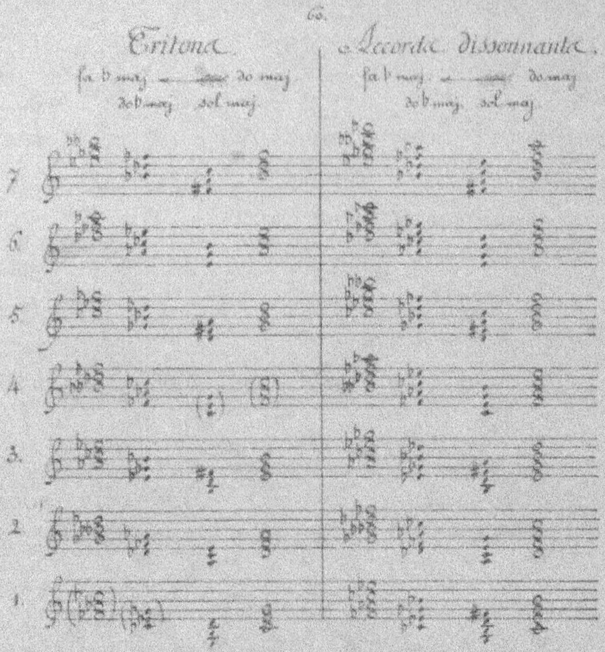

Si l'on n'aime pas à avoir pour ton comparé un ton d'ordre supérieur, on doit déplacer le point de comparaison. Dans le cas présent il faut reculer d'une ligne vers la droite et prendre par conséquent pour ton basal le sol majeur, ainsi que cela est indiqué en petites notes dans le tableau (§. 142).

§ 202. Quinte augmentée inférieure = à la quarte diminuée. (11me groupe, § 27) Tritons et accords dissonants des
1ère – 5me, 2de – 6me, 3me – 7me, 4me – 1ère, 5me – 2de, 6me – 3me, 7me – 4me notes.

Comparaison théorique.

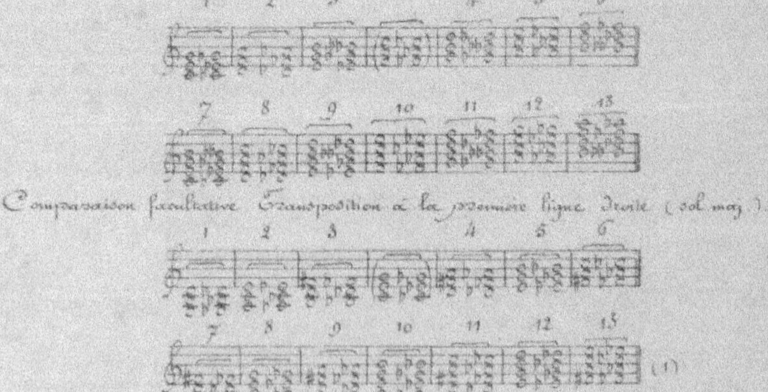

(1) Formes altérées du quatrième accord déterminant – [illegible] (tiré de la 5me – 2de note)

B. Droite.

§ 203 Quinte augmentée (18me groupe, § 34.) 6 Tritons en accords dissonants des
1re – 4me, 2de – 5me, 3me – 6me, 4me – 7me, 6me – 1re, 6me – 2de, 7me – 3me notes

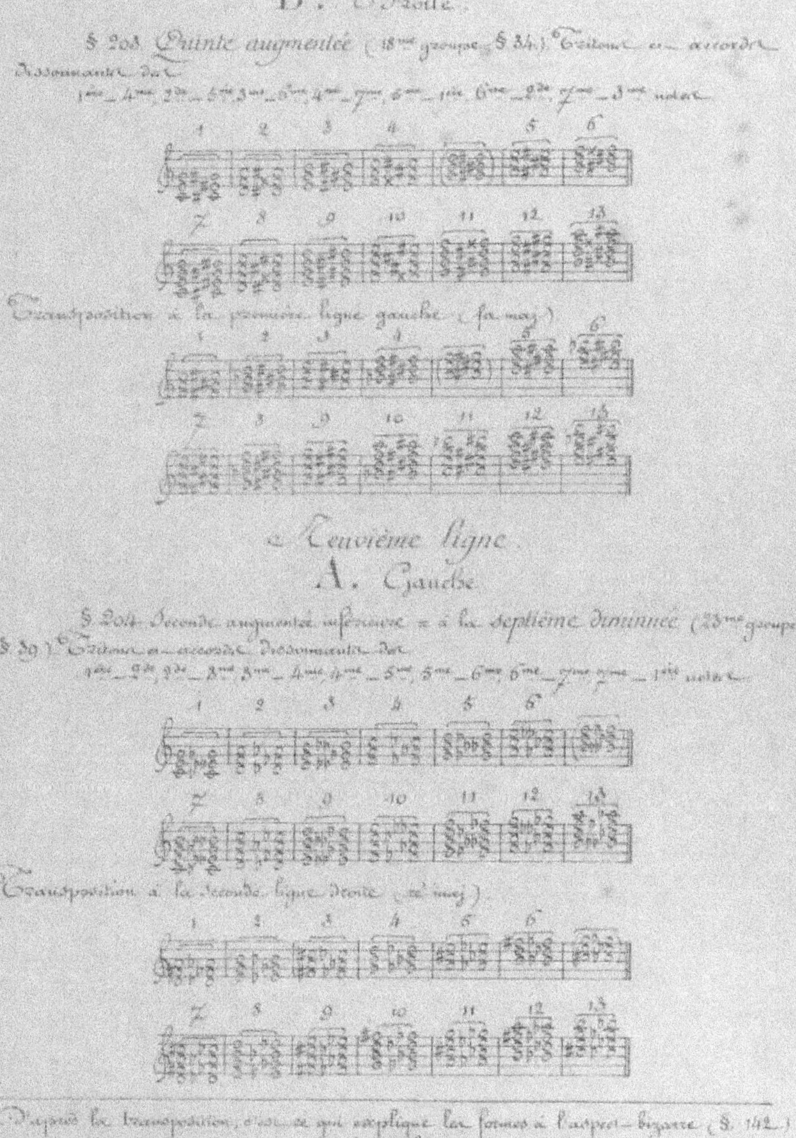

Transposition à la première ligne gauche (fa maj)

Neuvième ligne

A. Gauche

§ 204 Seconde augmentée inférieure = à la septième diminuée (23me groupe, § 39) 6 Tritons en accords dissonants des
1re – 2de, 2de – 3me, 3me – 4me, 4me – 5me, 5me – 6me, 6me – 7me, 7me – 1re notes

Transposition à la seconde ligne droite (ré maj).

D'après la transposition, c'est ce qui explique les formes à l'aspect bizarre (§. 142) qui vont en augmentant jusqu'à la fin de la catégorie

nat a 1 2 3 4 5 6 7 8 9 10 11 12 13 14 15 16 17 18 19 20 21

22 23 24 25 nat b

B. Droite.

§ 205. *Seconde augmentée* (6me groupe § 22) Triton et accords disso-nants des

1re _ 7me, 2de _ 1re, 3me _ 2de, 4me _ 3me, 5me _ 4me, 6me _ 5me, 7me _ 6me notes.

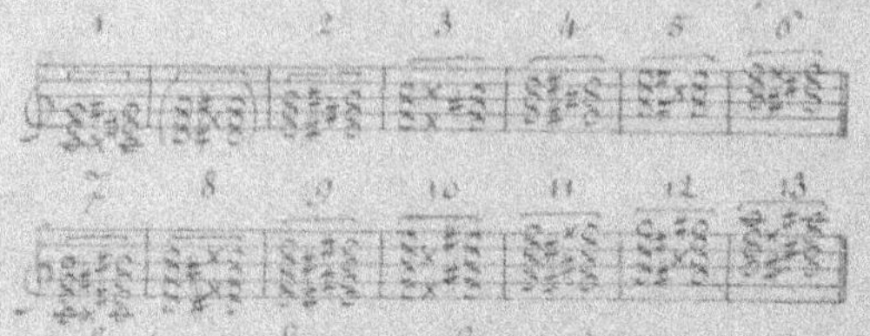

Transposition à la seconde ligne gauche (si ♭ maj).

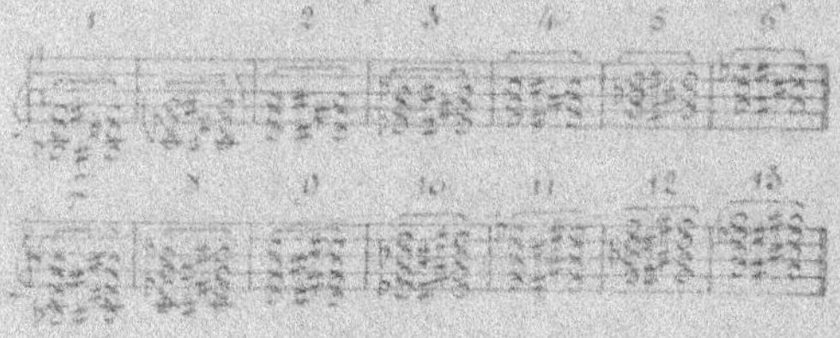

Dixième ligne.

A. Gauche.

§ 206. Sixte augmentée inférieure = à la tierce diminuée (9me groupe § 23) Triton et accords dissonants des

1re _ 6me, 2de _ 7me, 3me _ 1re, 4me _ 2de, 5me _ 3me, 6me _ 4me, 7me _ 5me notes.

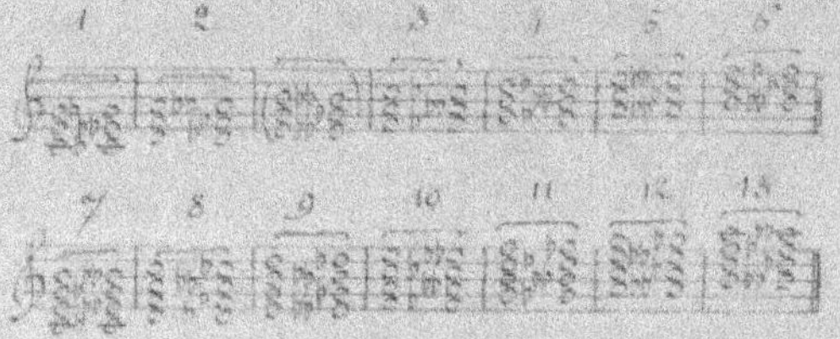

Transposition à la troisième ligne droite (la maj).

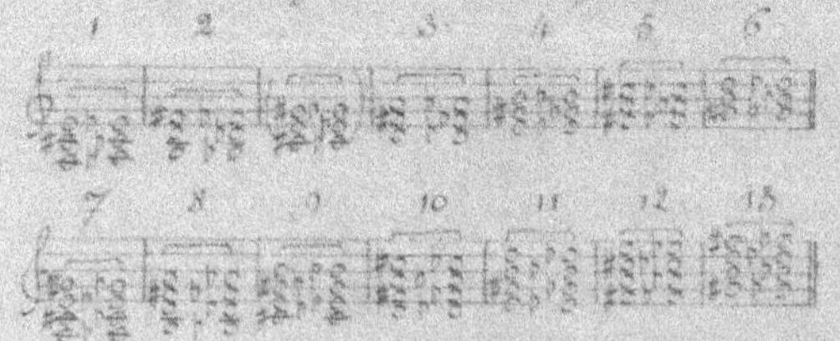

B. Droite.

§ 207. *Sixte augmentée* (12me groupe § 38). Triton et accords dis-sonants des

1re _ 3me, 2de _ 4me, 3me _ 5me, 4me _ 6me, 5me _ 7me, 6me _ 1re, 7me _ 2de notes.

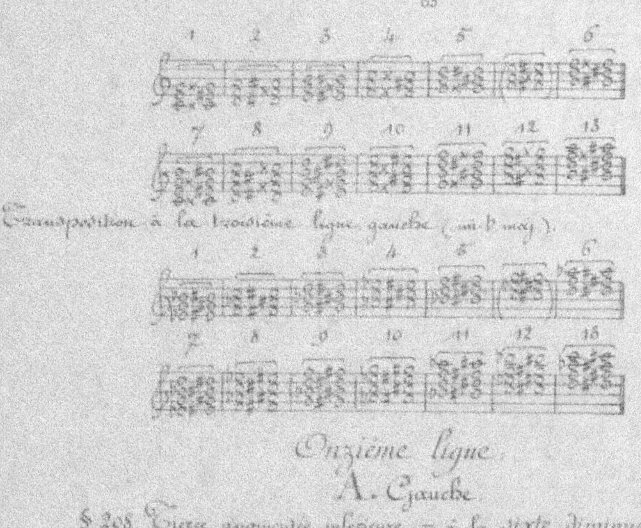

Onzième ligne.

A. Gauche

§ 208. Tierce augmentée inférieure = à la sixte diminuée (19me groupe,
§ 35) Tritons et accords dissonants des
1re – 3me, 2de – 4me, 3me – 5me, 4me – 6me, 5me – 7me, 6me – 1re, 7me – 2de notes

Transposition à la quatrième ligne droite (mi maj).

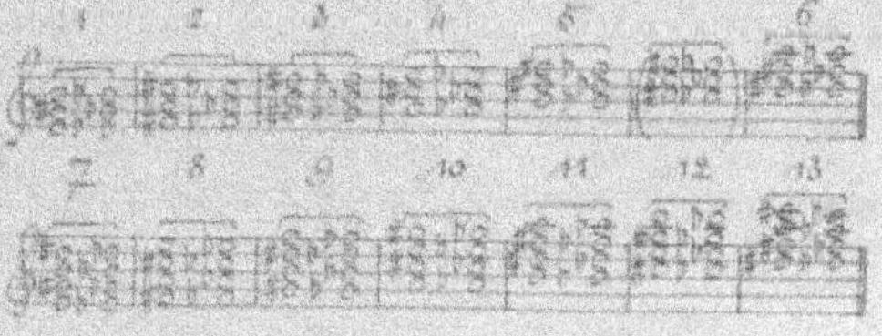

B. Droite

§ 209. Tierce augmentée (10me groupe, § 26) Tritons et accords
dissonants des
1re – 6me, 2de – 7me, 3me – 1re, 4me – 2de, 5me – 3me, 6me – 4me, 7me – 5me notes

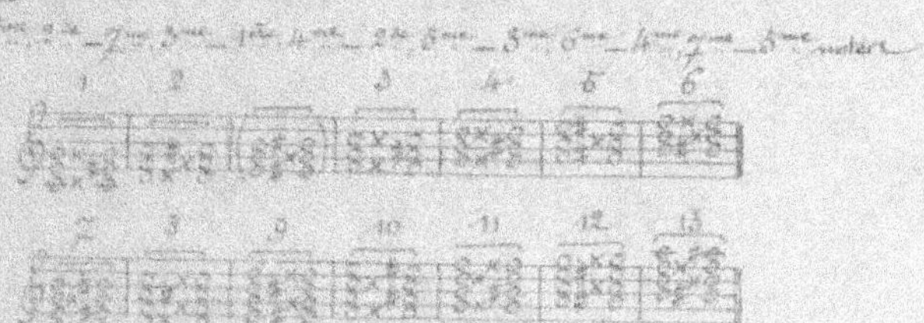

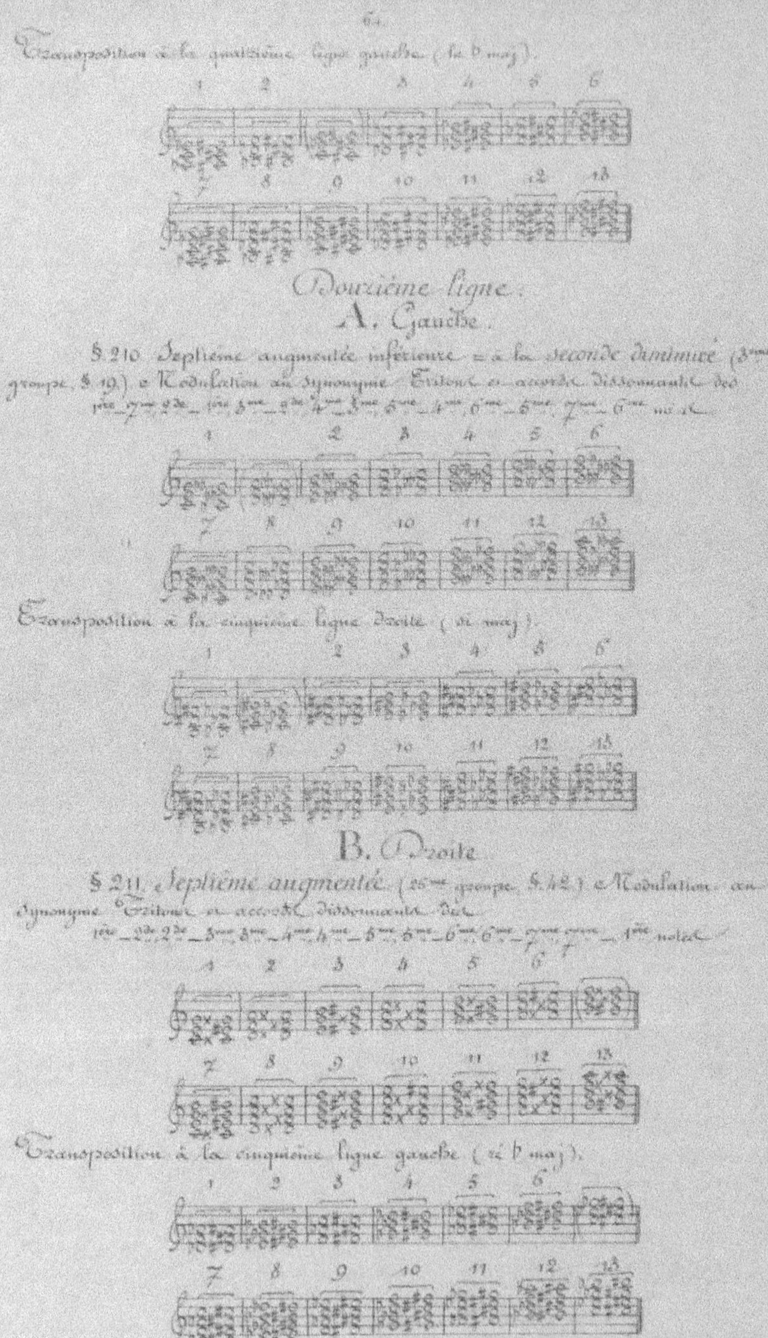

Transposition à la quatrième ligne gauche (la ♭ maj).

Douzième ligne.

A. Gauche.

§ 210 Septième augmentée inférieure = à la seconde diminuée (3me groupe, § 19) e Modulation au synonyme. Triton et accords dissonants des 1re – 7me, 2de – 1re, 3me – 2de, 4me – 3me, 5me – 4me, 6me – 5me, 7me – 6me notes.

Transposition à la cinquième ligne droite (si maj).

B. Droite.

§ 211. Septième augmentée (25me groupe, § 42) e Modulation au synonyme. Triton et accords dissonants des 1re – 2de, 2de – 3me, 3me – 4me, 4me – 5me, 5me – 6me, 6me – 7me, 7me – 1re notes.

Transposition à la cinquième ligne gauche (ré ♭ maj).

Treizième ligne

A. Gauche

§ 212. Quarte bi augmentée inférieure = à la quinte bi diminuée (16ème groupe, § 31.) Triton et accords dissonants des

1ère _ 4ème, 2de _ 5ème, 3ème _ 6ème, 4ème _ 7ème, 5ème _ 1ère, 6ème _ 2de, 7ème _ 3ème notes.

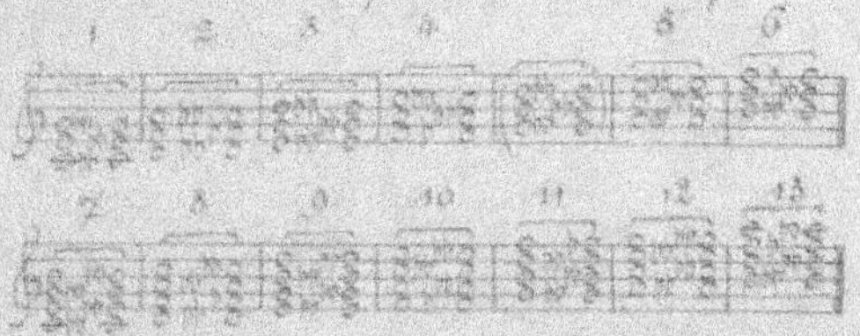

Transposition à la dixième ligne droite (fa # maj.)

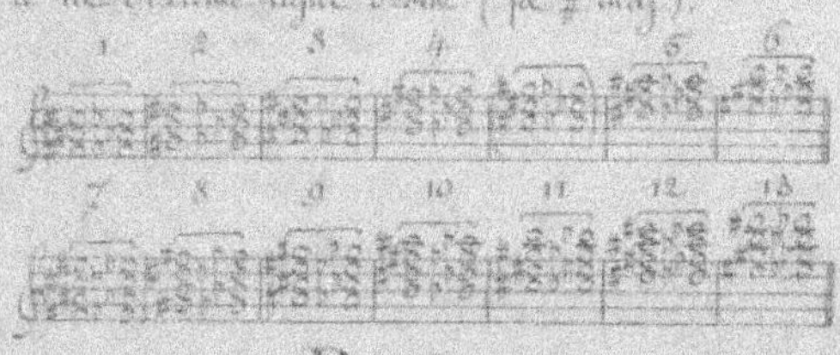

B. Droite

§ 213. Quarte bi augmentée (14ème groupe, § 30.) Triton et accords dissonants des

1ère _ 5ème, 2de _ 6ème, 3ème _ 7ème, 4ème _ 1ère, 5ème _ 2de, 6ème _ 3ème, 7ème _ 4ème notes.

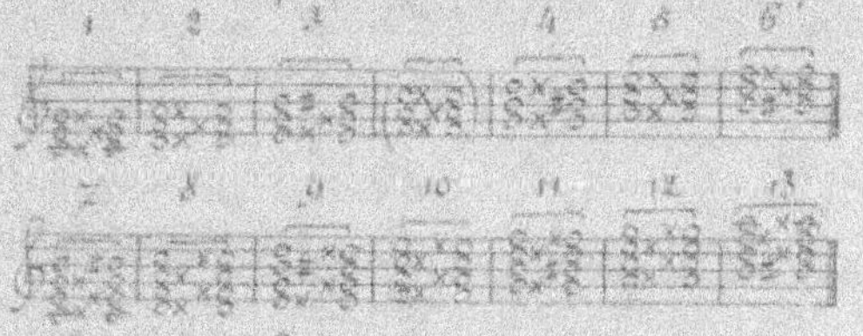

1 2 3 4 5 6

7 8 9 10 11 12 13

Transposition à la dixième ligne gauche (sol b maj.)

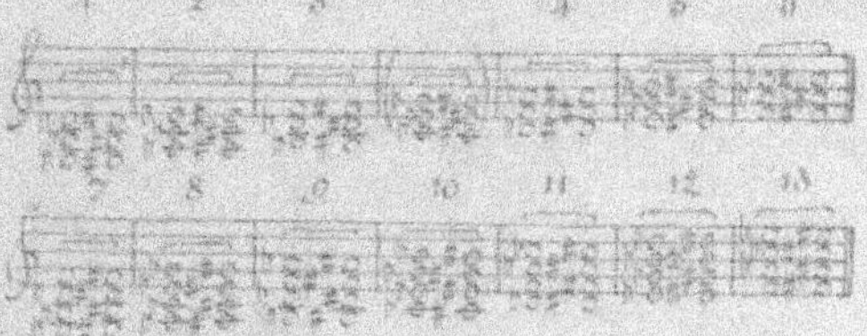

Quatorzième ligne

Cette ligne partage les particularités de la septième.

A. Gauche

§ 214. Prime bi diminuée = à l'octave bi diminuée (27ème groupe, § 43.) Voir au § 109 Triton et accords dissonants des 1ère _ 1ère, 2de _ 2de notes, etc.

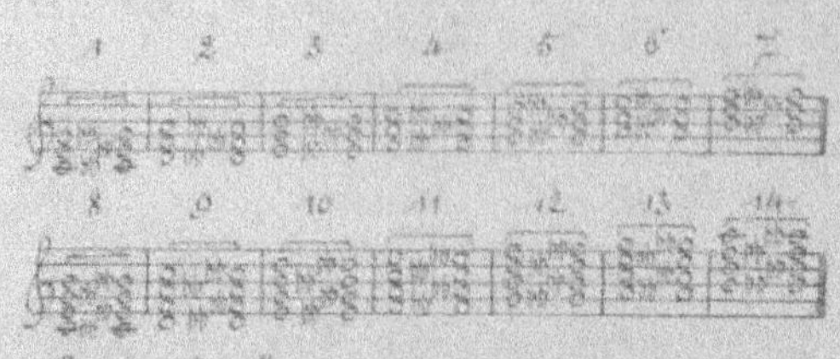

Transposition à la septième ligne droite (do ♯ maj.)

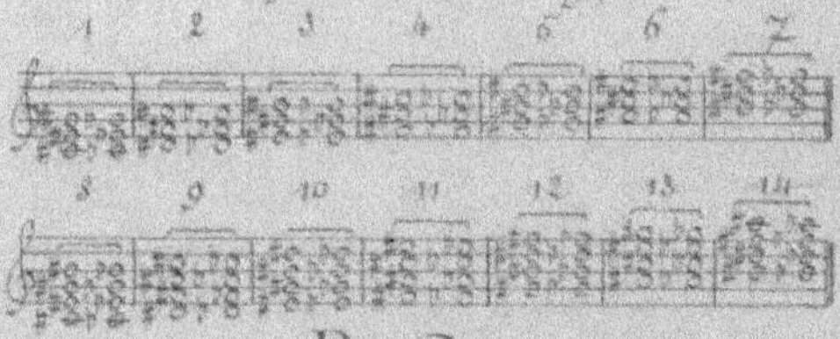

B. Droite

§ 215. *Prime bi-augmentée* (2me groupe, § 18.) Voy. au § 199 Tritons et accords dissonants des 1re – 1re, 2de – 2de notes, etc.

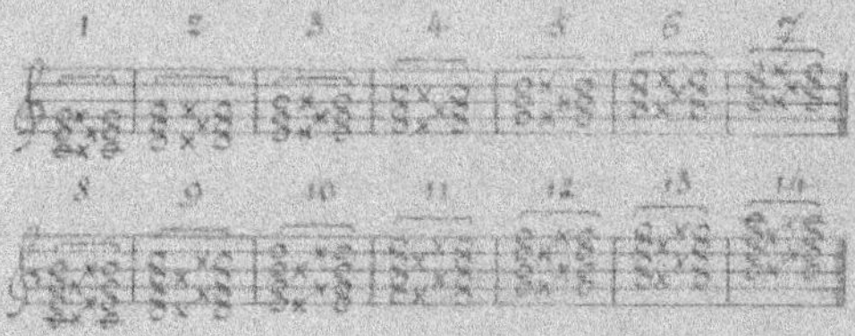

Transposition à la septième ligne gauche (do ♭ maj.)

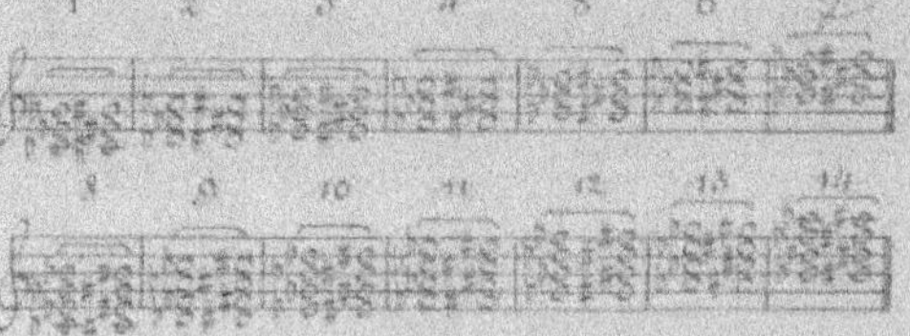

Deuxième Catégorie De mineur à mineur.

(Système harmonique. – Division des tons mineurs.)

Première ligne.

A. Gauche.

§ 216. *Quinte juste inférieure = à la quarte juste* (12me groupe, § 56).

Par note commune.

tri. des 1re – 5me, 2de – 6me, 3me – 7me ... 5me – 1re, 6me – 3me, 7me – 4me notes,

acc. diss. des 1re – 5me, 2de – 6me, 3me – 7me, 4me – 1re, 5me – 2de, 6me – 3me, 7me – 4me notes.

1 2 3 4 5 6 7 8 9 10 11 12 13 (1)

(1) Formes altérées du sixième accord déterminant à note commune (tri de la 7me – 6me note)

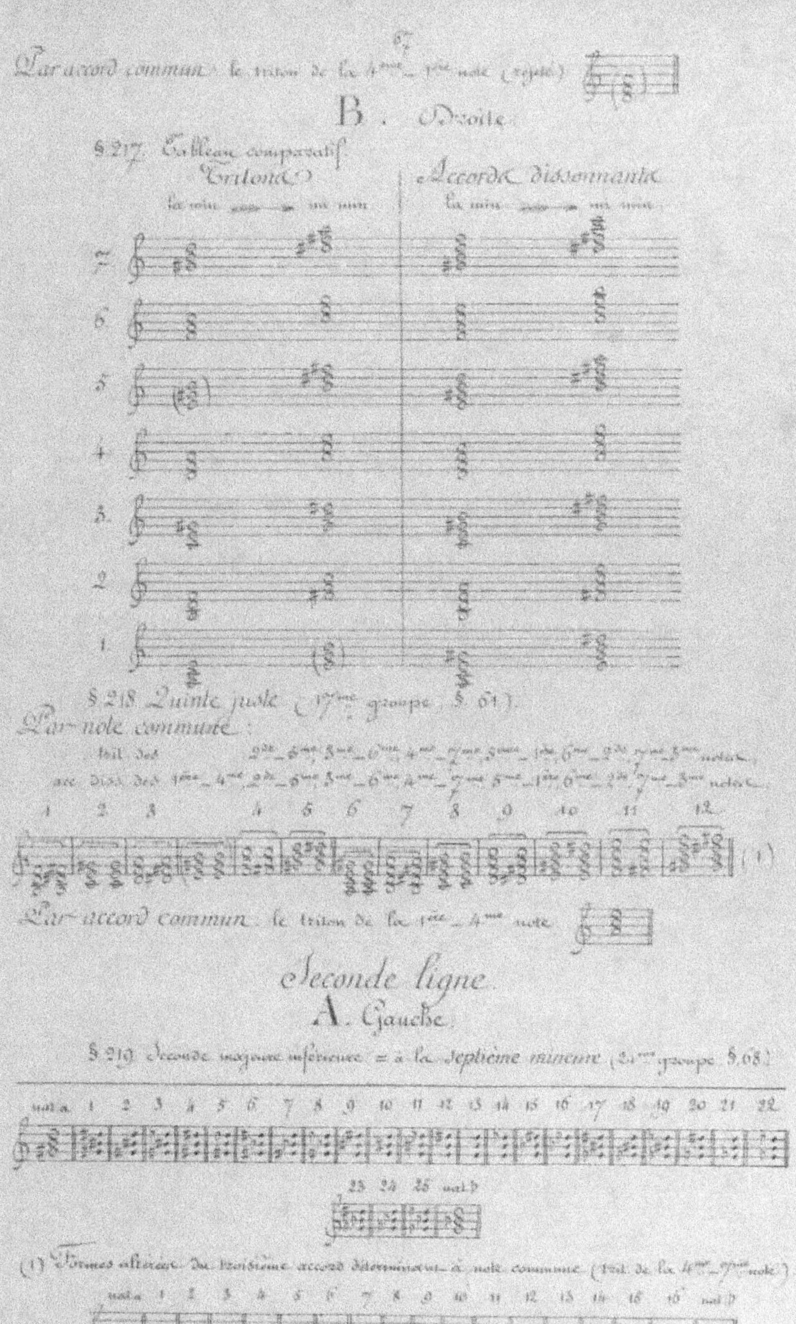

67
Par accord commun le triton de la 4me – 1re note (répété)
B. Droite
§ 217 Tableau comparatif
Tritons
Accords dissonants
la min → mi min
la min → mi min
7
6
5
4
3
2
1
§ 218 Quinte juste (17me groupe, § 61)
Par note commune
1 2 3 4 5 6 7 8 9 10 11 12
(1)
Par accord commun le triton de la 1re – 4me note
Seconde ligne
A. Gauche
§ 219 Seconde majeure inférieure = à la septième mineure (21me groupe, § 68)
nat. 1 2 3 4 5 6 7 8 9 10 11 12 13 14 15 16 17 18 19 20 21 22
23 24 25 nat.
(1) Formes altérées du troisième accord diminué à note commune
nat. 1 2 3 4 5 6 7 8 9 10 11 12 13 14 15 16 nat.

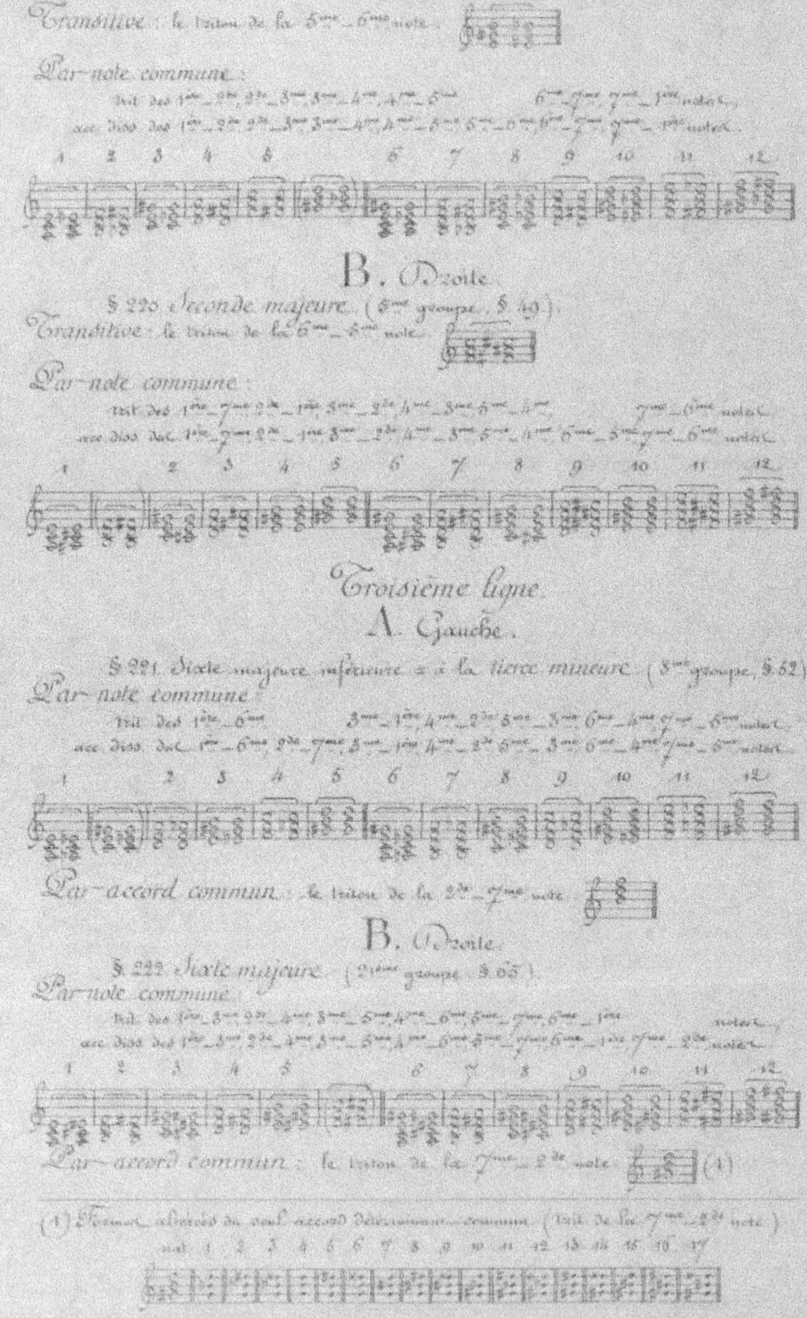
68
Par-note commune :
B. Droite.
Par-note commune :
Troisième ligne.
A. Gauche.
Par-note commune :
Par-accord commun :
B. Droite.
Par-note commune :
Par-accord commun :
(1)

Quatrième ligne

A. Gauche

§ 223 Tierce majeure inférieure = à la sixte mineure (20me groupe, § 64)

a) Transitive : le triton de la 7me _ 3me note

b) Par note commune :

nat. des 1ère _ 3me, 2de _ 4me, 3me _ 5me, 4me _ 6me, 5me _ 7me, 6me _ 1ère notes,

avec diss. des 1ère _ 3me, 2de _ 4me, 3me _ 5me, 4me _ 6me, 5me _ 7me, 6me _ 1ère, 7me _ 2de notes.

1 2 3 4 5 6 7 8 9 10 11 12

B. Droite

§ 224 Tierce majeure (9me groupe § 53).

Transitive le triton de la 2de _ 7me note

Par note commune :

nat. des 1ère _ 6me, 3me _ 1ère, 4me _ 2de, 5me _ 3me, 6me _ 4me, 7me _ 5me notes,

avec diss. des 1ère _ 6me, 2de _ 7me, 3me _ 1ère, 4me _ 2de, 5me _ 3me, 6me _ 4me, 7me _ 5me notes.

1 2 3 4 5 6 7 8 9 10 11 12

Cinquième ligne.

A. Gauche

§ 225 Septième majeure inférieure = à la seconde mineure (4me groupe, § 48)

a) Transitive :

les tritons des 3me _ 4me, 7me _ 6me notes.

l'accord diss. de la 5me _ 4me note.

1 2 3

b) Par note commune :

nat. des 1ère _ 7me, 2de _ 1ère, 3me _ 2de, 4me _ 3me notes,

avec diss. des 1ère _ 7me, 2de _ 1ère, 3me _ 2de, 4me _ 3me, 6me _ 5me, 7me _ 6me notes.

1 2 3 4 5 6 7 8 9

c) Par accord commun : le triton de la 6me _ 5me note

B. Droite.

§ 226 Septième majeure (26me groupe § 69).

a) Transitive :

les tritons des 4me _ 5me, 6me _ 7me notes,

l'accord diss. de la 4me _ 5me note.

1 2 3

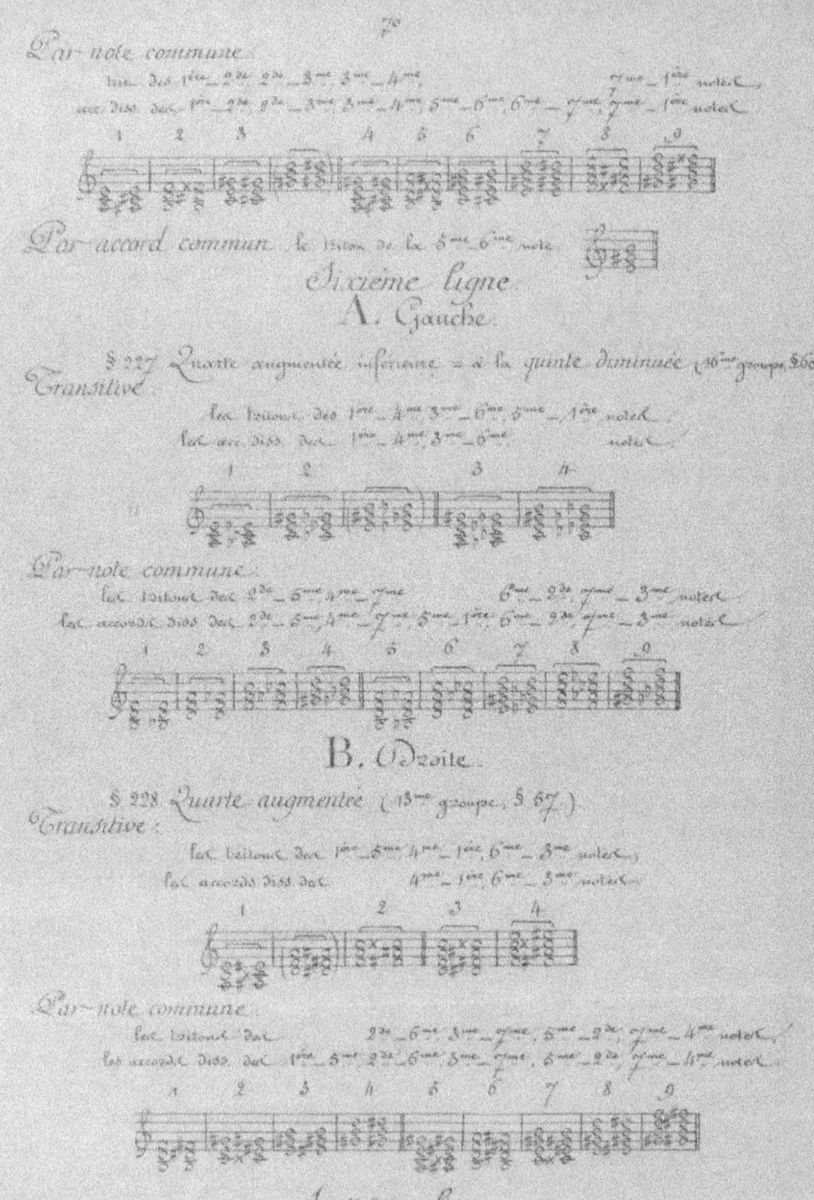

Par note commune.

les tritons des 1ère–2de, 2de–3me, 3me–4me, 7me–1ère notes,

acc. diss. des 1ère–2de, 2de–3me, 3me–4me, 5me–6me, 6me–7me, 7me–1ère notes.

Par accord commun le triton de la 5me–6me note.

Sixième ligne.

A. Gauche.

§ 227. Quarte augmentée inférieure = à la quinte diminuée (36me groupe, § 60).

Transitive:

les tritons des 1ère–4me, 3me–6me, 5me–1ère notes,

les acc. diss. des 1ère–4me, 3me–6me notes.

Par note commune.

les tritons des 2de–5me, 4me–7me, 6me–2de, 7me–3me notes,

les accords diss. des 2de–5me, 4me–7me, 5me–1ère, 6me–2de, 7me–3me notes.

B. Droite.

§ 228. Quarte augmentée (13me groupe, § 67.)

Transitive:

les tritons des 1ère–5me, 4me–1ère, 6me–3me notes,

les accords diss. des 4me–1ère, 6me–3me notes.

Par note commune.

les tritons des 2de–6me, 3me–7me, 5me–2de, 7me–4me notes,

les accords diss. des 1ère–5me, 2de–6me, 3me–7me, 5me–2de, 7me–4me notes.

Septième ligne.

A. Gauche.

§ 229. Prime diminuée = à l'octave diminuée (28me groupe, § 72.) Voir au § 199. Tritons et accords dissonants des 1ère–1ère, 2de–2de notes, etc.

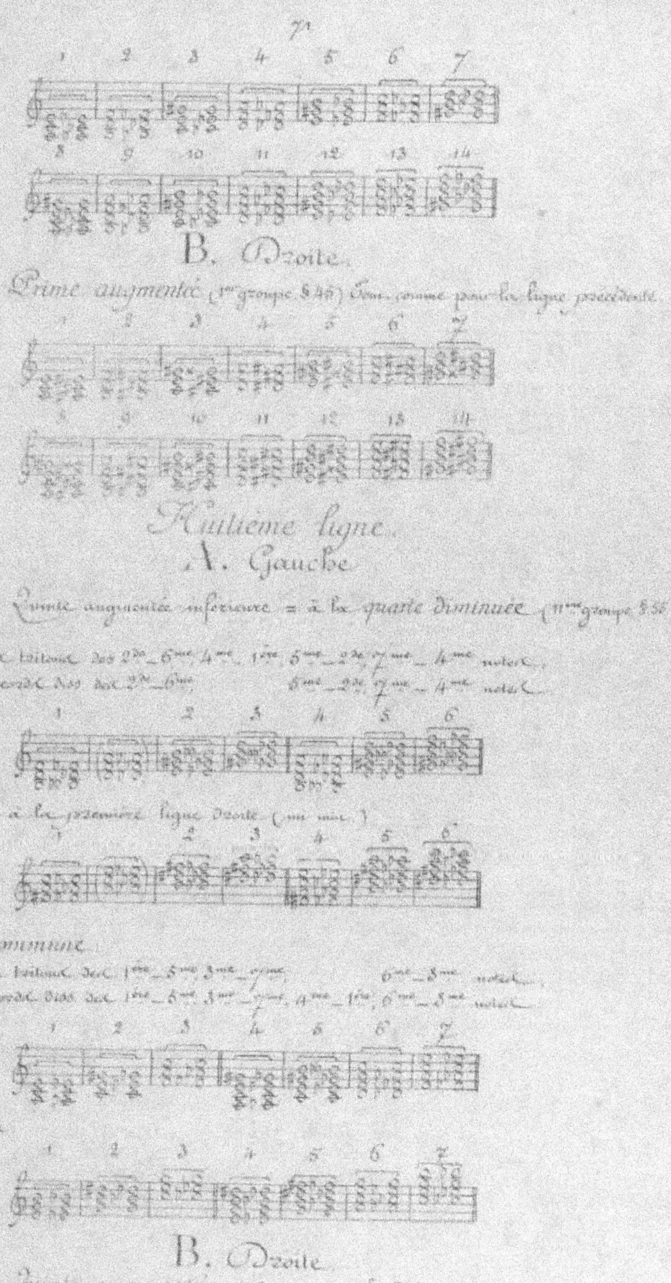
B. Droite.
§ 250 Prime augmentée (1er groupe § 46) Son comme pour la ligne précédente.
Huitième ligne.
A. Gauche
§ 251 Quinte augmentée inférieure = à la quarte diminuée (11me groupe § 55)
Transitive
les tritons des 2de _ 6me, 4me _ 1re, 5me _ 2de, 7me _ 4me notes,
les accords des des 2de _ 6me, 5me _ 2de, 7me _ 4me notes
Transposition à la première ligne droite (mi min.)
Par note commune
les tritons des 1re _ 5me, 3me _ 7me, 6me _ 3me notes,
les accords des des 1re _ 5me, 3me _ 7me, 4me _ 1re, 6me _ 3me notes
Transposition
B. Droite.
§ 252 Quinte augmentée (18me groupe § 62)
Transitive

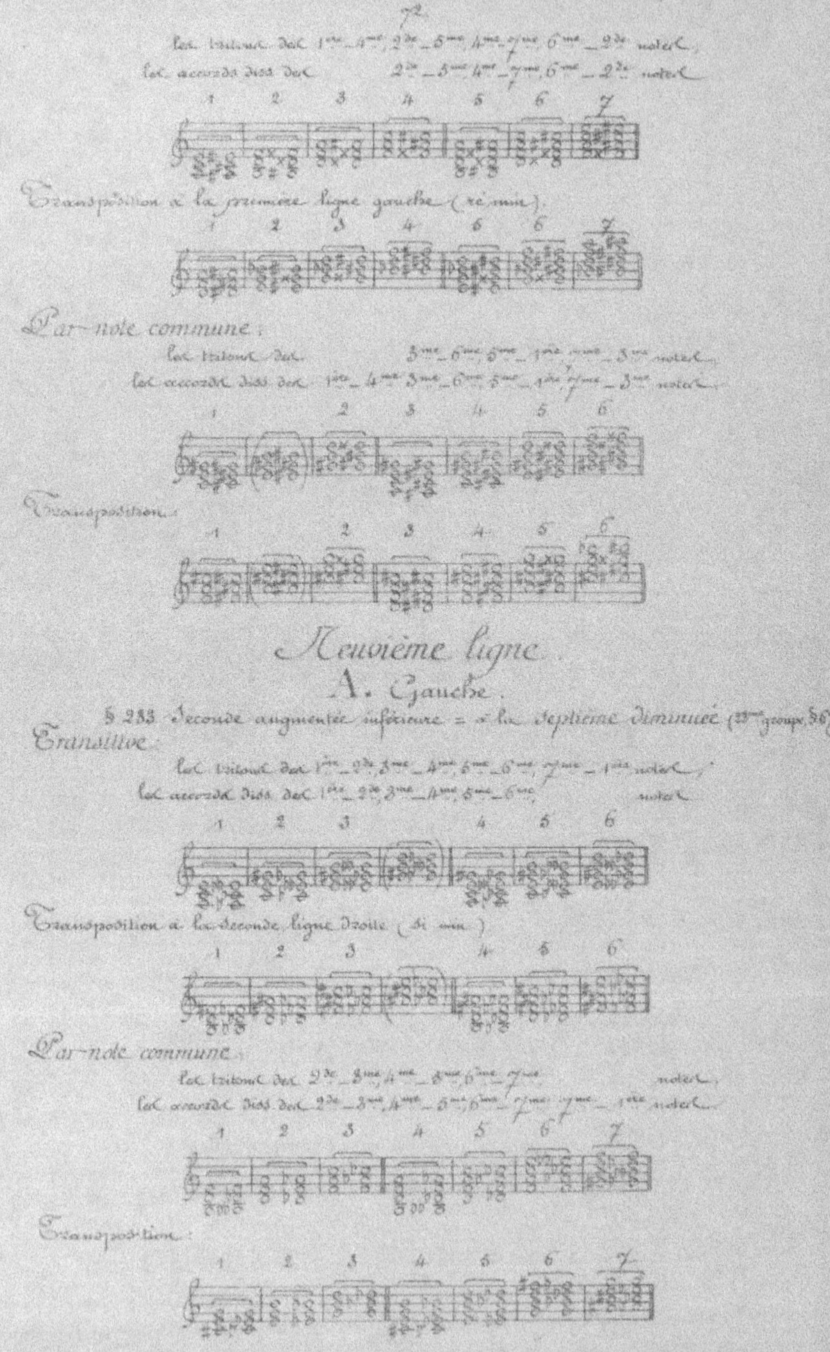
72
Transposition à la première ligne gauche (ré min).
Par note commune :
Transposition :
Neuvième ligne .
A. Gauche .
§ 283 Seconde augmentée inférieure = à la septième diminuée
Transitive :
Transposition à la seconde ligne droite (si min)
Par note commune :
Transposition :

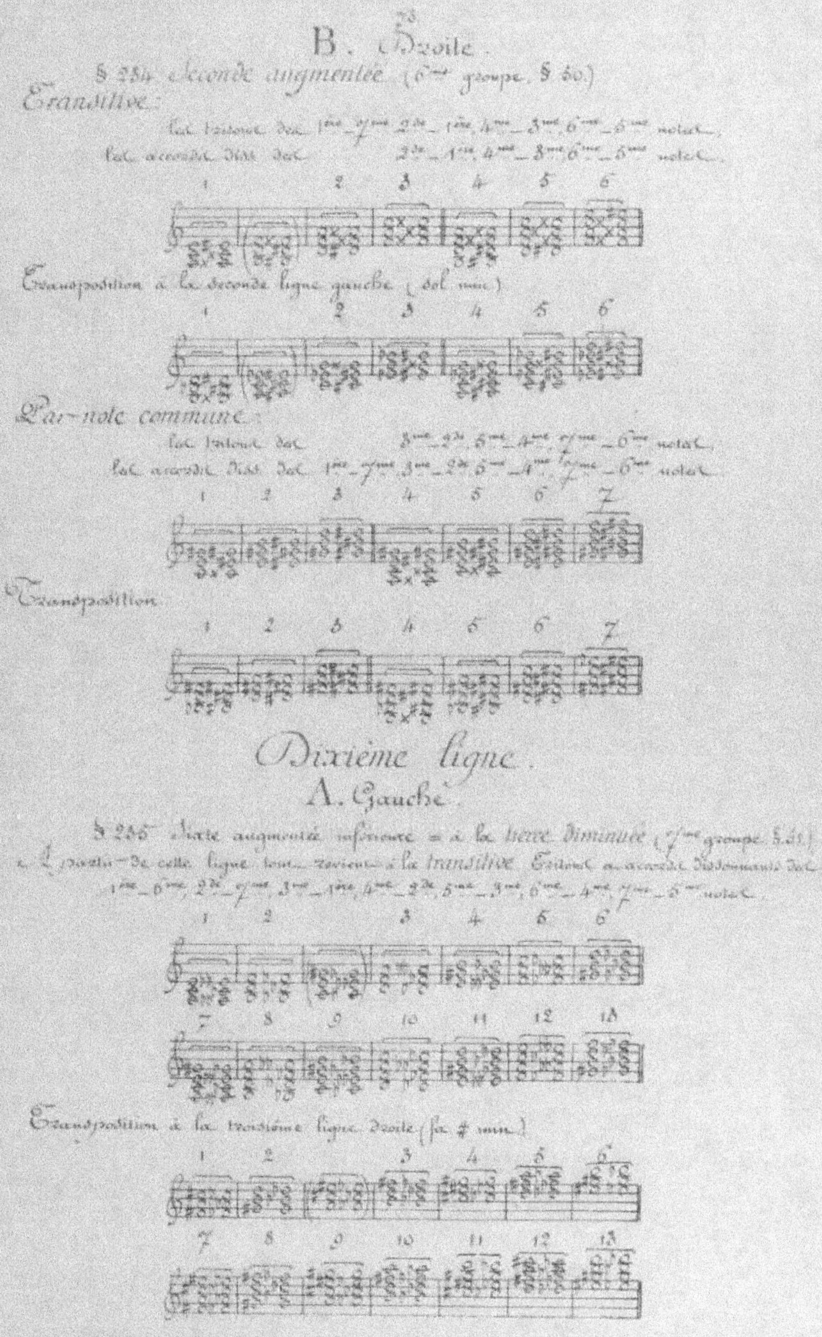
78
B. Droite.
§ 254 seconde augmentée (6me groupe, § 50.)
Transitive:
1 2 3 4 5 6
Transposition à la seconde ligne gauche (sol min.)
1 2 3 4 5 6
Par-note commune:
1 2 3 4 5 6 7
Transposition
1 2 3 4 5 6 7
Dixième ligne.
A. Gauche.
§ 255 sixte augmentée inférieure = à la tierce diminuée (7me groupe, § 51.)
1 2 3 4 5 6
7 8 9 10 11 12 13
Transposition à la troisième ligne droite (fa ♯ min.)
1 2 3 4 5 6
7 8 9 10 11 12 13

B. Droite.

§ 236. *Sixte augmentée* (22me groupe, § 66). Tritons et accords dissonants des 1re–3me, 2de–4me, 3me–5me, 4me–6me, 5me–7me, 6me–1re, 7me–2de notes.

1 2 3 4 5 6

7 8 9 10 11 12 13

Transposition à la troisième ligne gauche. (Ré mineur).

1 2 3 4 5 6

7 8 9 10 11 12 13

Onzième ligne.

A. Gauche.

§ 237. *Tierce augmentée* inférieure à la *sixte diminuée* (19me groupe, § 63). Tritons et accords dissonants des 1re–3me, 2de–4me, 3me–5me, 4me–6me, 5me–7me, 6me–1re, 7me–2de notes.

1 2 3 4 5 6

7 8 9 10 11 12 13

Transposition à la quatrième ligne droite. (Do ♯ min.)

1 2 3 4 5 6

7 8 9 10 11 12 13

B. Droite.

§ 238. *Tierce augmentée* (10me groupe, § 54). Tritons et accords dissonants des

1ère – 6ème, 2de – 7ème, 3ème – 1ère, 4ème – 2de, 5ème – 3ème, 6ème – 4ème, 7ème – 5ème notes

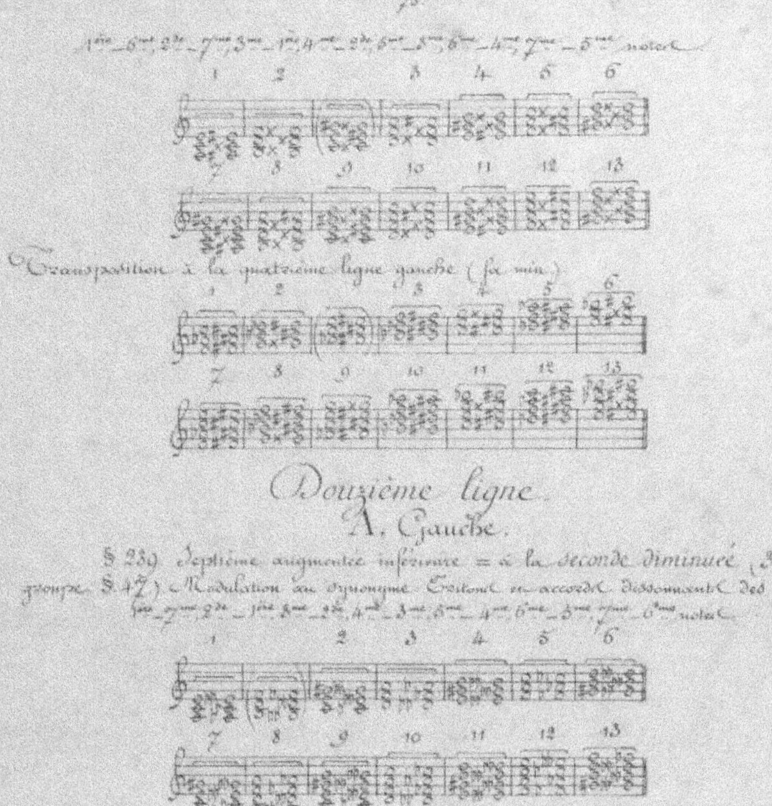

Transposition à la quatrième ligne gauche (fa min.)

Douzième ligne

A. Gauche

§ 239 Septième augmentée inférieure = à la seconde diminuée (3ème groupe § 47) Modulation au synonyme Triton et accords dissonants des

1ère – 7ème, 2de – 1ère, 3ème – 2de, 4ème – 3ème, 5ème – 4ème, 6ème – 5ème, 7ème – 6ème notes

Transposition à la cinquième ligne droite (sol # min.)

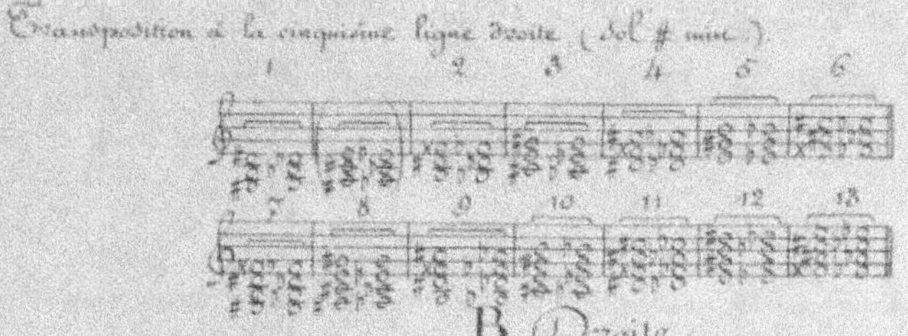

B. Droite

§ 240 Septième augmentée (26ème groupe § 70) Modulation au synonyme Triton et accords dissonants des

1ère – 2de, 2de – 3ème, 3ème – 4ème, 4ème – 5ème, 5ème – 6ème, 6ème – 7ème, 7ème – 1ère notes

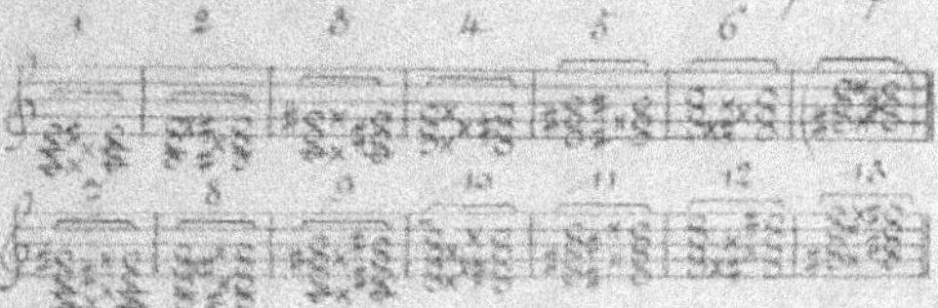

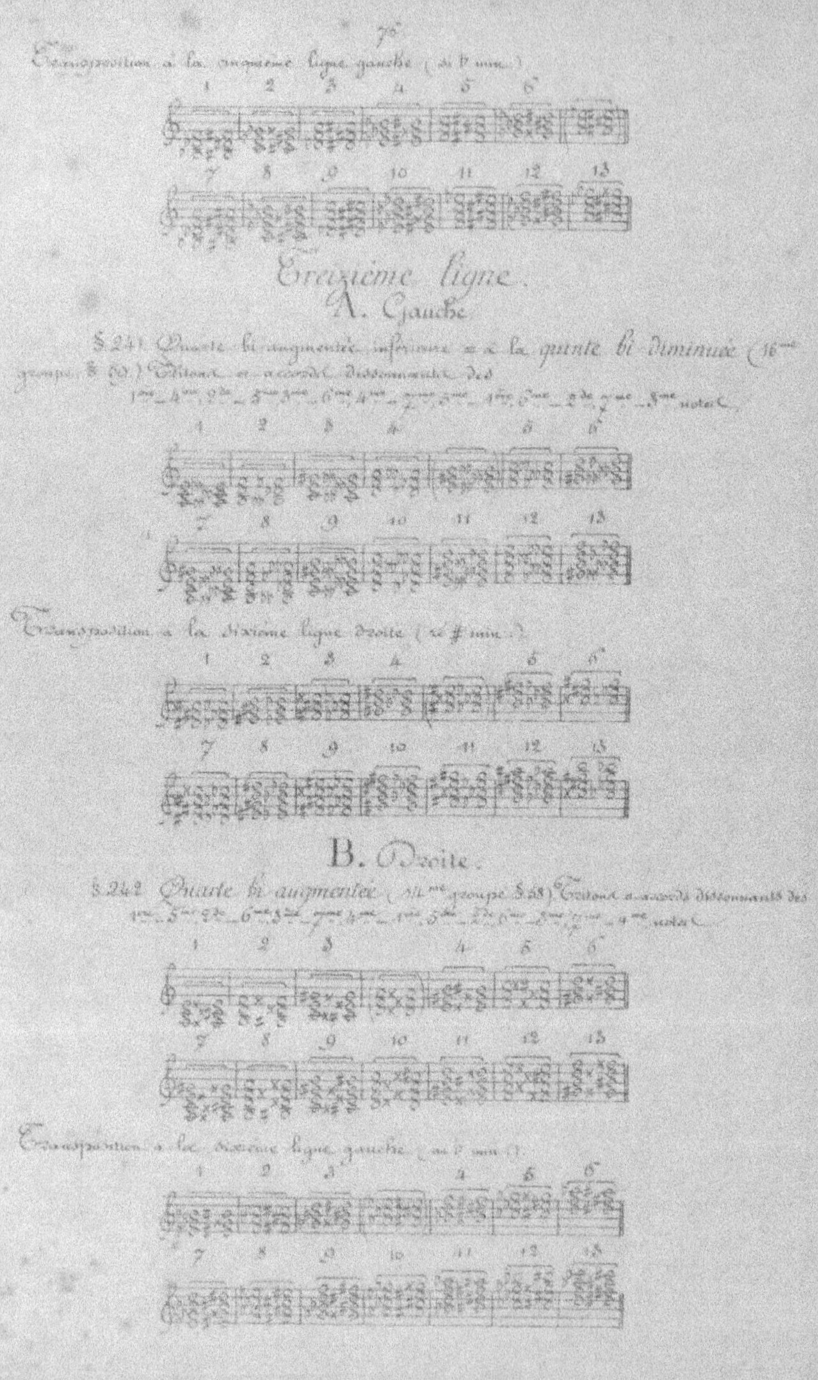
76
Transposition à la cinquième ligne gauche (si ♭ min.)
Treizième ligne.
A. Gauche
§ 241 Quarte bi-augmentée inférieure = à la quinte bi-diminuée (16me groupe, § 62.) Tritons et accords dissonants des
Transposition à la dixième ligne droite (ré # min.)
B. Droite.
§ 242 Quarte bi-augmentée (11me groupe § 58) Tritons et accords dissonants des
Transposition à la dixième ligne gauche (mi ♭ min.)

Quatorzième ligne.

A. Gauche.

§ 243 Prime bi diminuée = à l'octave bi diminuée (27me groupe, § 71)
Voir au § 199 Tritons et accords dissonnants des 1res - 1res, 2des - 2des notes, etc.

1 2 3 4 5 6 7

8 9 10 11 12 13 14

Transposition à la septième ligne droite (la # min.)

1 2 3 4 5 6 7

8 9 10 11 12 13 14

B. Droite.

§ 244 Prime bi augmentée (2me groupe, § 40). Voir au § 199 Tritons et accords dissonnants des 1res - 1res, 2des - 2des notes, etc.

1 2 3 4 5 6 7

8 9 10 11 12 13 14

Transposition à la septième ligne gauche (la b min.)

1 2 3 4 5 6 7

8 9 10 11 12 13 14

Troisième Catégorie (De majeur à mineur)

(Système harmonique - Division des tons mineurs avec le do majeur à la base).

Du tableau des lignes (§ 176).

§ 245 Tableau comparatif.

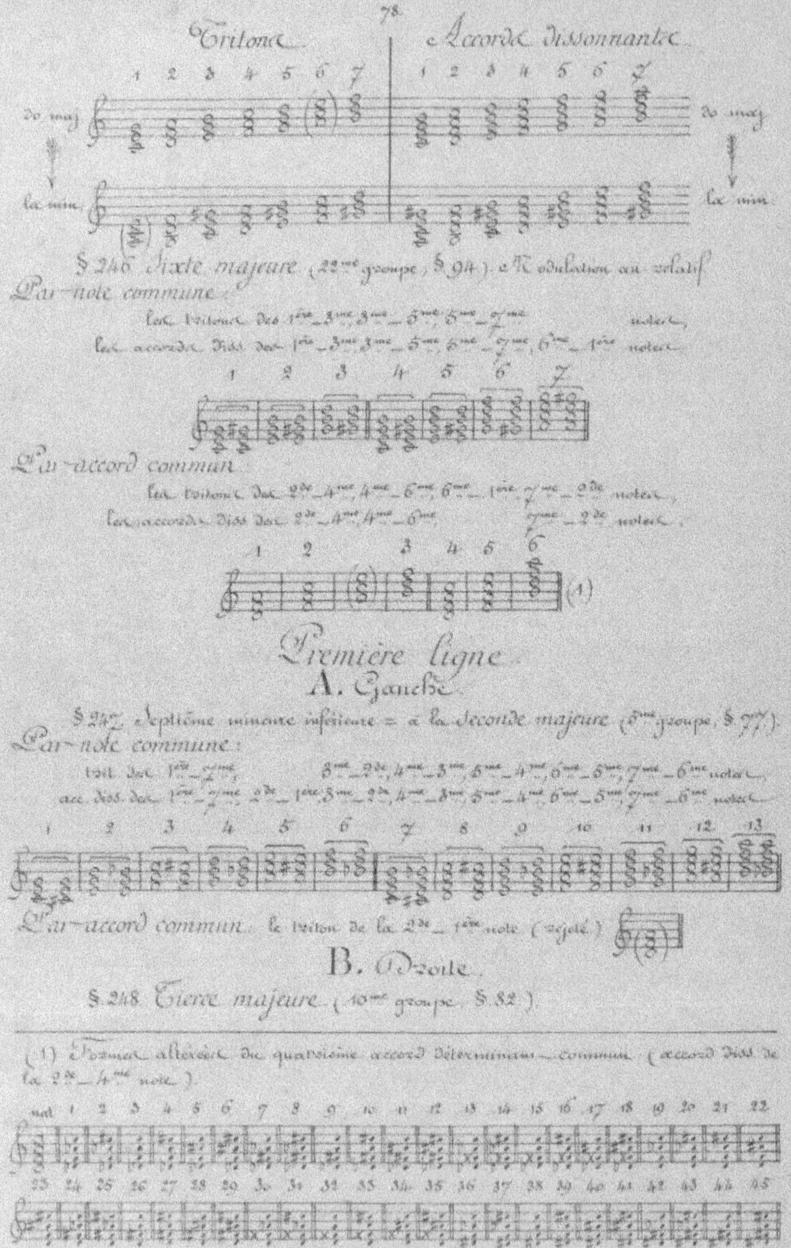

Tritons — Accords dissonants

1 2 3 4 5 6 7 | 1 2 3 4 5 6 7

do maj → la min

§ 246 Sixte majeure (22me groupe, § 94). Modulation au relatif

Par note commune :

les tritons des 1ère_3me, 3me_5me, 5me_7me notes,

les accords diss des 1ère_3me, 3me_5me, 5me_7me, 6me_1ère notes.

1 2 3 4 5 6 7

Par accord commun :

les tritons des 2de_4me, 4me_6me, 6me_1ère, 7me_2de notes,

les accords diss des 2de_4me, 4me_6me, 7me_2de notes.

1 2 3 4 5 6 (1)

Première ligne

A. Gauche

§ 247. Septième mineure inférieure = à la seconde majeure (5me groupe, § 77).

Par note commune :

trit. des 1ère_7me, 3me_2de, 4me_3me, 5me_4me, 6me_5me, 7me_6me notes,

acc. diss. des 1ère_7me, 2de_1ère, 3me_2de, 4me_3me, 5me_4me, 6me_5me, 7me_6me notes.

1 2 3 4 5 6 7 8 9 10 11 12 13

Par accord commun : le triton de la 2de_1ère note (rejeté)

B. Droite

§ 248 Tierce majeure (10me groupe, § 82).

---

(1) Formes altérées du quatrième accord déterminant commun (accord diss de la 2de_4me note).

nat 1 2 3 4 5 6 7 8 9 10 11 12 13 14 15 16 17 18 19 20 21 22

23 24 25 26 27 28 29 30 31 32 33 34 35 36 37 38 39 40 41 42 43 44 45

46 47 48 49 50 51 52 53

Par note commune :

les tritons des 2de – 7me, 4me – 2de, 6me – 3me, 7me – 5me notes,

les accords diss. des 2de – 7me, 3me – 1re, 4me – 2de, 5me – 3me, 7me – 5me notes.

1 2 3 4 5 6 7 8 9

Par accord commun :

les tritons des 1re – 6me, 3me – 1re, 6me – 4me notes,

les accords diss. des 1re – 6me, 6me – 4me notes.

1 2 3 4

Seconde ligne.

A. Gauche.

§ 249. Quarte juste inférieure = à la quinte juste (17me groupe, § 89).

Tous les accords appartiennent à la modulation par note commune. Tritons et accords dissonants des

1re – 4me, 2de – 5me, 3me – 6me, 4me – 7me, 5me – 1re, 6me – 2de, 7me – 3me notes.

1 2 3 4 5 6 7 8 9 10 11 12 13

B. Droite.

§ 250. Septième majeure (27me groupe, § 99).

Transitive : le triton de la 4me – 5me note.

Par note commune :

trit. des 1re – 2de, 2de – 3me, 6me – 7me, 7me – 1re notes,

acc. diss. des 1re – 2de, 2de – 3me, 4me – 5me, 5me – 6me, 6me – 7me, 7me – 1re notes.

1 2 3 4 5 6 7 8 9

Par accord commun :

les tritons des 3me – 4me, 5me – 6me notes,

l'accord diss. de la 3me – 4me note.

1 2 3

Troisième ligne

A. Gauche.

§ 251. Prime juste (1er groupe, § 78) = Modulation à l'homonyme.

Par note commune :

trit. des 1re – 1re, 2de – 2de, 3me – 3me, 4me – 4me, 6me – 6me, notes,

accords diss. des 1re – 1re, 2de – 2de, 3me – 3me, 4me – 4me, 6me – 6me, 7me – 7me notes.

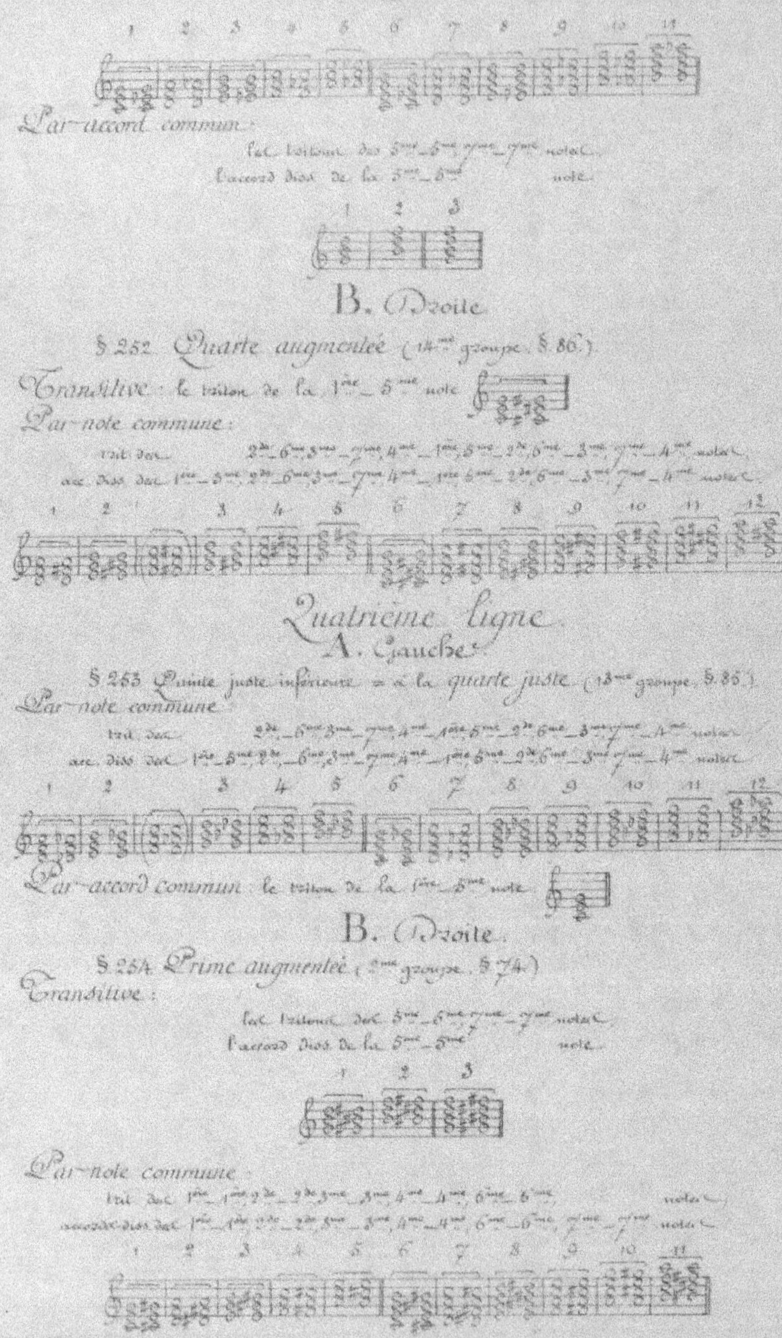

Par accord commun:
l'accord diss. de la 5me–5me note
B. Droite
§ 252 Quarte augmentée (14me groupe § 86.)
Transitive: le triton de la 1re–5me note
Par note commune:
Quatrième ligne
A. Gauche
§ 253 Quinte juste inférieure = à la quarte juste (13me groupe § 85.)
Par note commune
Par accord commun: le triton de la 1re–5me note
B. Droite
§ 254 Prime augmentée (2me groupe § 74.)
Transitive:
l'accord diss. de la 5me–5me note
Par note commune

Cinquième ligne.

A. Gauche.

§ 256. Seconde majeure inférieure = à la septième mineure (25me groupe, § 98).

Transitive:

les tritons des 3me–4me, 5me–6me notes,
l'accord diss. de la 3me–4me note.

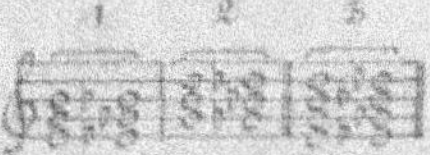

Par note commune:

lui des 1re–2de, 2de–3me, 6me–7me, 7me–1re notes,
au diss. des 1re–2de, 2de–3me, 4me–5me, 5me–6me, 6me–7me, 7me–1re notes.

Par accord commun: le triton de la 4me–5me note

B. Droite.

§ 266. Quinte augmentée (8me groupe, § 90).

Transitive:

les tritons des 2de–3me, 4me–7me notes,
l'accord diss. de la 2de–3me note.

Par note commune:

lui des 1re–4me, 3me–6me, 5me–1re, 6me–2de, 7me–3me notes,
au diss. des 1re–4me, 3me–6me, 4me–7me, 5me–1re, 6me–2de, 7me–3me notes.

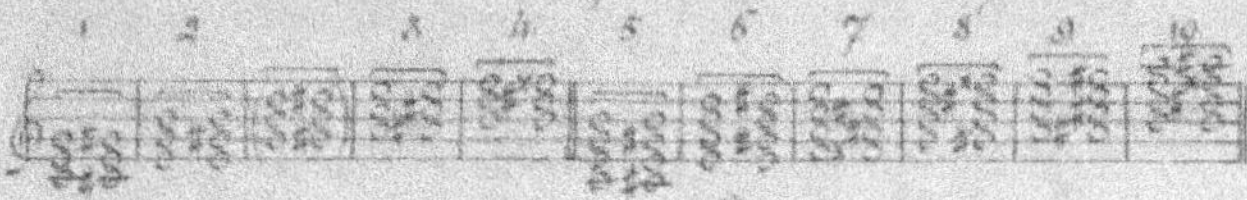

Sixième ligne.

A. Gauche.

§ 257. Sixte majeure inférieure = à la tierce mineure (9me groupe, § 81).

Transitive:

les tritons des 1re–6me, 3me–1re, 6me–4me notes,
les accords diss. des 1re–6me, 6me–4me notes.

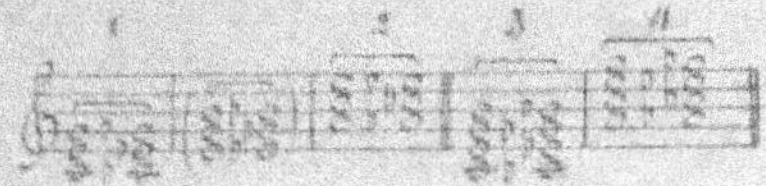

Par note commune:

lui des 2de–7me, 3me–2de, 5me–3me, 7me–5me notes,
au diss. des 2de–7me, 3me–1re, 3me–2de, 5me–3me, 7me–5me notes.

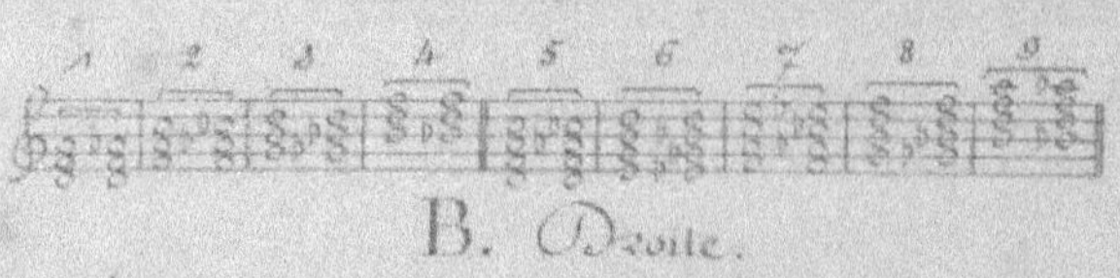

B. Droite.

§. 258. Seconde augmentée (6me groupe, §. 78).

Transitive

les tritons des 1re – 7me, 2de – 1re, 4me – 3me, 6me – 5me notes,

les accords diss. des 2de – 1re, 4me – 3me, 6me – 5me notes.

1 2 3 4 5 6

Par note commune

les tritons des 3me – 2de, 5me – 4me, 7me – 6me notes,

les accords diss. des 1re – 7me, 3me – 2de, 5me – 4me, 7me – 6me notes.

1 2 3 4 5 6 7

Septième ligne.

A. Gauche.

§. 259. Tierce majeure inférieure = à la sixte mineure (21me groupe, §. 93).

Transitive

les tritons des 2de – 4me, 4me – 6me, 6me – 1re, 7me – 2de notes,

les accords diss. des 2de – 4me, 4me – 6me, 7me – 2de notes.

1 2 3 4 5 6

Par note commune

les tritons des 1re – 3me, 3me – 5me, 5me – 7me notes,

les accords diss. des 1re – 3me, 3me – 5me, 5me – 7me, 6me – 1re notes.

1 2 3 4 5 6 7

B. Droite.

§. 260. Sixte augmentée (23me groupe, §. 95). Tous les accords sont pour la transitive. Tritons et accords dissonants des

1re – 3me, 2de – 4me, 3me – 5me, 4me – 6me, 5me – 7me, 6me – 1re, 7me – 2de notes,

1 2 3 4 5 6 7 8 9 10 11 12 13

Huitième ligne.

A. Gauche.

§. 261. Septième majeure inférieure = à la seconde mineure (4me groupe, §. 76).

Transitive

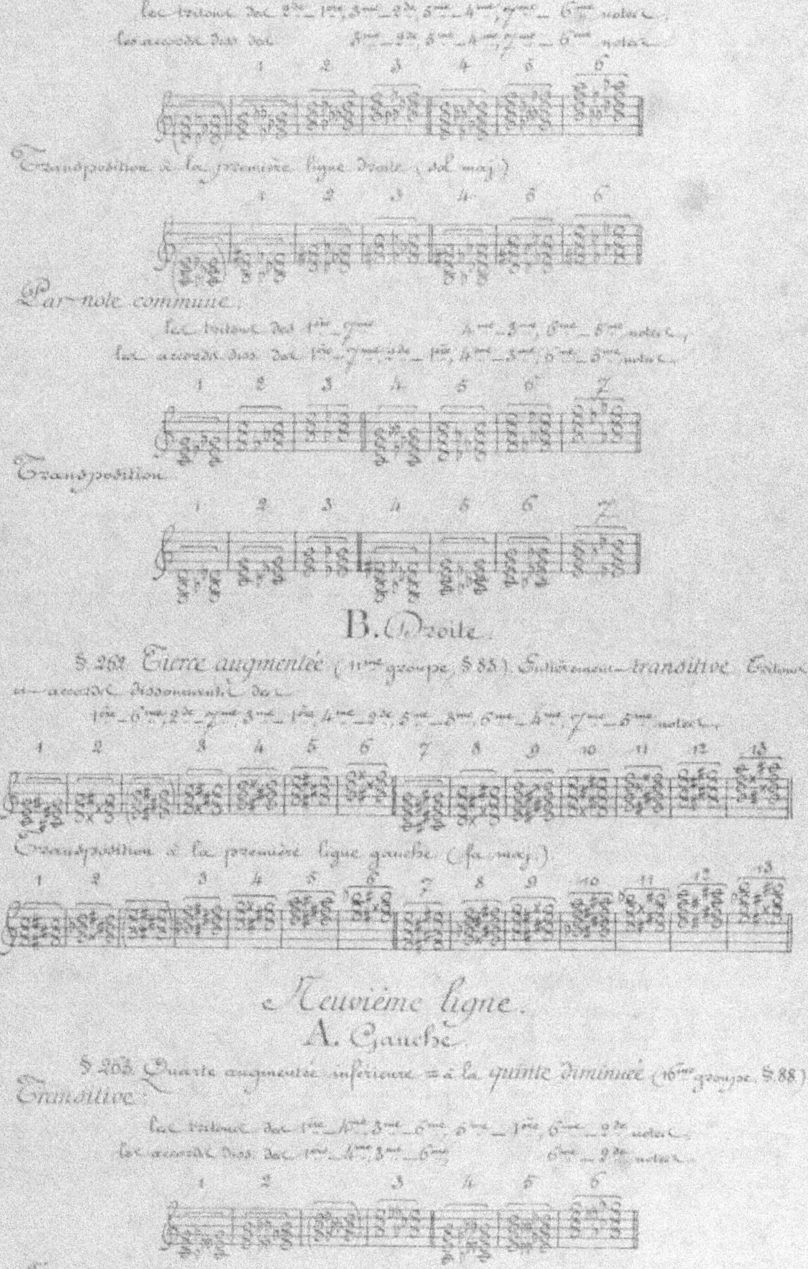
les tritons des 2de_1re, 3me_2de, 5me_4me, 7me_6me notes,
les accords dis des 3me_2de, 5me_4me, 7me_6me notes.
1 2 3 4 5 6
Transposition à la première ligne droite (sol maj.)
1 2 3 4 5 6
Par note commune;
les tritons des 1re_7me 4me_3me, 6me_5me notes,
les accords dis des 1re_7me, 2de_1re, 4me_3me, 6me_5me notes.
1 2 3 4 5 6 7
Transposition
1 2 3 4 5 6 7
B. Droite
§ 262 Tierce augmentée (11me groupe, § 85). Entièrement transitive. Tritons et accords dissonants des
1re_6me, 2de_7me, 3me_1re, 4me_2de, 5me_3me, 6me_4me, 7me_5me notes.
1 2 3 4 5 6 7 8 9 10 11 12 13
Transposition à la première ligne gauche (fa maj.)
1 2 3 4 5 6 7 8 9 10 11 12 13
Neuvième ligne.
A. Gauche.
§ 263. Quarte augmentée inférieure = à la quinte diminuée (16me groupe. § 88)
Transitive.
les tritons des 1re_4me, 3me_6me, 5me_1re, 6me_2de notes,
les accords dis des 1re_4me, 3me_6me, 6me_2de notes.
1 2 3 4 5 6
Transposition à la seconde ligne droite (ré maj.).

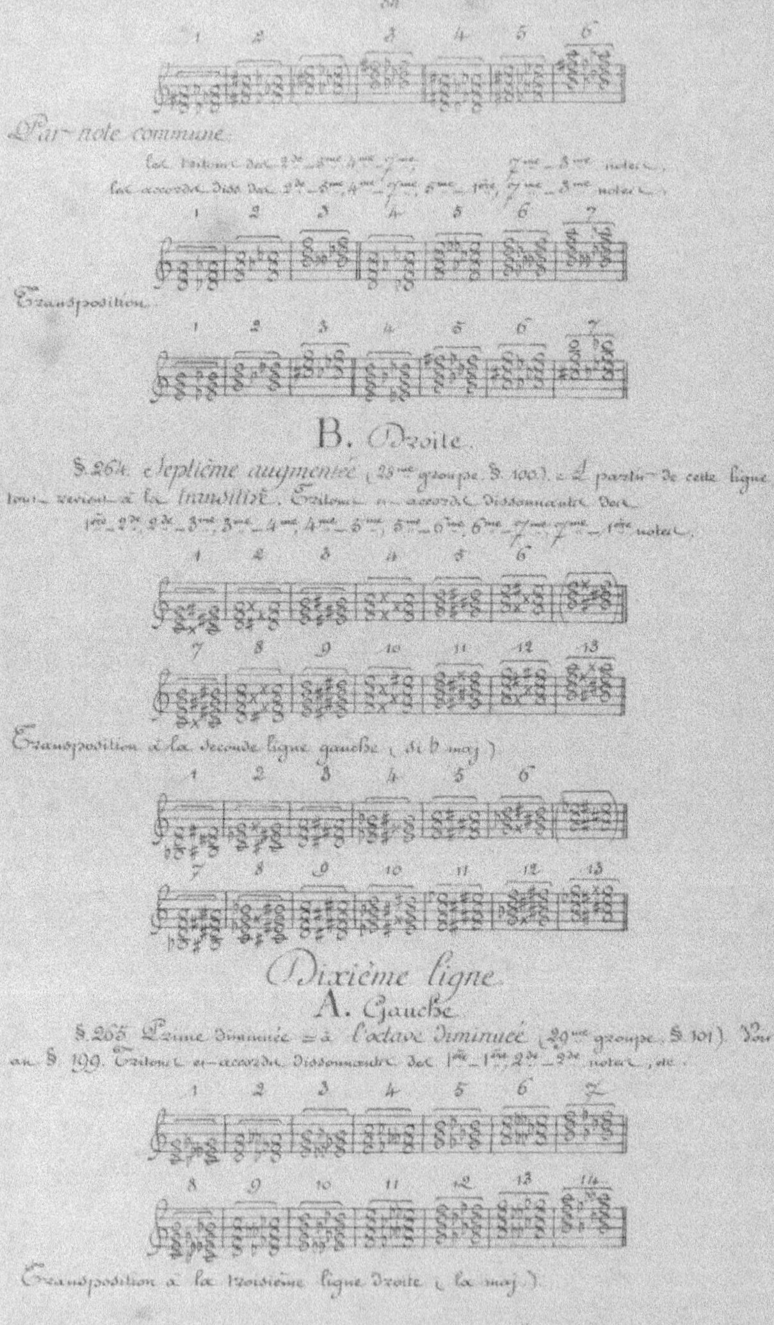

Par note commune.

les tritons des 2de–5me, 4me–7me, 7me–3me notes,

les accords diss. des 2de–5me, 4me–7me, 5me–1re, 7me–3me notes.

Transposition.

B. Droite.

§. 264. *Septième augmentée* (28me groupe, §. 100). A partir de cette ligne, tout revient à la tonalité. Tritons et accords dissonants des 1re–2de, 2de–3me, 3me–4me, 4me–5me, 5me–6me, 6me–7me, 7me–1re notes.

Transposition à la seconde ligne gauche (si ♭ maj.)

Dixième ligne

A. Gauche.

§. 265. Prime diminuée = à *l'octave diminuée* (29me groupe, §. 101). Voir au §. 199. Tritons et accords dissonants des 1re–1re, 2de–2de notes, etc.

Transposition à la troisième ligne droite (la maj.)

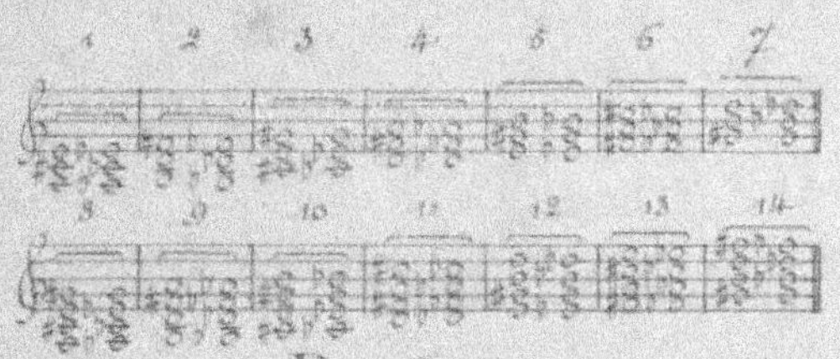

B Droite.

§.266 Quarte bi augmentée (16me groupe, §.87) Triton et accords dissonants des

1ère – 5me, 2de – 6me, 3me – 7me, 4me – 1ère, 5me – 2de, 6me – 3me, 7me – 4me notes

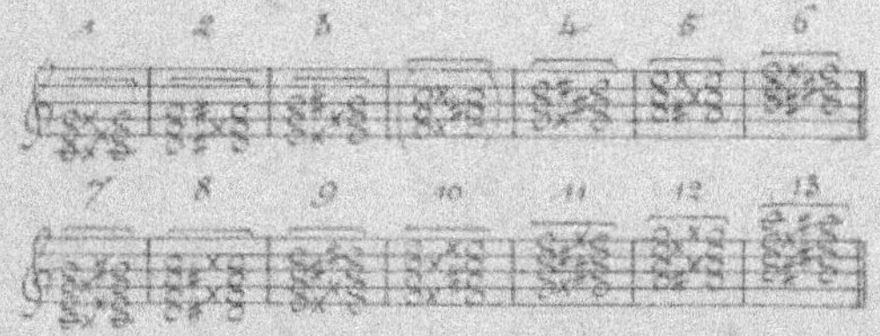

Transposition à la troisième ligne gauche (mi ♭ maj.)

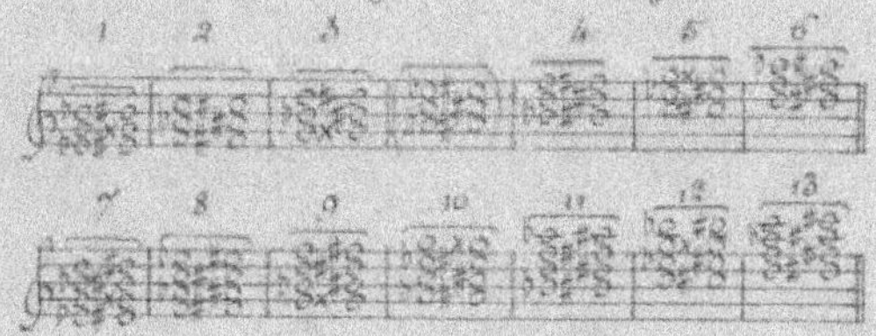

Onzième ligne.

A. Gauche

§.267 Quinte augmentée inférieure = à la quarte diminuée (2me groupe, §34) Triton et accords dissonants des

1ère – 5me, 2de – 6me, 3me – 7me, 4me – 1ère, 5me – 2de, 6me – 3me, 7me – 4me notes.

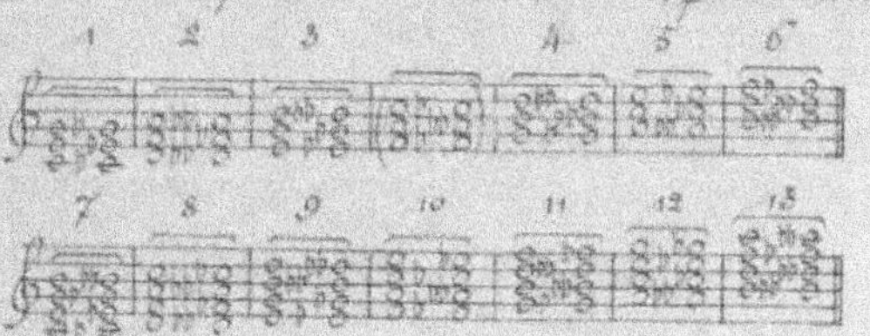

Transposition à la quatrième ligne droite (mi maj.)

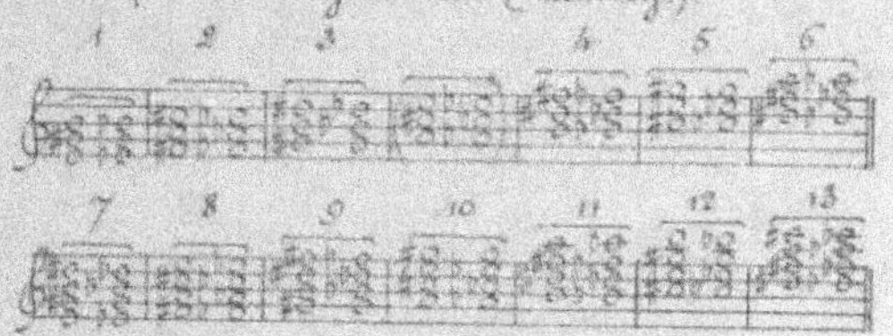

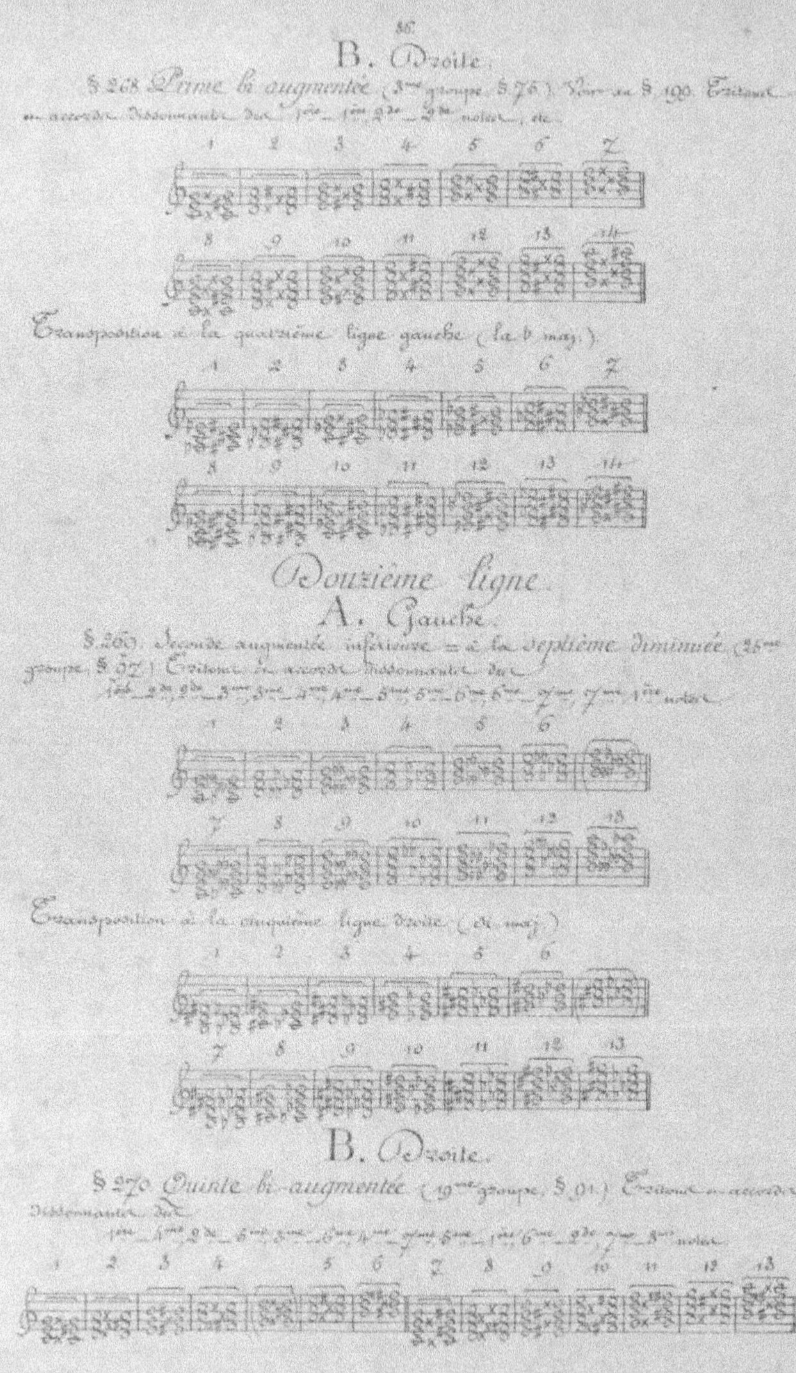
86
B. Droite.
§ 268 Prime bi augmentée (3me groupe, § 76)
1 2 3 4 5 6 7
8 9 10 11 12 13 14
Transposition à la quatrième ligne gauche (la b maj.)
1 2 3 4 5 6 7
8 9 10 11 12 13 14
Douzième ligne.
A. Gauche.
§ 269. Seconde augmentée inférieure = à la septième diminuée (25me groupe, § 67)
1 2 3 4 5 6
7 8 9 10 11 12 13
Transposition à la cinquième ligne droite (ré maj.)
1 2 3 4 5 6
7 8 9 10 11 12 13
B. Droite.
§ 270 Quinte bi-augmentée (19me groupe, § 91.)
1 2 3 4 5 6 7 8 9 10 11 12 13

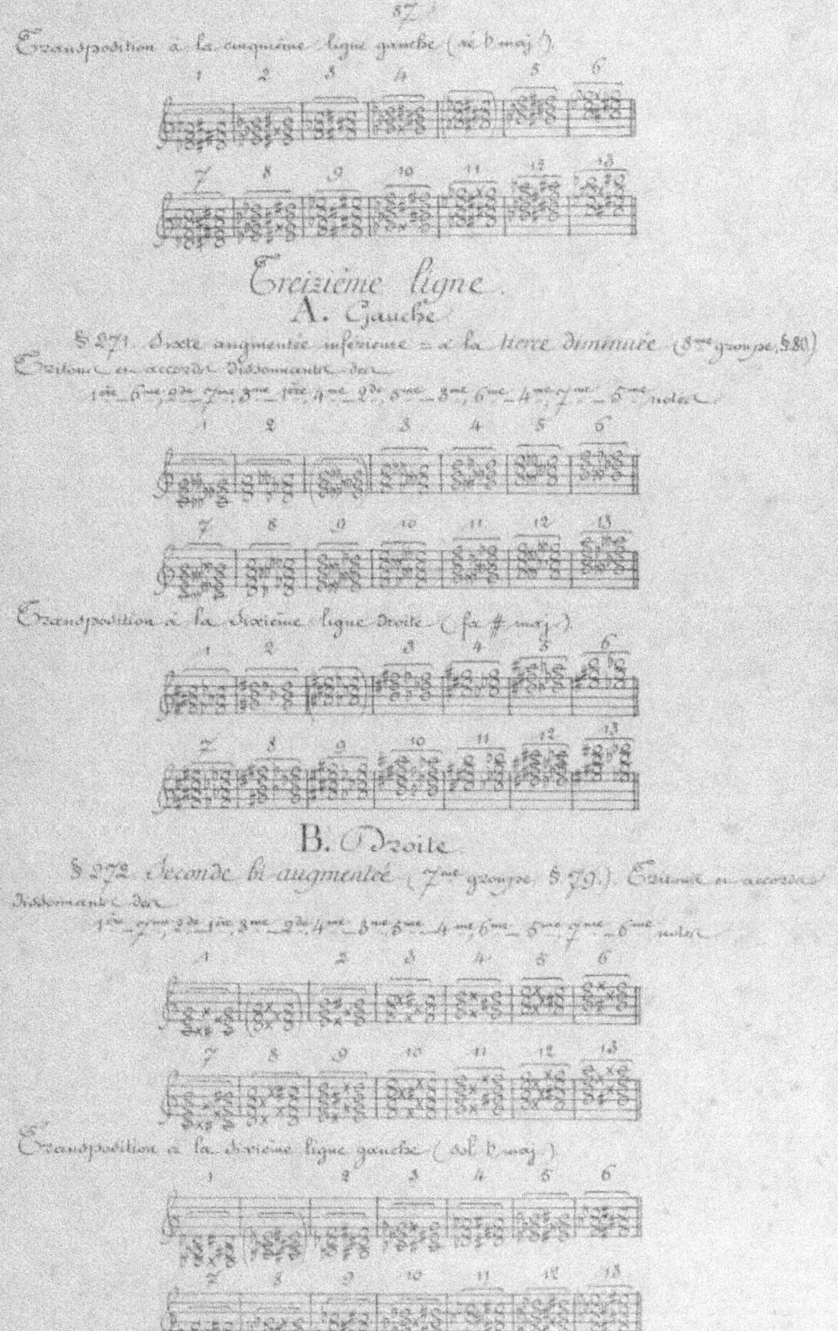
87.
Transposition à la cinquième ligne gauche (ré ♭ maj.).
Treizième ligne.
A. Gauche
§ 271. Sixte augmentée inférieure = à la tierce diminuée (8me groupe, § 80)
Tritons en accords dissonants des
1ère—6me, 2de—7me, 3me—1ère, 4me—2de, 5me—3me, 6me—4me, 7me—5me notes
Transposition à la sixième ligne droite (fa ♯ maj.).
B. Droite
§ 272. Seconde bi-augmentée (7me groupe, § 79). Tritons en accords dissonants des
1ère—7me, 2de—1ère, 3me—2de, 4me—3me, 5me—4me, 6me—5me, 7me—6me notes
Transposition à la sixième ligne gauche (sol ♭ maj.).

Quatorzième ligne.

A. Gauche.

§ 273. Tierce augmentée inférieure = à la sixte diminuée (20me groupe, § 92.) Toutes se accordes diatoniques des

1re–5me, 2de–4me, 3me–5me, 4me–6me, 5me–7me, 6me–1re, 7me–2de notes.

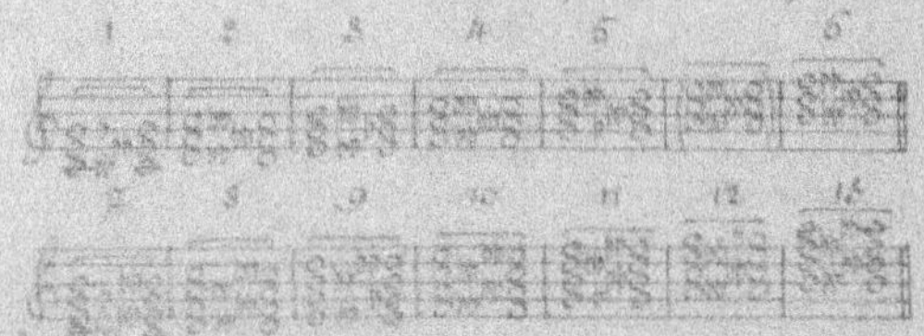

Transposition à la septième ligne droite (Do ♯ maj.).

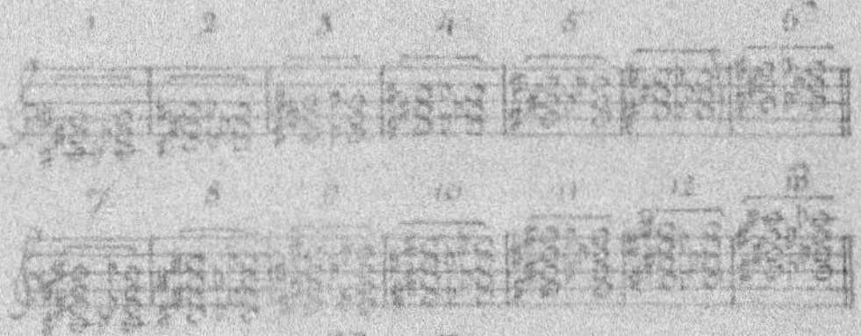

B. Droite.

§ 274. Sixte bi augmentée (24me groupe, § 96). Toutes se accordes diatoniques des

1re–3me, [illegible] notes.

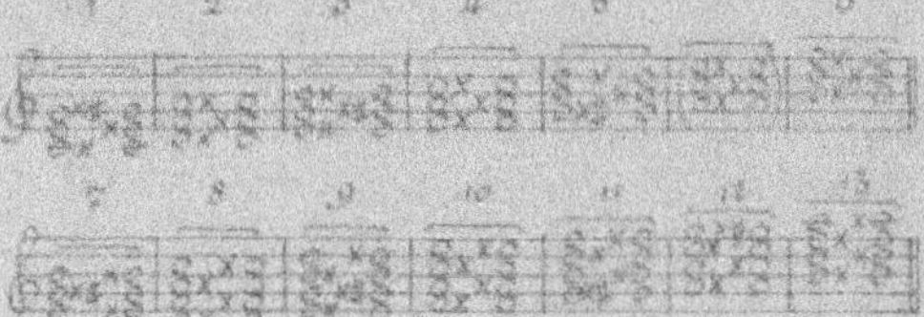

Transposition à la septième ligne gauche (Do ♭ maj.).

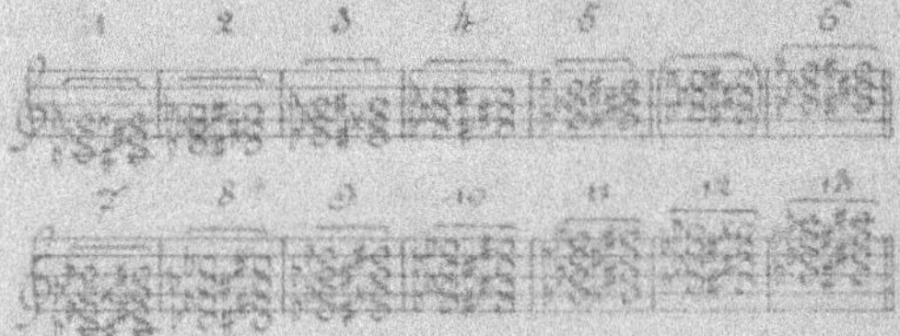

Quatrième Catégorie. De mineur à majeur.

(Système harmonique. Division des tons majeurs avec le la mineur à la base.)

En dehors des lignes (§ 140)

§ 275. Tierce mineure (5me groupe, § 110.) = Modulation au principal par note commune.

les mineurs des 3me–1re, 5me–3me, 7me–5me notes,

les accords diat. des 1re–5me, 3me–1re, 5me–3me, 7me–5me notes.

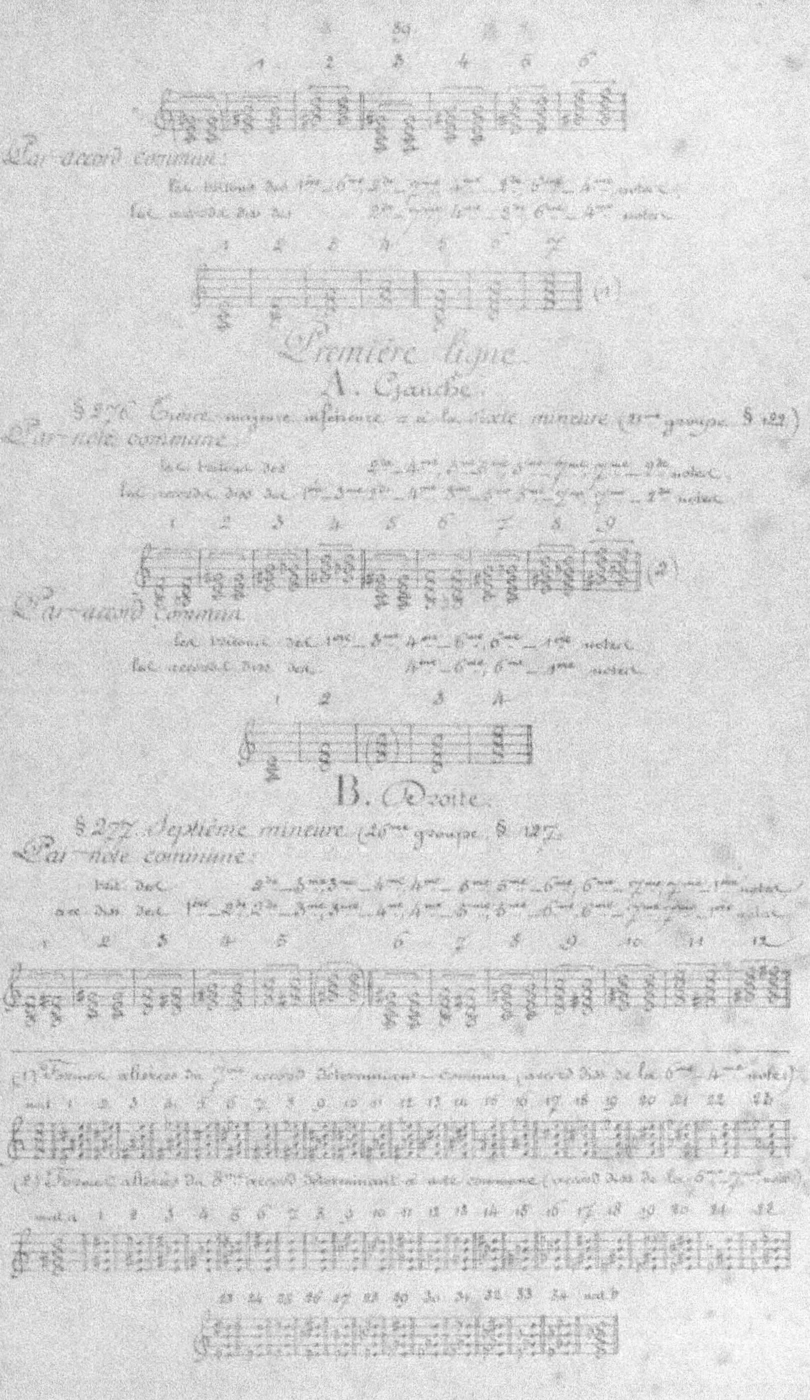
89
Par accord commun:
Première ligne.
A. Gauche.
Par note commune:
Par accord commun
B. Droite.
§ 277. Septième mineure (26me groupe § 127.
Par note commune:

Par accord commun : le triton de la 1ère – 2de note

Seconde ligne.

A. Gauche.

§ 278. Septième majeure inférieure = à la seconde mineure (5ème groupe, § 105)

Transitive : le triton de la 5ème – 4ème note

Par note commune :

triad. des 1ère – 7ème, 2de – 1ère, 3ème – 2de   7ème – 6ème notes,

acc. diss. des 1ère – 7ème, 2de – 1ère, 3ème – 2de, 5ème – 4ème, 6ème – 5ème, 7ème – 6ème notes.

1 2 3 4 5 6 7 8 9

Par accord commun :

les tritons des 4ème – 3ème, 6ème – 5ème notes,

l'accord diss. de la 4ème – 3ème   note

1 2 3

B. Droite.

§ 279. Quarte juste (14ème groupe, § 115) Tous les accords reviennent à la modulation par note commune. Tritons et accords dissonants des 1ère – 5ème, 2de – 6ème, 3ème – 7ème, 4ème – 1ère, 5ème – 2de, 6ème – 3ème, 7ème – 4ème notes.

1 2 3 4 5 6 7 8 9 10 11 12 13

Troisième ligne.

A. Gauche.

§ 280. Quarte augmentée inférieure = à la quinte diminuée (17ème groupe, § 118)

Transitive : le triton de la 5ème – 1ère note (rejeté).

Par note commune

triad. des 1ère – 4ème, 2de – 5ème, 3ème – 6ème, 4ème – 7ème   6ème – 2de, 7ème – 3ème notes,

acc. diss. des 1ère – 4ème, 2de – 5ème, 3ème – 6ème, 4ème – 7ème, 5ème – 1ère, 6ème – 2de, 7ème – 3ème notes.

1 2 3 4 5 6 7 8 9 10 11 12 13

B. Droite.

§ 281. Prime juste (1er groupe § 102) = Modulation à l'homonyme.

Par note commune :

triad. des 1ère – 1ère, 2de – 2de, 3ème – 3ème, 4ème – 4ème, 6ème – 6ème,   notes ;

acc. diss. des 1ère – 1ère, 2de – 2de, 3ème – 3ème, 4ème – 4ème, 6ème – 6ème, 7ème – 7ème notes.

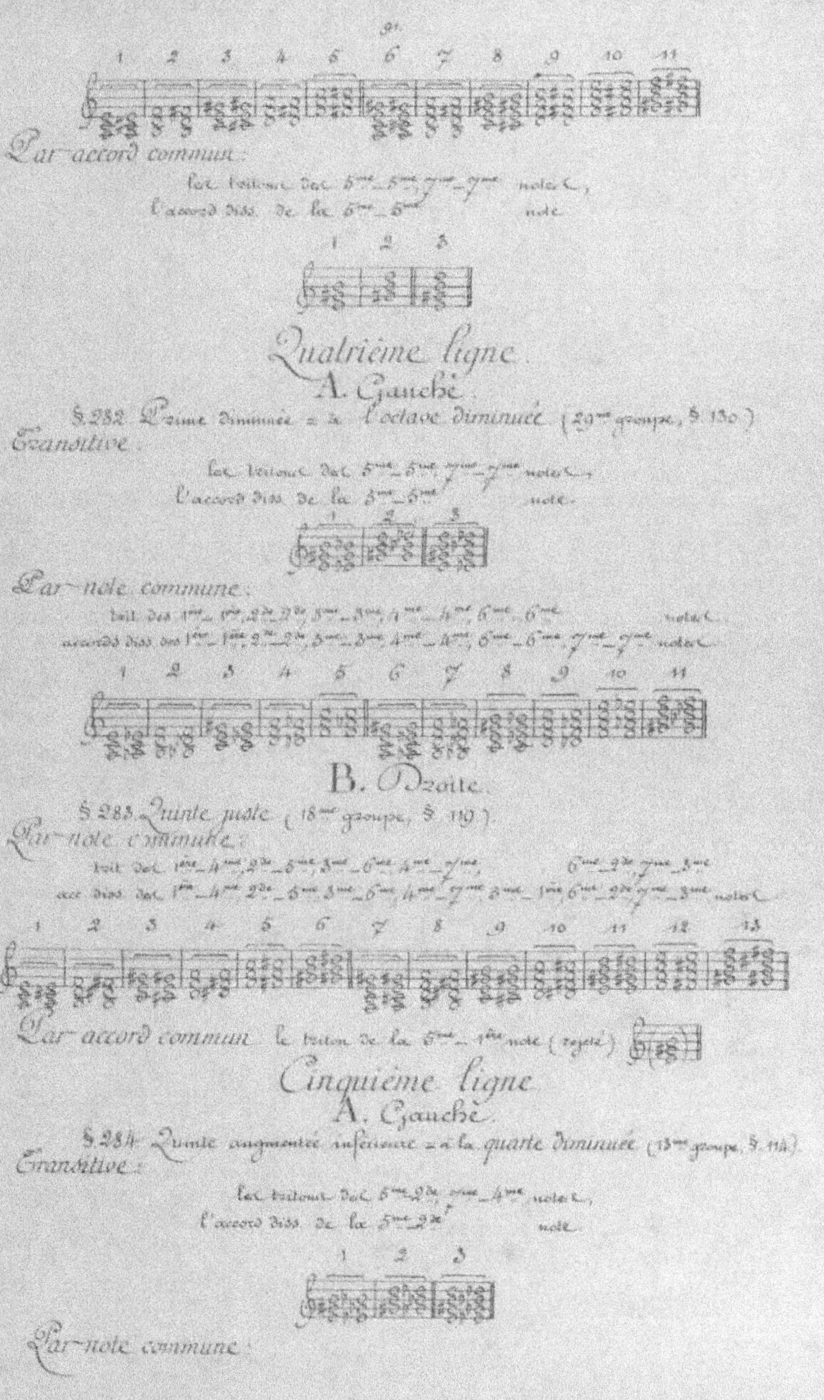

1 2 3 4 5 6 7 8 9 10 11

Par accord commun :

les tritons des 5me – 5me, 7me – 7me notes,
l'accord diss. de la 5me – 5me note

1 2 3

Quatrième ligne.

A. Gauche.

§ 282. Prime diminuée = à l'octave diminuée (29me groupe, § 130)

Transitive :

les tritons des 5me – 5me, 7me – 7me notes,
l'accord diss. de la 5me – 5me note.

1 2 3

Par note commune :

trit. des 1re – 1re, 2de – 2de, 3me – 3me, 4me – 4me, 6me – 6me notes.
accords diss. des 1re – 1re, 2de – 2de, 3me – 3me, 4me – 4me, 6me – 6me, 7me – 7me notes.

1 2 3 4 5 6 7 8 9 10 11

B. Droite.

§ 283. Quinte juste (18me groupe, § 119).

Par note commune :

trit. des 1re – 4me, 2de – 5me, 3me – 6me, 4me – 7me, 6me – 2de, 7me – 3me
acc. diss. des 1re – 4me, 2de – 5me, 3me – 6me, 4me – 7me, 5me – 1re, 6me – 2de, 7me – 3me notes.

1 2 3 4 5 6 7 8 9 10 11 12 13

Par accord commun le triton de la 5me – 1re note (rejeté)

Cinquième ligne.

A. Gauche.

§ 284. Quinte augmentée inférieure = à la quarte diminuée (13me groupe, § 114).

Transitive :

les tritons des 5me – 2de, 7me – 4me notes,
l'accord diss. de la 5me – 2de note

1 2 3

Par note commune :

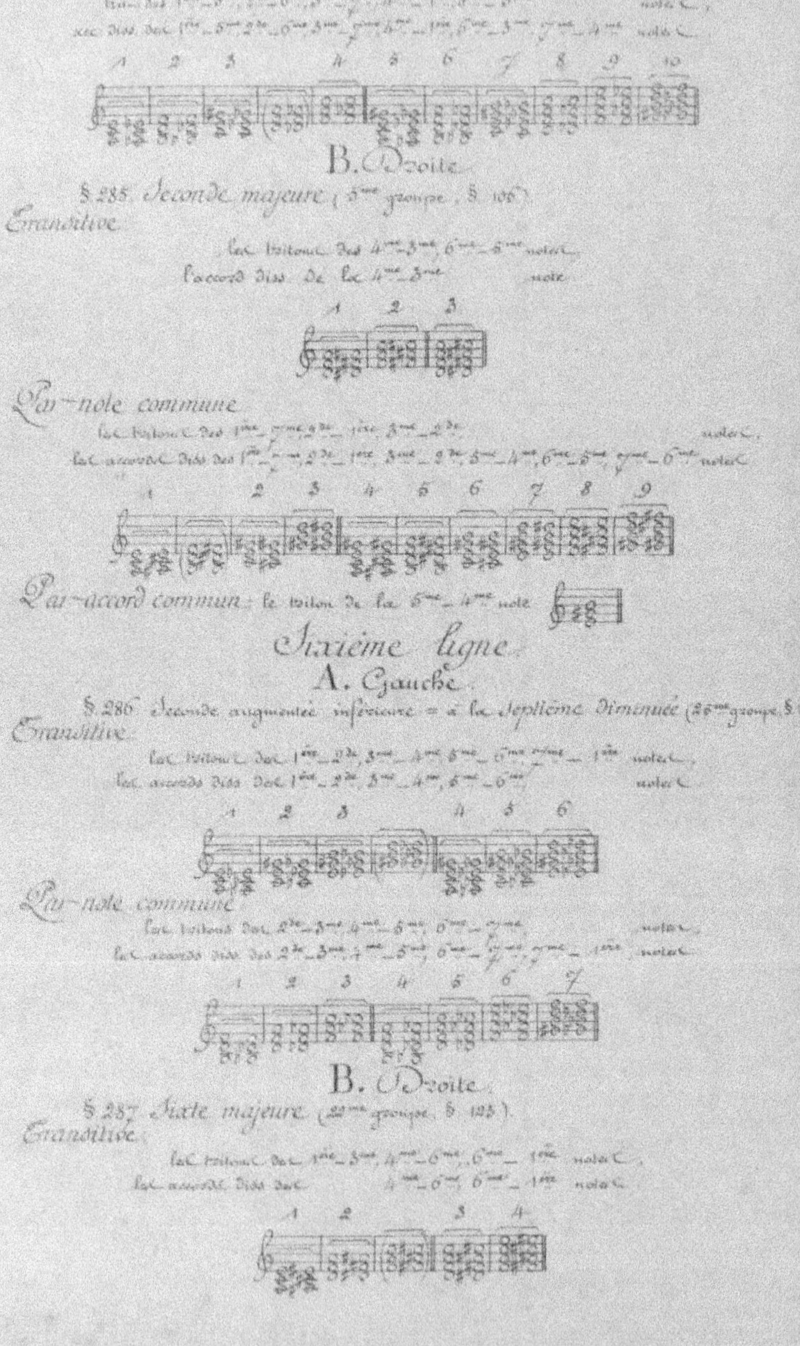
92
B. Droite
§ 285. Seconde majeure (5me groupe, § 106).
Transitive
l'accord diss. de la 4me–3me note
Par note commune
Par accord commun: le triton de la 5me – 4me note
Sixième ligne
A. Gauche
§ 286 Seconde augmentée inférieure = à la septième diminuée
Transitive
Par note commune
B. Droite
§ 287 Sixte majeure
Transitive

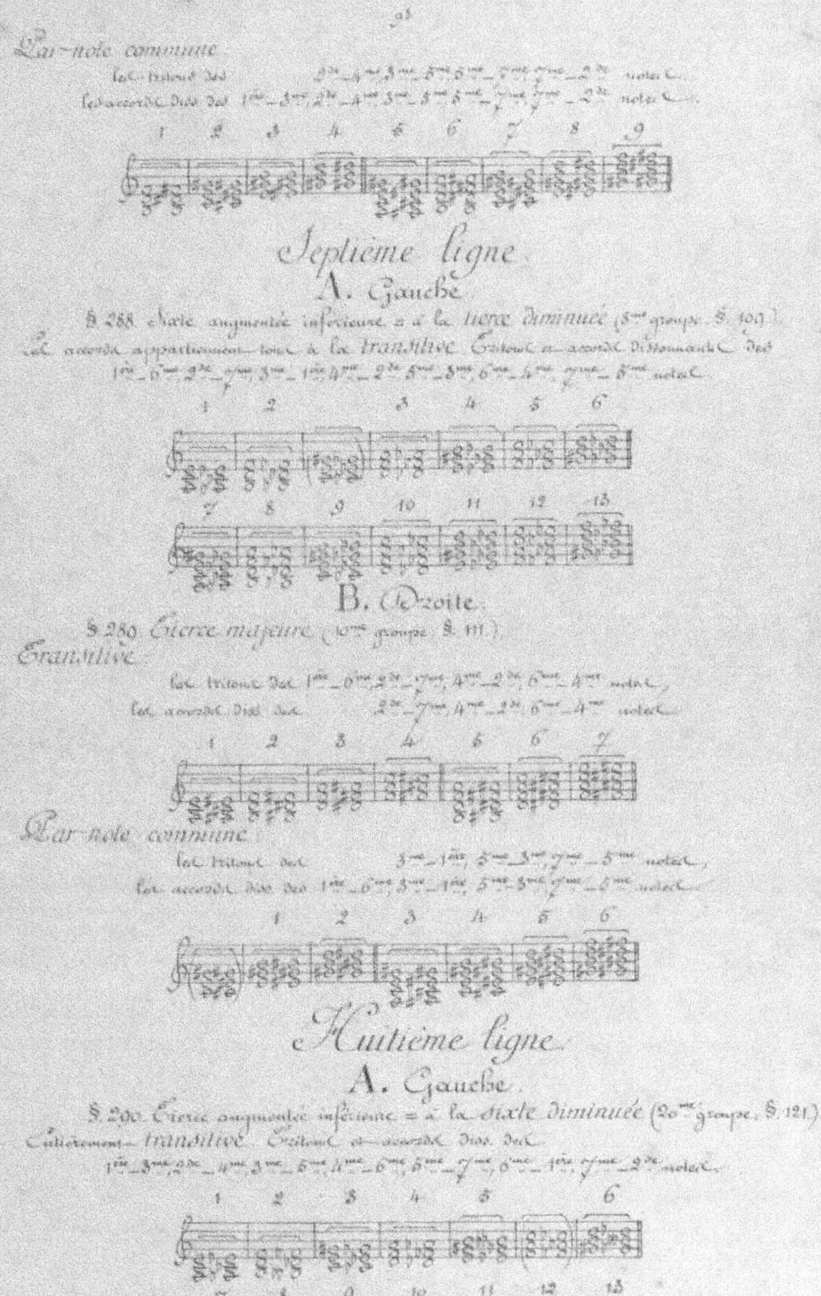
Par note commune
Septième ligne
A. Gauche
B. Droite
Transitive
Par note commune
Huitième ligne
A. Gauche

Transposition à la première ligne droite (mi min.).

1 2 3 4 5 6

7 8 9 10 11 12 13

B. Droite.

§ 291. Septième majeure (27me groupe, § 128).

Transitive:

les tritons des 1re – 2de, 2de – 3me, 4me – 5me, 6me – 7me notes.
les accords diss. des 2de – 3me, 4me – 5me, 6me – 7me notes.

1 2 3 4 5 6 7

Transposition à la première ligne gauche (ré min.)

1 2 3 4 5 6 7

Par note commune:

les tritons des 3me – 4me, 5me – 6me, 7me – 1re notes.
les accords diss. des 1re – 2de, 3me – 4me, 5me – 6me, 7me – 1re notes.

1 2 3 4 5 6

Transposition

7 8 9 10 11 12 13

Neuvième ligne.

A. Gauche

§ 292. Septième augmentée inférieure = à la seconde diminuée (3me groupe, § 104)

Entièrement transitive. Tritons et accords dissonants des
1re – 7me, 2de – 1re, 3me – 2de, 4me – 3me, 5me – 4me, 6me – 5me, 7me – 6me notes.

1 2 3 4 5 6

7 8 9 10 11 12 13

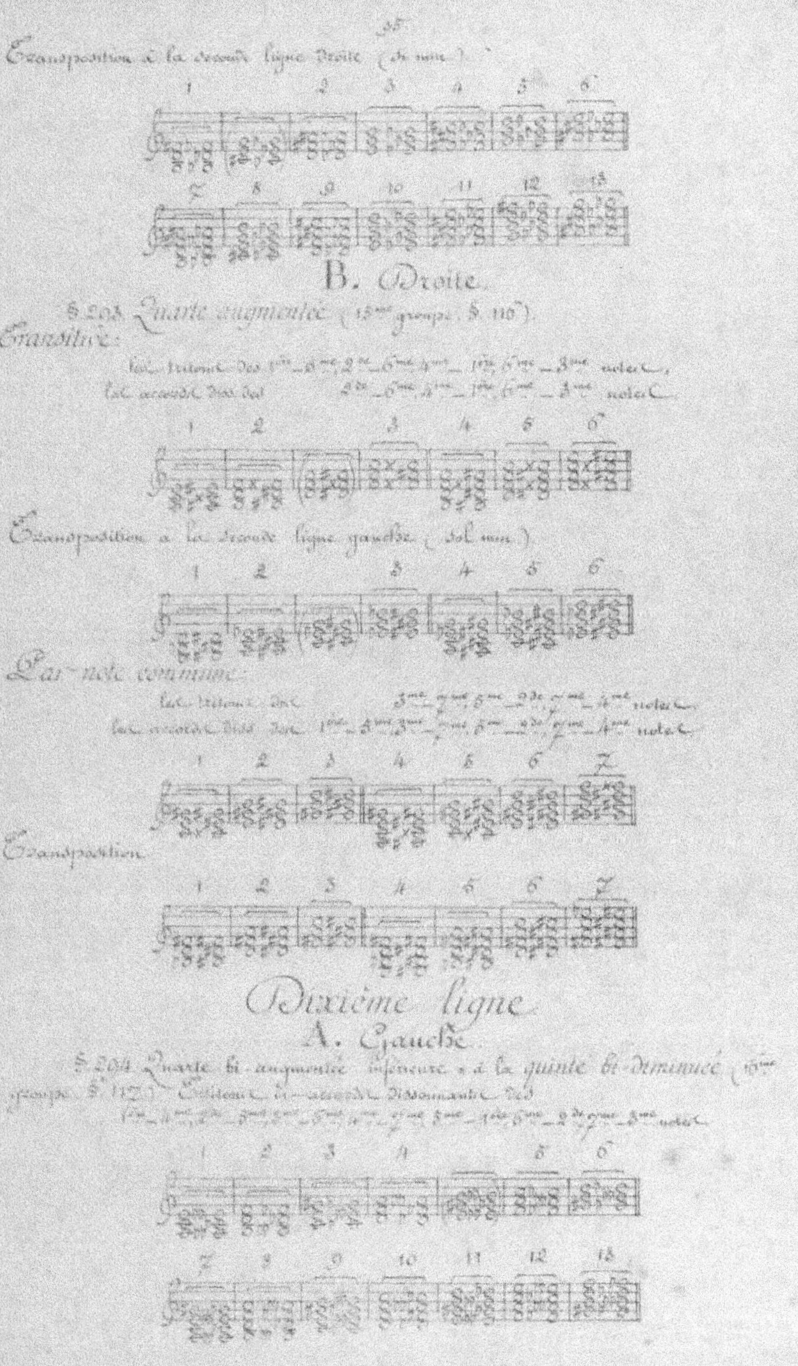
95
Transposition à la seconde ligne droite
B. Droite.
§ 203 Quarte augmentée (13me groupe. § 116).
Transitive:
Transposition à la seconde ligne gauche (sol min.)
Par note commune:
Transposition.
Dixième ligne
A. Gauche.
§ 204 Quarte bi-augmentée inférieure à la quinte bi-diminuée

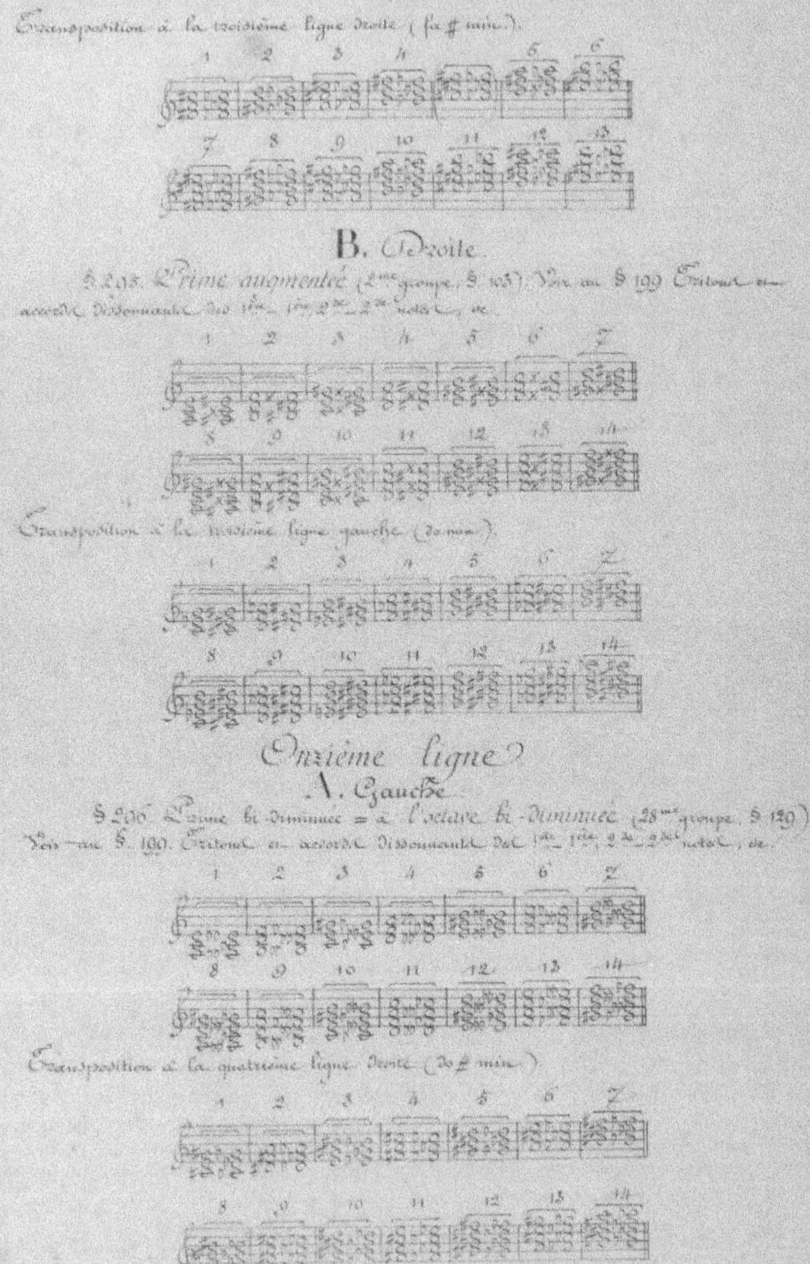

Transposition à la troisième ligne droite (fa ♯ min).

B. Droite.

§ 295. Prime augmentée (2me groupe, § 103). Voir au § 199 Tritons et accords dissonants des 1res – 1res, 2es – 2es notes, etc.

Transposition à la troisième ligne gauche (do min).

Onzième ligne

A. Gauche

§ 296. Prime bi-diminuée = à l'octave bi-diminuée (28me groupe, § 129). Voir au § 199. Tritons et accords dissonants des 1res – 1res, 2es – 2es notes, etc.

Transposition à la quatrième ligne droite (do ♯ min).

B. Droite.

§ 207. Quinte augmentée (10ème groupe, § 120) Entre les accords dissonants des 1re – 4me, 2de – 5me, 3me – 6me, 4me – 7me, 5me – 1re, 6me – 2me, 7me – 3me notes.

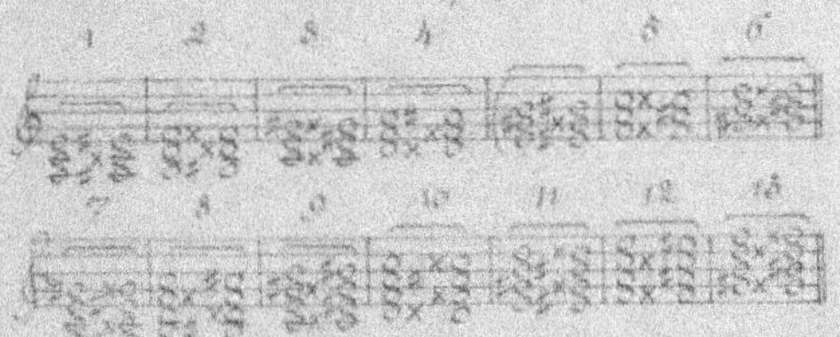

7 8 9 10 11 12 13

Transposition à la quatrième ligne gauche (fa min.)

1 2 3 4 5 6

7 8 9 10 11 12 13

Douzième ligne

A. Gauche.

§ 208 Quinte bi-augmentée inférieure = à la quarte bi-diminuée (12me groupe, § 118). Entre les accords dissonants des 1re – 5me, 2de – 6me, 3me – 7me, 4me – 1re, 5me – 2de, 6me – 3me, 7me – 4me notes.

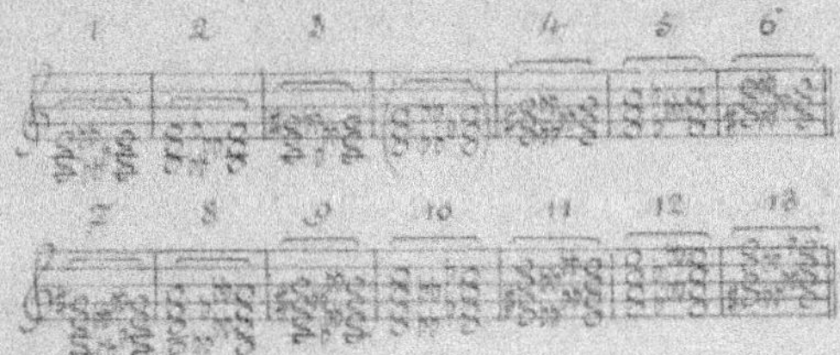

Transposition à la cinquième ligne droite (sol # min.)

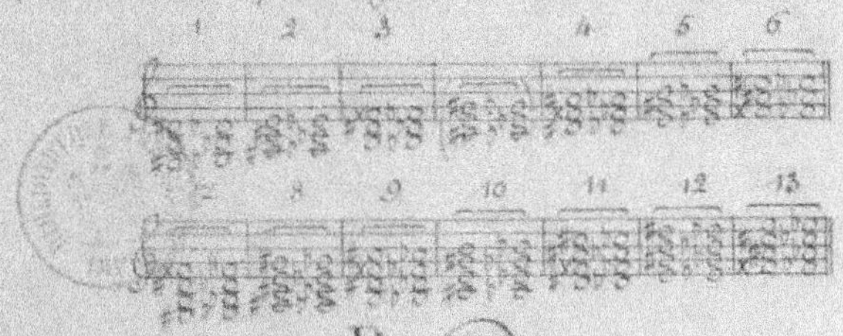

B. Droite.

§ 209. Seconde augmentée (6me groupe, § 107) Entre les accords dissonants des 1re – 7me, 2de – 1re, 3me – 2de, 4me – 3me, 5me – 4me, 6me – 5me, 7me – 6me notes.

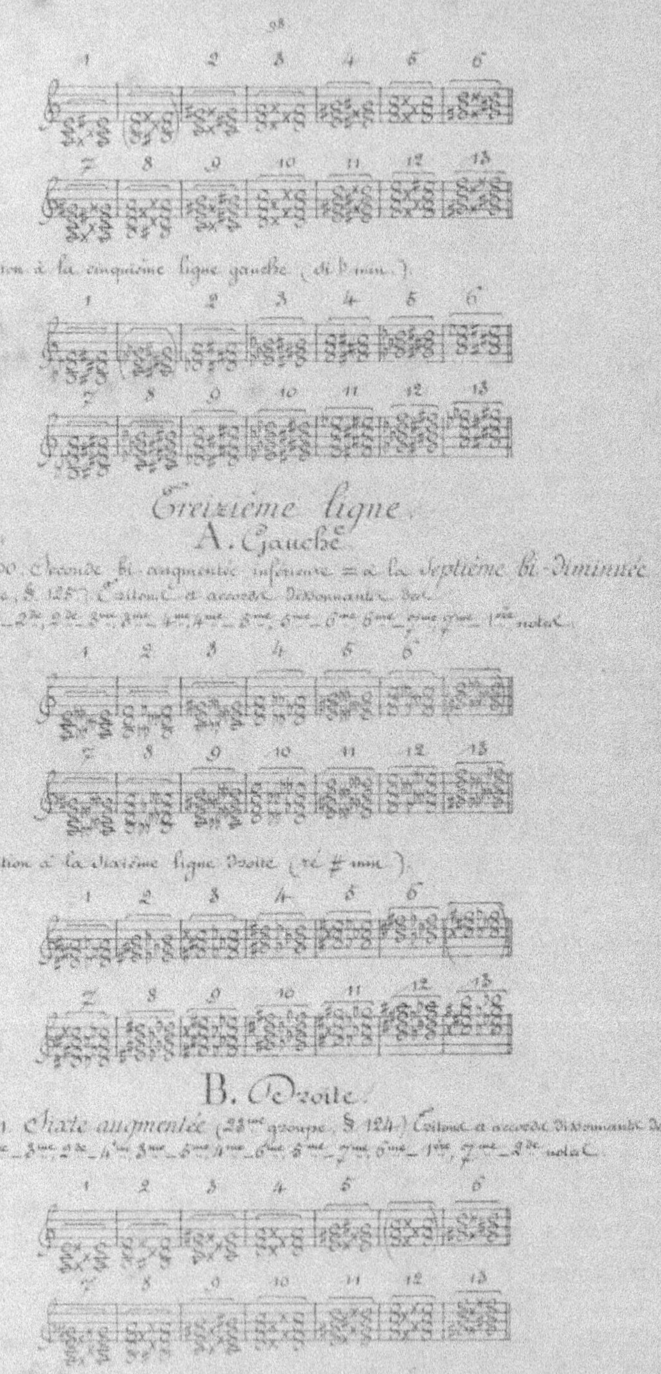
Transposition à la cinquième ligne gauche (si ♭ min.)
Treizième ligne.
A. Gauche.
§ 300. Seconde bi-augmentée inférieure = à la septième bi-diminuée (24me groupe, § 125). Tritons et accords dissonants des
Transposition à la dixième ligne droite (ré ♯ min.).
B. Droite.
§ 301. Sixte augmentée (23me groupe, § 124). Tritons et accords dissonants des

Transposition à la dixième ligne gauche (mi ♭ min.)

1 2 3 4 5 6

7 8 9 10 11 12 13

Quatorzième ligne

A. Gauche

§ 302. Sixte bi augmentée inférieure = à la tierce bi diminuée (7me groupe, § 108.) Tritons et accords dissonants des
1ère – 6me, 2de – 7me, 3me – 1ère, 4me – 2de, 5me – 3me, 6me – 4me, 7me – 5me notes.

1 2 3 4 5 6

7 8 9 10 11 12 13

Transposition à la septième ligne droite (la ♯ min.)

1 2 3 4 5 6

7 8 9 10 11 12 13

B. Droite

§ 303 Tierce augmentée (11me groupe. § 112.) Tritons et accords dissonants des
1ère – 6me, 2de – 7me, 3me – 1ère, 4me – 2de, 5me – 3me, 6me – 4me, 7me – 5me notes.

1 2 3 4 5 6

7 8 9 10 11 12 13

Transposition à la septième ligne gauche (la ♭ min.)

1 2 3 4 5 6

7 8 9 10 11 12 13

§ 304. Dans le résumé qui va suivre, les chiffres 1, 2, 3 désignent respectivement les modulations *transitive, par note commune, par accord commun*. Ce résumé fera voir à quelle espèce de modulation les différents groupes appartiennent.

Première Catégorie.

Prime	augmentée	(1er gr.)	de fait par	1,	(§ 200)	
—	bi augmentée	(2me gr.)	—	1,	(§ 215)	
Seconde	diminuée	(3me gr.)	—	1,	(§ 210,	comme sept. augm. inf.)
—	mineure	(4me gr.)	—	1, 2,	(§ 196,	comme sept. maj. inf.)
—	majeure	(5me gr.)	—	2, 3,	(§ 190)	
—	augmentée	(6me gr.)	—	1,	(§ 205)	
Tierce	diminuée	(7me gr.)	—	1,	(§ 206,	comme sixte augm. inf.)
—	mineure	(8me gr.)	—	2,	(§ 191,	comme sixte maj. inf.)
—	majeure	(9me gr.)	—	2,	(§ 194)	
—	augmentée	(10me gr.)	—	1,	(§ 209)	
Quarte	diminuée	(11me gr.)	—	1,	(§ 202,	comme quinte augm. inf.)
—	juste	(12me gr.)	—	2, 3,	(§ 186,	comme quinte juste inf.)
—	augmentée	(13me gr.)	—	1, 2,	(§ 193)	
—	bi augmentée	(14me gr.)	—	1,	(§ 213)	
Quinte	bi diminuée	(15me gr.)	—	1,	(§ 212,	comme quarte bi augm. inf.)
—	diminuée	(16me gr.)	—	1, 2,	(§ 197,	comme quarte augm. inf.)
—	juste	(17me gr.)	—	2, 3,	(§ 188.)	
—	augmentée	(18me gr.)	—	1,	(§ 203)	
Sixte	diminuée	(19me gr.)	—	1,	(§ 208,	comme tierce augm. inf.)
—	mineure	(20me gr.)	—	2,	(§ 195,	comme tierce maj. inf.)
—	majeure	(21me gr.)	—	2,	(§ 192)	
—	augmentée	(22me gr.)	—	1,	(§ 207)	
Septième	diminuée	(23me gr.)	—	1,	(§ 204,	comme seconde augm. inf.)
—	mineure	(24me gr.)	—	2, 3	(§ 189,	comme seconde maj. inf.)
—	majeure	(25me gr.)	—	1, 2,	(§ 196.)	
—	augmentée	(26me gr.)	—	1,	(§ 211.)	
Octave	bi diminuée	(27me gr.)	—	1,	(§ 214,	comme prime bi dim.)
—	diminuée	(28me gr.)	—	1,	(§ 199,	comme prime dim.)

Deuxième Catégorie

Prime	augmentée	(1er gr.)	de fait par	1,	(§ 230)
—	bi augmentée	(2me gr.)	—	1,	(§ 244)
Seconde	diminuée	(3me gr.)	—	1,	(§ 230)
—	mineure	(4me gr.)	—	1, 2, 3	(§ 225)
—	majeure	(5me gr.)	—	1, 2,	(§ 220)
—	augmentée	(6me gr.)	—	1, 2,	(§ 234)
Tierce	diminuée	(7me gr.)	—	1,	(§ 235)
—	mineure	(8me gr.)	—	2, 3,	(§ 221)
—	majeure	(9me gr.)	—	1, 2,	(§ 224)
—	augmentée	(10me gr.)	—	1,	(§ 238)
Quarte	diminuée	(11me gr.)	—	1, 2,	(§ 231)
—	juste	(12me gr.)	—	2, 3,	(§ 216)
—	augmentée	(13me gr.)	—	1, 2	(§ 228)
—	bi augmentée	(14me gr.)	—	1,	(§ 242)
Quinte	bi diminuée	(15me gr.)	—	1,	(§ 241)
—	diminuée	(16me gr.)	—	1, 2,	(§ 227)
—	juste	(17me gr.)	—	2, 3,	(§ 218)
—	augmentée	(18me gr.)	—	1, 2,	(§ 232)
Sixte	diminuée	(19me gr.)	—	1,	(§ 237)
—	mineure	(20me gr.)	—	1, 2.	(§ 223)
—	majeure	(21me gr.)	—	2, 3,	(§ 222)
—	augmentée	(22me gr.)	—	1,	(§ 236)
Septième	diminuée	(23me gr.)	—	1, 2,	(§ 233)
—	mineure	(24me gr.)	—	1, 2,	(§ 219)
—	majeure	(25me gr.)	—	1, 2, 3,	(§ 226)
—	augmentée	(26me gr.)	—	1,	(§ 240)
Octave	bi diminuée	(27me gr.)	—	1,	(§ 243)
—	diminuée	(28me gr.)	—	1,	(§ 229)

Troisième Catégorie.

Prime	juste	(1er gr.)	de fa — par	2, 3,	(§ 251)
—	augmentée	(2me gr.)	—	1, 2,	(§ 264)
—	bi augmentée	(3me gr.)	—	1,	(§ 268)
Seconde	mineure	(4me gr.)	—	1, 2,	(§ 261)
—	majeure	(5me gr.)	—	2, 3,	(§ 247)
—	augmentée	(6me gr.)	—	1, 2,	(§ 258)
—	bi augmentée	(7me gr.)	—	1,	(§ 272)
Tierce	diminuée	(8me gr.)	—	1,	(§ 271)
—	mineure	(9me gr.)	—	1, 2,	(§ 257)
—	majeure	(10me gr.)	—	2, 3,	(§ 248)
—	augmentée	(11me gr.)	—	1,	(§ 262)
Quarte	diminuée	(12me gr.)	—	1,	(§ 267)
—	juste	(13me gr.)	—	2, 3,	(§ 253)
—	augmentée	(14me gr.)	—	1, 2,	(§ 252)
—	bi augmentée	(15me gr.)	—	1,	(§ 266)
Quinte	diminuée	(16me gr.)	—	1, 2,	(§ 263)
—	juste	(17me gr.)	—	2,	(§ 249)
—	augmentée	(18me gr.)	—	1, 2,	(§ 256)
—	bi augmentée	(19me gr.)	—	1,	(§ 270)
Sixte	diminuée	(20me gr.)	—	1,	(§ 273)
—	mineure	(21me gr.)	—	1, 2,	(§ 259)
—	majeure	(22me gr.)	—	2, 3,	(§ 246)
—	augmentée	(23me gr.)	—	1,	(§ 260)
—	bi augmentée	(24me gr.)	—	1,	(§ 274)
Septième	diminuée	(25me gr.)	—	1,	(§ 269)
—	mineure	(26me gr.)	—	1, 2, 3,	(§ 255)
—	majeure	(27me gr.)	—	1, 2, 3,	(§ 254)
—	augmentée	(28me gr.)	—	1,	(§ 264)
Octave	diminuée	(29me gr.)	—	1,	(§ 265)

Quatrième Catégorie.

Prime	juste	(1er gr.)	de fa — par	2, 3,	(§ 281)
—	augmentée	(2me gr.)	—	1,	(§ 295)
Seconde	diminuée	(3me gr.)	—	1,	(§ 292)
—	mineure	(4me gr.)	—	1, 2, 3,	(§ 278)
—	majeure	(5me gr.)	—	1, 2, 3,	(§ 285)
—	augmentée	(6me gr.)	—	1,	(§ 299)
Tierce	bi diminuée	(7me gr.)	—	1,	(§ 302)
—	diminuée	(8me gr.)	—	1,	(§ 288)
—	mineure	(9me gr.)	—	2, 3,	(§ 276)
—	majeure	(10me gr.)	—	1, 2,	(§ 289)
—	augmentée	(11me gr.)	—	1,	(§ 303)
Quarte	bi diminuée	(12me gr.)	—	1,	(§ 298)
—	diminuée	(13me gr.)	—	1, 2,	(§ 284)
—	juste	(14me gr.)	—	2,	(§ 279)
—	augmentée	(15me gr.)	—	1, 2,	(§ 293)
Quinte	bi diminuée	(16me gr.)	—	1,	(§ 294)
—	diminuée	(17me gr.)	—	1, 2,	(§ 280)
—	juste	(18me gr.)	—	2, 3,	(§ 283)
—	augmentée	(19me gr.)	—	1,	(§ 297)
Sixte	diminuée	(20me gr.)	—	1,	(§ 290)
—	mineure	(21me gr.)	—	2, 3,	(§ 275)
—	majeure	(22me gr.)	—	1, 2,	(§ 287)
—	augmentée	(23me gr.)	—	1,	(§ 301)
Septième	bi diminuée	(24me gr.)	—	1,	(§ 300)
—	diminuée	(25me gr.)	—	1, 2,	(§ 286)
—	mineure	(26me gr.)	—	2, 3,	(§ 277)
—	majeure	(27me gr.)	—	1, 2,	(§ 291)
Octave	bi diminuée	(28me gr.)	—	1,	(§ 296)
—	diminuée	(29me gr.)	—	1, 2,	(§ 282)

§ 305. Un second résumé montrera dans quelle proportion le système harmonique est occupé par chacune des trois espèces de modulation. (Désignation comme au paragraphe précédent.)

Première Catégorie.

	Lignes gauches			Lignes droites
Quatorzième	(Octave bi-dim.)	1.	1.	(Prime bi-augm.)
Treizième	(Quinte bi-dim.)	1.	1.	(Quarte bi-augm.)
Douzième	(Seconde dim.)	1.	1.	(Septième augm.)
Onzième	(Sixte dim.)	1.	1.	(Tierce augm.)
Dixième	(Tierce dim.)	1.	1.	(Sixte augm.)
Neuvième	(Septième dim.)	1.	1.	(Seconde augm.)
Huitième	(Quarte dim.)	1.	1.	(Quinte augm.)
Septième	(Octave dim.)	1.	1.	(Prime augm.)
Sixième	(Quinte dim.)	1, 2.	1, 2.	(Quarte augm.)
Cinquième	(Seconde min.)	1, 2.	1, 2.	(Septième maj.)
Quatrième	(Sixte min.)	2.	2.	(Tierce maj.)
Troisième	(Tierce min.)	2.	2.	(Sixte maj.)
Seconde	(Septième min.)	2, 3.	2, 3.	(Seconde maj.)
Première	(Quarte juste)	2, 3.	2, 3.	(Quinte juste)

Deuxième Catégorie.

	Lignes gauches			Lignes droites
Quatorzième	(Octave bi-dim.)	1.	1.	(Prime bi-augm.)
Treizième	(Quinte bi-dim.)	1.	1.	(Quarte bi-augm.)
Douzième	(Seconde dim.)	1.	1.	(Septième augm.)
Onzième	(Sixte dim.)	1.	1.	(Tierce augm.)
Dixième	(Tierce dim.)	1.	1.	(Sixte augm.)
Neuvième	(Septième dim.)	1, 2.	1, 2.	(Seconde augm.)
Huitième	(Quarte dim.)	1, 2.	1, 2.	(Quinte augm.)
Septième	(Octave dim.)	1.	1.	(Prime augm.)
Sixième	(Quinte dim.)	1, 2.	1, 2.	(Quarte augm.)
Cinquième	(Seconde min.)	1, 2, 3.	1, 2, 3.	(Septième maj.)
Quatrième	(Sixte min.)	1, 2.	1, 2.	(Tierce maj.)
Troisième	(Tierce min.)	2, 3.	2, 3.	(Sixte maj.)
Seconde	(Septième min.)	1, 2.	1, 2.	(Seconde maj.)
Première	(Quarte juste)	2, 3.	2, 3.	(Quinte juste)

Troisième Catégorie.

	Lignes gauches		Lignes droites	
(Sixte dim.)	1,	Quatorzième	1,	(Sixte bi-augm.)
(Tierce dim.)	1,	Treizième	1,	(Seconde bi-augm.)
(Septième dim.)	1,	Douzième	1.	(Quinte bi-augm.)
(Quarte dim.)	1,	Onzième	1,	(Prime bi-augm.)
(Octave dim.)	1,	Dixième	1,	(Quarte bi-augm.)
(Quinte dim.)	1, 2,	Neuvième	1,	(Septième augm.)
(Seconde min.)	1, 2.	Huitième	1	(Tierce augm.)
(Sixte min.)	1, 2,	Septième	1,	(Sixte augm.)
(Tierce min.)	1, 2,	Sixième	1, 2,	(Seconde augm.)
(Septième min.)	1, 2, 3,	Cinquième	1, 2,	(Quinte augm.)
(Quarte juste)	2, 3,	Quatrième	1, 2,	(Prime augm.)
(Prime juste)	2, 3,	Troisième	1, 2,	(Quarte augm.)
(Quinte juste)	2	Seconde	1, 2, 3	(Septième maj.)
(Seconde maj.)	2, 3,	Première	2, 3,	(Tierce maj.)
		en dehors des lignes	2, 3,	(Sixte maj.)

Quatrième Catégorie.

	Lignes gauches		Lignes droites	
(Tierce bi-dim.)	1,	Quatorzième	1,	(Tierce augm.)
(Septième bi-dim.)	1,	Treizième	1,	(Sixte augm.)
(Quarte bi-dim.)	1,	Douzième	1,	(Seconde augm.)
(Octave bi-dim.)	1,	Onzième	1,	(Quinte augm.)
(Quinte bi-dim.)	1,	Dixième	1,	(Prime augm.)
(Seconde dim.)	1,	Neuvième	1, 2,	(Quarte augm.)
(Sixte dim.)	1,	Huitième	1, 2,	(Septième maj.)
(Tierce dim.)	1,	Septième	1, 2,	(Tierce maj.)
(Septième dim.)	1, 2,	Sixième	1, 2,	(Sixte maj.)
(Quarte dim.)	1, 2,	Cinquième	1, 2, 3,	(Seconde maj.)
(Octave dim.)	1, 2,	Quatrième	2, 3,	(Quinte juste)
(Quinte dim.)	1, 2,	Troisième	2, 3,	(Prime juste)
(Seconde min.)	1, 2, 3,	Seconde	2.	(Quarte juste)
(Sixte min.)	2, 3,	Première	2, 3,	(Septième min.)
(Tierce min.)	2, 3,	en dehors des lignes		

§ 306. Voici encore la liste complète des intervalles avec indication de la ligne à laquelle ils se trouvent dans les quatre catégories de la modulation.

	1re et 2me Catégories	3me Catégorie	4me Catégorie
Unisson juste se trouve à la	———	3me ligne gauche	3me ligne droite
— augm. — —	7me ligne droite	4me ligne droite	10me ligne droite
— bi augm. — —	14me ligne droite	11me ligne droite	———
Seconde dim. — —	12me ligne gauche	———	9me ligne gauche
— min. — —	5me ligne gauche	8me ligne gauche	2me ligne gauche
— maj. — —	2me ligne droite	1re ligne gauche	5me ligne droite
— augm. — —	9me ligne droite	6me ligne droite	12me ligne droite
— bi augm. — —	———	13me ligne droite	———
Tierce bi dim. — —	———	———	14me ligne gauche
— dim. — —	10me ligne gauche	13me ligne gauche	7me ligne gauche
— min. — —	3me ligne gauche	6me ligne gauche	en dehors des lignes
— maj. — —	4me ligne droite	1re ligne droite	7me ligne droite
— augm. — —	11me ligne droite	8me ligne droite	14me ligne droite
Quarte bi dim. — —	———	———	12me ligne gauche
— dim. — —	8me ligne gauche	11me ligne gauche	5me ligne gauche
— juste — —	1re ligne gauche	4me ligne gauche	2me ligne droite
— augm. — —	6me ligne droite	3me ligne droite	9me ligne droite
— bi augm. — —	13me ligne droite	10me ligne droite	———
Quinte bi dim. — —	13me ligne gauche	———	10me ligne gauche
— dim. — —	6me ligne gauche	9me ligne gauche	3me ligne gauche
— juste — —	1re ligne droite	2me ligne gauche	4me ligne droite
— augm. — —	8me ligne droite	5me ligne droite	11me ligne droite
— bi augm. — —	———	12me ligne droite	———
Sixte dim. — —	11me ligne gauche	14me ligne gauche	8me ligne gauche
— min. — —	4me ligne gauche	7me ligne gauche	1re ligne gauche
— maj. — —	3me ligne droite	en dehors des lignes	6me ligne droite
— augm. — —	10me ligne droite	7me ligne droite	13me ligne droite
— bi augm. — —	———	14me ligne droite	———
Septième bi dim. — —	———	———	13me ligne gauche
— dim. — —	9me ligne gauche	12me ligne gauche	6me ligne gauche
— min. — —	2me ligne gauche	5me ligne gauche	1re ligne droite
— maj. — —	5me ligne droite	2me ligne droite	8me ligne droite
— augm. — —	12me ligne droite	9me ligne droite	———
Octave bi dim. — —	14me ligne gauche	———	11me ligne gauche
— dim. — —	7me ligne gauche	10me ligne gauche	4me ligne gauche

§ 307. Nous allons à présent passer en revue les harmonisations proposées au § 5, afin de déterminer, d'après le système qui précède, les successions qu'elles renferment. Il fallait en réunir un nombre assez considérable pour rencontrer des exemples à l'appui de presque tous les principes de succession. L'auteur doit préférer les exemples tirés des œuvres écrites par des compositeurs en renom aux siens propres que l'on aurait pu croire composés exprès pour la circonstance; c'est pourquoi il n'en a presque pas donné dans le corps de son ouvrage. Une autre considération encore l'a décidé à agir de la sorte, c'est qu'il désirait trouver des occasions de faire connaître sa manière de voir sur beaucoup d'autres points indépendants de la succession des tons et au sujet desquels il et parvenir à fixer ses opinions par la pratique constante de l'analyse. De sorte que le présent ouvrage va bien au-delà de ce que son titre promet : pour quelques pages de plus, il devient un aperçu non seulement de la succession des tons, mais encore de l'Harmonie presque entière, en y comprenant même les principales données de l'analyse harmonique, exercice si précieux pour le musicien qui cherche à s'instruire et malheureusement trop peu pratiqué en général. Il y a donc, ce semble, avantage réel à transcrire ici les harmonisations du § 5 en *accords principaux* pour plus de clarté, afin d'en faire *l'analyse raisonnée*. Quant à *l'analyse grammaticale* elle ne saurait se faire sans l'exposé préalable de plusieurs matières, de la *note étrangère* surtout, ce qui nous mènerait trop loin. De plus, il aurait fallu transcrire textuellement les passages cités (1).

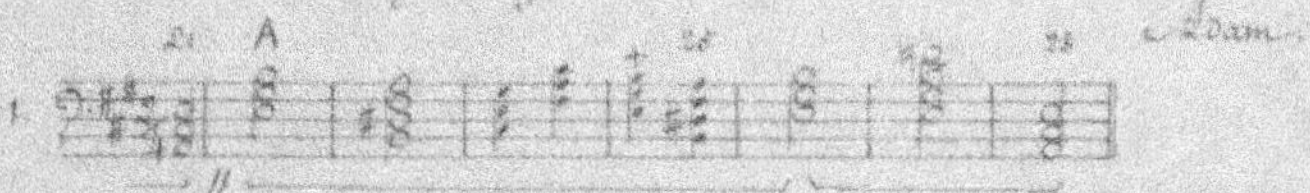

0,21 à 0,22 Transition naturelle de 1re cat. à la quinte juste, 17me gr. § 33, N° 127.

0,22 à 0,26 Unitonique majeure (acc. diss. de la 5me, trit. de la 5me, tétr. de la 2e note) condit. except., bon ordre. Voir au § 6, note.

0,26 à 0,28 Mod. disp. de 1re cat. à la quarte juste, bon ordre, 12me gr. § 25, N° 86.

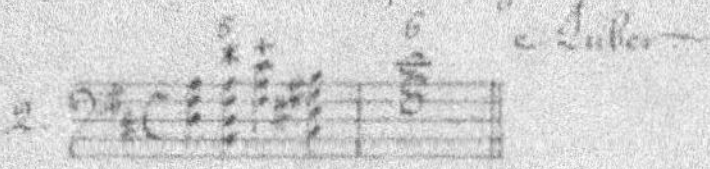

Mod. de 3me cat. par acc. comm. en 1re ligne droite, acc. déterm. acc. diss. de la 5me et 4me note (forme 38), § 268, 10me gr. § 82, N° 73, condit. except. dans partie unitonique ancienne, § 144, A, b.

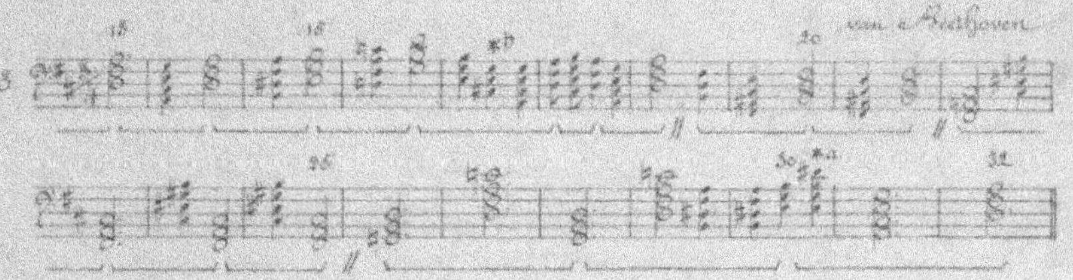

(1) Voici le système adopté par l'auteur pour les citations en renvoi. Il porte deux chiffres séparés par une virgule ; le premier pour le *temps* (d'après l'indication de la clef), le second pour le numéro d'ordre de la *mesure*. Le premier chiffre est en outre *précédé* d'une fraction qui indique la *subdivision du temps* s'il y a lieu. En cas de *mesure pleine*, un zéro marque la place du premier chiffre. Ainsi, 3,8 à 2,9 signifie depuis le troisième temps de la huitième mesure jusqu'au second temps de la neuvième mesure ; 1/2 2,12 à 0,15 signifie depuis la première moitié du second temps de la douzième mesure jusqu'à la quinzième mesure ; 0,3 à 4,6 lisez depuis la troisième mesure jusqu'au quatrième temps de la sixième mesure. La subdivision d'un temps en trois parties (triolet) s'indique de la même manière : 3/3 1,2 lisez troisième tiers du premier temps de la seconde mesure. Le demi-temps a la valeur de la croche dans la *mesure de quatre temps*, de *trois quatre*, etc. ; il ne vaut que la double croche dans la *mesure de trois huit*, de *neuf huit*, etc., à l'égard de temps par rapport à la *mesure de deux* (₵). On n'observera les *reprises* que lorsque cela est mentionné expressément.

L'accord qui donne la *simplification* (§ 5) occupe la seconde moitié du second temps de la mes 17, est à retrancher comme étant dû évidemment aux notes de passage.

0, 13 à 2, 14 Unitonique majeure cadence

2, 14 à 2, 15 Mod. disp. de 3me cat, à la seconde maj., 6me gr., § 77, Nº 38

2, 15 à 2, 16, Mod. disp. de 4me cat, à la tierce min. (au principal), 6me gr., § 110, Nº 63

2, 16 à ½ 1, 18 Mod. de 1re cat, par note comm, en 1re ligne droite, avec déterm. dist. de la 4me 7me note, forme nat. ♭. § 188, 17me gr., § 33, Nº 126 constr. rég., premier ton avec une partie unitonique (dist. de la 6me note). § 144, B a.

½ 1, 18 à 2, 19 Uniton maj., deux fois la cadence, la première fois par la pseudo dominante en forme incomplète (sans fondamentale) Chacun des tétons qui rentrent dans la composition de la dom. gén. a qualité de dominante lorsqu'il est précédé en dessus de la tonique

2, 19 à 3, 19 Trans. nat. de 3me cat, à la sixte maj. (au relatif) 28me gr. § 94, Nº 158

3, 19 à 3, 21 Uniton min deux fois la cadence, dom. ord. incomplète (sans fondamentale) la seconde fois. Voir la remarque qui vient d'être faite

3, 21 à 1, 22 Trans. nat. de 2me cat, à la quinte juste 17me gr., § 61, Nº 119

1, 22 à 3, 25 Uniton min., trois fois la cadence

3, 25 à 0, 26 Trans. nat. de 4me cat, à la seconde min., 4me gr., § 105, Nº 54

0, 26 à 0, 28 Uniton maj., cadence

0, 28 à 2, 30 Mod. de 3me cat, par note comm., en dehors des lig. (au relatif), avec déterm. acc. diss. de la 5me 7me note les deux formes nat., § 246, 22me gr., § 94, Nº 154. Les deux formes naturelles étant présentes toutes deux, la première placée valide l'autre comme altération (§ 143)

2, 30 à 0, 32 Mod. de 4me cat, par note comm., en 1re lig. droite, avec déterm. acc. diss. de la 1re 2de note (forme 13), § 2??, 26me gr., § 12?, Nº 198. Les formes altérées appartiennent à la première forme naturelle pour l'ordinaire; à la seconde, après son apparition (§ 143). Le triton qui occupe la seconde moitié du troisième temps de la mes 31, est *validé* par la dominante ordinaire (§ 145, note).

Après avoir fait voir par l'analyse des trois harmonisations qui précèdent avec quelle exactitude on peut déterminer toute succession de tons au moyen du système exposé, nous pourrons, pour les harmonisations suivantes, nous borner à rendre compte de ce qu'elles offrent de nouveau ou de remarquable sous l'un ou l'autre rapport.

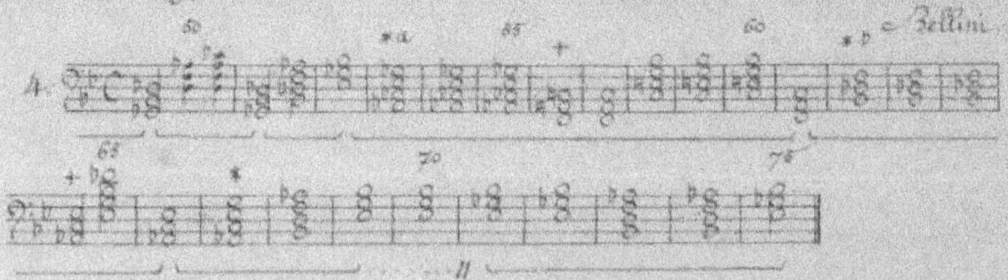

L'accord de la mes 54 est de formation accidentelle. Deux intervalles d'un accord pour changer leurs positions, se rencontrent sur une même note de passage. Les mes 53 à 55 se résument d'après l'original en ceci :

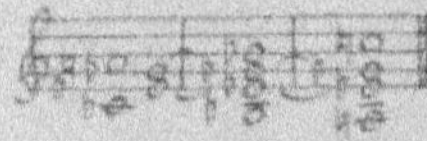

C'est comme s'il y avait, par exemple

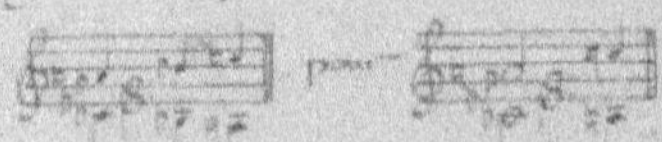

La note étrangère est plus difficile à reconnaître quand elle occupe une mesure entière et quand surtout elle harmonise avec les intervalles d'un accord incomplet, comme c'est ici le cas. Ces accords accidentels isolés appartiennent à l'harmonie secondaire, on les marque à la simplification en les mettant entre parenthèses, en leur substituant l'accord dont ils tiennent la place quand ils occupent une mesure entière, et on les retranche quand ils se trouvent dans la même mesure à côté de l'accord qu'ils remplacent, ainsi que cela arrive à l'harmonisation précédente. La pédale et basse continue offrent l'exemple de construction entière en accords de formation accidentelle.

0,52 à 0,61. Mod. de 4me cat., transitive, en 6me ligne droite, acc. déterm. acc. diss. de la 4me–3me note (formes 18 et 24), § 286, 6me gr., § 106, N° 42.

0,61 à 0,66. Mod. de 1re cat., par note comm., en 3me ligne gauche, acc. déterm. trit. de la 4me–2de note, forme nat. 2, § 191, 5me gr., § 24, T° 82.

0,66 à 0,69. Mod. de 1re cat., par acc. comm., en 1re ligne droite, acc. déterm. acc. diss. de la 1re–4me note (forme 16), § 133, 17me gr., § 33, T° 126, dont acc. formes 24 et nat. et Nos 70, continuation de la tonique.

0,70 à 0,71. Trans. nat. de 3me cat., à la prime juste (à l'homonyme), 1er gr., § 73, T° 4.

Boieldieu.

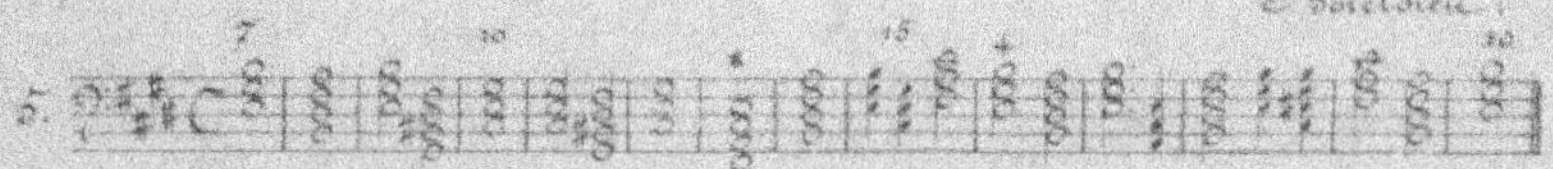

0,17 à 1,15. Mod. de 4me cat., par acc. comm., en dehors des lignes (en principal), déterm. acc. diss. de la 4me–2de note (forme 16), § 275, 9me gr., § 110, T° 64.

Clementi.

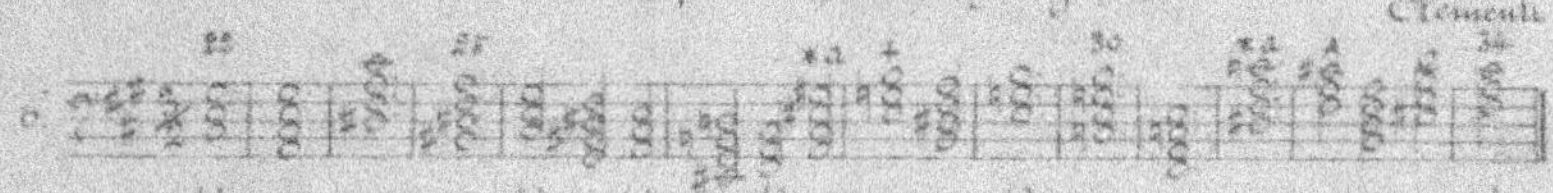

1,26 à 3,26. Mod. disp. de 4me cat., à la dixte min., 21me gr., § 122, T° 139, pseudo-dom. (forme 15). C'est une ci-devant cadence irrégulière qui rentre dans l'harmonie régulière comme modulation, parce que l'unitonique vient à cesser (§ 143, note).

2,27 à 0,29. Mod. de 2me cat., par note comm., en 2de ligne gauche, déterm. acc. diss. de la 3me–4me note (forme 10), § 219, 24me gr., § 68, T° 186, constr. except., tonique en forme altérée (la 3me), § 132.

0,29 à 1,34. Mod. de 2me cat., par note comm., en 2me lig. droite, déterm. acc. diss. de la 7me–6me note (formes nat. 2 et 7), § 220, 5me gr., § 49, T° 80, chacun des deux tons a une partie unitonique, § 144, D, celle du second consiste dans l'acc. diss. de la 4me note (forme 12).

Döbler.

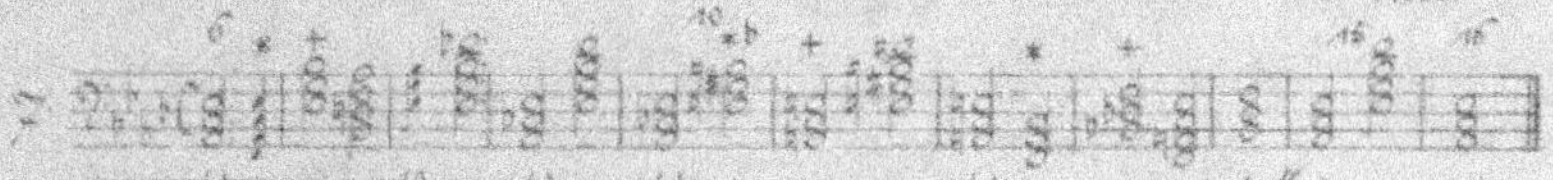

2,10 à 2,12. Mod. de 2me cat., transitive, en 7me lig. droite, déterm. trit. de la 3me–5me note, forme nat. 2, § 230, 1er gr., § 45, T° 8.

2,12 à 0,14. Mod. de 2me cat., par acc. comm., en 3me lig. gauche, déterm. trit. de la 6me–5me note, forme nat., § 225, 4me gr., § 48, T° 18.

0,14 à 1,15. Trans. modulatoire par altération en première, § 131, de 4me cat., à la sept. min., 20me gr., § 127, T° 191.

Donizetti.

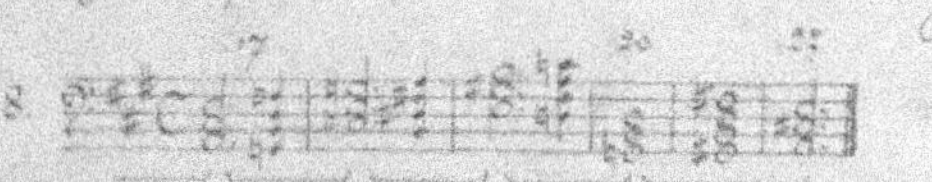

Une suite de quatre modulations dispositives que l'on est libre de contester. D'après la dispositive composée, ce n'est qu'une diversion harmonique en la majeur par les do maj., mi maj., sol maj. § 178 qui équivaut en analyse à la continuation du ton.

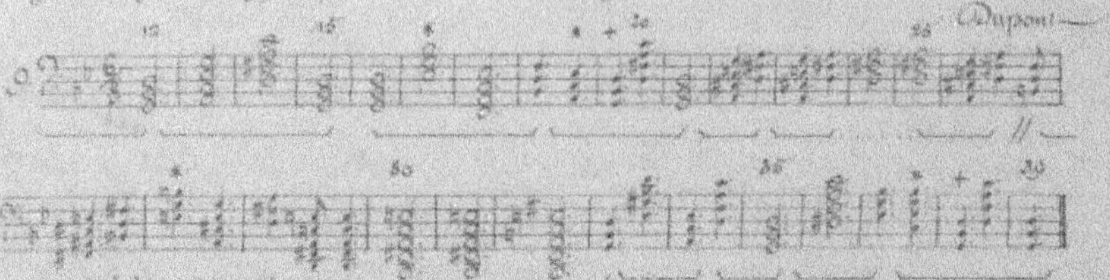

Nos 30 Dom gén. (forme 1) suivie de l'une des des formes tronquées § 145, note Nos 36, au sixième temps, un triton validé.

0, 16 à 3, 19 Mod. de 4me cat., par acc. comm., en dehors des lig. (au principal) déterm. tri. de la 6me-4me note, forme nat., § 275, 9me gr., § 110, No 71.

3, 19 à 0, 21 Mod. de 8me cat., par acc. comm., en dehors des lig. (au relatif), déterm. tri. de la 7me-2de note (forme 4), § 240, 22me gr., § 94, No 177.

0, 27 à 3, 29 Mod. au principal par acc. comm., déterm. tri. de la 4me-2de note, forme nat.

0, 36 à 3, 37 Mod. disp. au relatif, pseudo dom. (forme 18 ou nat.)

3, 37 à 3, 39 Mod. au principal, par acc. comm., déterm. acc. diss. de la 6me-4me note, forme 8, § 275.

0, 23 à 0, 25 Basse continue (non composée). On ne doit douter que ce qu'elle présente l'une des formes les moins fréquentes. En enlevant au prétendu triton de la 4me note, mes. 24, la fondamentale de la tonique (ré) dont ici il est précédé et suivi, il reste sol et si, notes qui n'indiquent nullement le triton prénommé, mais qui représentent, comme forme incomplète, la pseudo dominante dont fondamentale et tierce (cf. deux exemples suivants) :

1. où la pseudo se dessine parfaitement, et 2.

où la pseudo est incomplète, ne diffèrent qu'en ce que la fondamentale qui représente la tonique faisant basse continue se trouve doublée au second. Or si nonobstant la forme incomplète de la pseudo, la basse continue existe lorsque la fondamentale est doublée ou même triplée, elle existe aussi lorsque la fondamentale est simple, qu'elle occupe le dessus, le milieu ou le dessous. De sorte que les deux exemples ci-dessus et

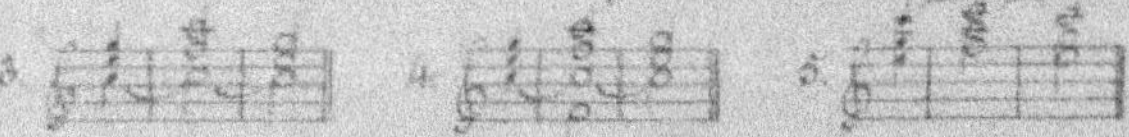

ont tous la même signification. C'est le No 4 qui est ici en cause. Que l'on donne à la septième l'altération descendante ainsi que cela arrive le plus souvent, et la chose paraîtra déjà beaucoup plus vraisemblable. Voici comment s'arrange l'analyse lorsque survient une basse continue ; les mes. 23 à 25 par exemple se représentent ainsi :

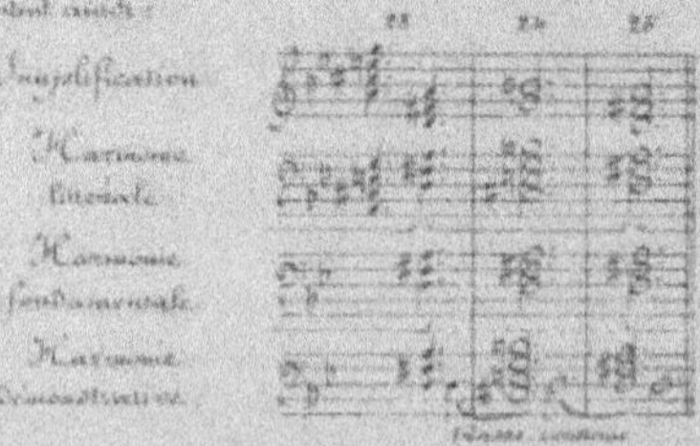

La cadence du ré maj se fait quatre fois, la troisième fois en *harmonie secondaire* pendant laquelle il y a continuation de la tonique en *harmonie fondamentale*. Ceux qui ont fait du triton de la 4ème note une *sous-dominante*, étaient donc dans le vrai jusqu'à un certain point. Quand en basse continue, cet accord est suivi de la tonique, il y a en effet une dominante, mais la forme que l'on a prise pour le triton de la 4ème note se compose des deux notes supérieures de la pseudo et de la fondamentale de la tonique faisant basse continue, ainsi que nous l'avons fait voir. Que l'on veuille examiner un certain nombre d'exemples, principalement ceux dans lesquels la *cadence incluse* formée par la pseudo succède pour terminer la basse continue à celle formée par la dominante ordinaire et on sera convaincu. Le vrai triton de la 4ème note s'emploie aussi dans la construction de la basse continue, mais il est alors suivi d'un accord autre que la tonique.

Dussek

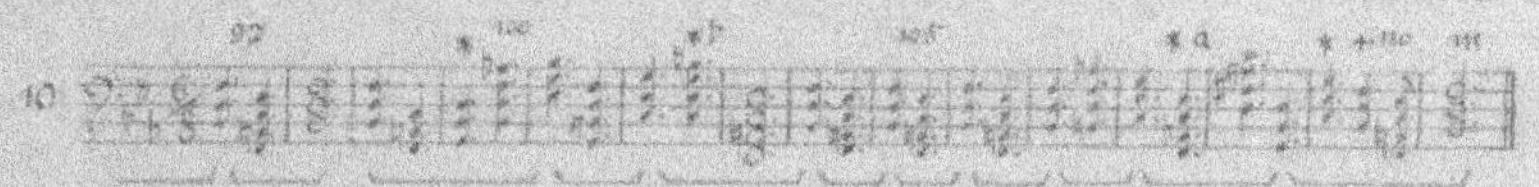

0, 98 à 3, 99 : Basse continue.

3, 99 à 3, 101 : Mod. de 1ère cat., par note comm., en 1ère ligne gauche, déterm. tert. de la 6ème-5ème note, forme nat., Dom. ord. (forme 1), §. 187, 12ème gr., § 28, N° 91.

3, 102 à 3, 104 : Mod. de 4ème cat., par note comm., en 1ère ligne droite, déterm. asc. diss. de la 1ère-2ème note, forme nat. b, §. 277, 26ème gr., §. 127, N° 193.

3, 108 à 6, 109 : Mod. de 2ème cat., par note comm., en 1ère ligne droite, déterm. asc. diss. de la 4ème-7ème note (forme 30), § 215, 17ème gr., §. 61, N° 120.

Field

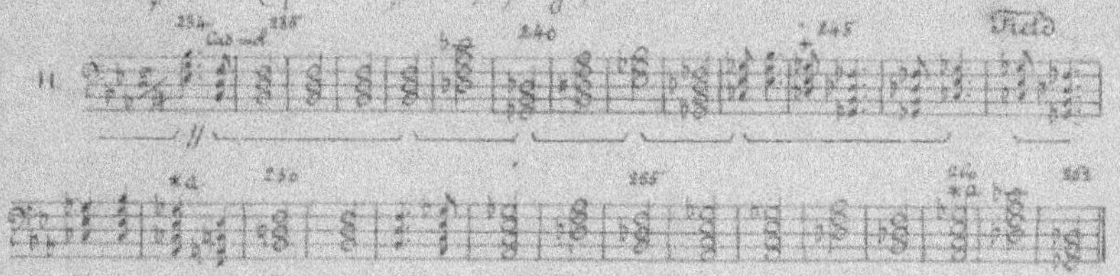

$\frac{1}{2}$ 2, 234 à 0, 238 : Basse continue composée, fondamentale au-dessus. Chaque fois que la cadence incluse se fait, la basse continue recommence. Ici, elle se pose en transition, sans être amenée par la dominante; elle ne se caractérise donc que par la cadence incluse (pseudo-dom. avec l'alt. descend. de la 7ème). C'est pourquoi nous avons en harmonie fondamentale une tonique sans dominante apparente, bien que caractérisée, § 15. Et à la mes. 260, la même basse continue se reproduit, simple et avec la fondamentale au milieu, précédée de la dominante. Elle se répète encore plus loin dans la composition.

$\frac{1}{2}$ 1, 244 à $\frac{3}{2}$ 2, 246 : Unisson maj. (alt. de la 8ème note), constr. except.

1, 248 à 0, 250 : Mod. de 1ère cat., par note comm., en 5ème ligne droite, déterm. asc. diss. de la 6ème-7ème note (forme 18), Dom. ord. (forme 2), §. 196, 25ème gr., §. 41, N° 198.

de Flotow

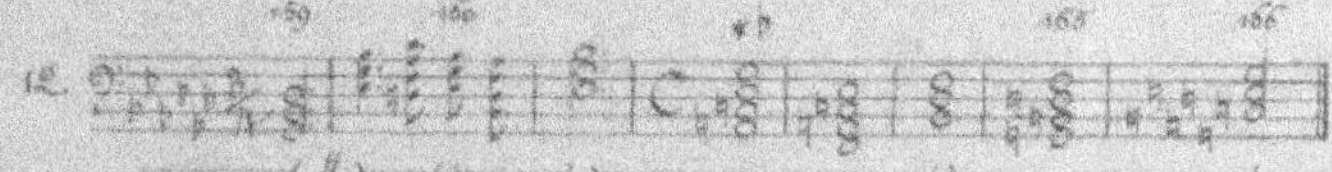

0, 161 à 0, 164 : Mod. de 2ème cat., par note comm., en 1ère ligne droite, déterm. asc. diss. de la 4ème-7ème note, forme nat. b, § 218, 17ème gr., §. 61, N° 124.

Gevaert

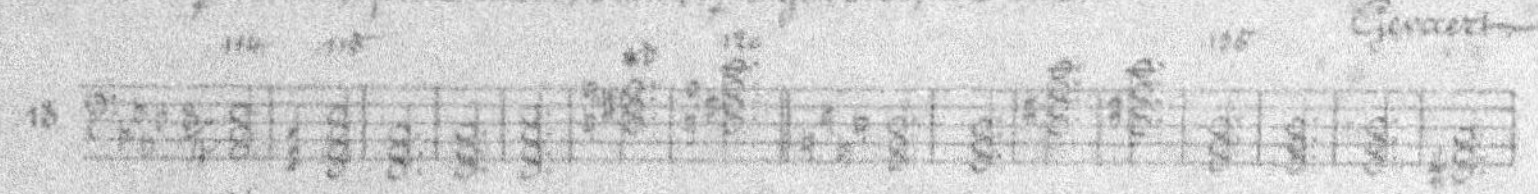

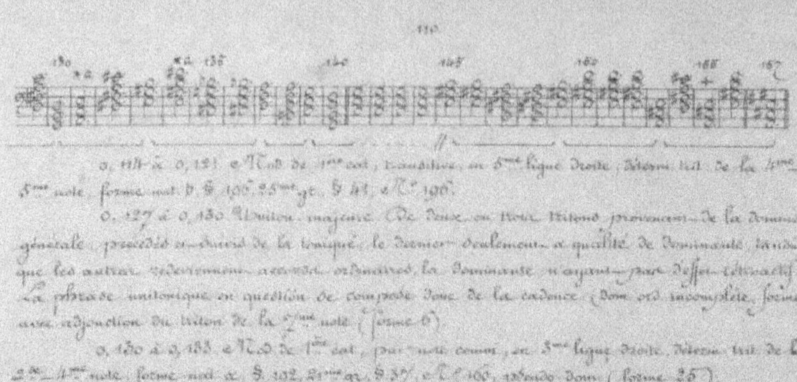

0, 114 à 0, 121 e Mod de 1re cat, transitive, en 5me ligne droite, déterm tit de la 4me–5me note, forme nat b § 100, 25me gr. § 41, e T 196.

0, 127 à 0, 130 Uniton majeure. De deux ou trois tritons provenant de la dominante générale, précédés et suivis de la tonique, le dernier seulement a qualité de dominante, tandis que les autres deviennent accords ordinaires, la dominante n'ayant pas d'effet rétroactif. La phrase unitonique en question se compose donc de la cadence (dom ord incomplète, forme 6) avec adjonction du triton de la 7me note (forme 6).

0, 130 à 0, 133 e Mod de 1re cat, par note comm, en 3me ligne droite, déterm tit de la 2me–4me note, forme nat a, § 192, 21me gr. § 37, e T 160, pseudo dom (forme 25).

0, 133 à 0, 137 e Mod de 3me cat, par note comm, en 5me ligne gauche, déterm acc diss de la 1re–2me note (forme 4), § 255, 26me gr. § 98, e T 195, pseudo (forme 18).

0, 137 à 0, 139 e Mod diap de 4me cat, à la sixte min, pseudo (forme 15).

0, 144 à 0, 146 Grand modulat par alt en seconde, de 1re cat, à la tierce maj, § 132.

Godefroid.

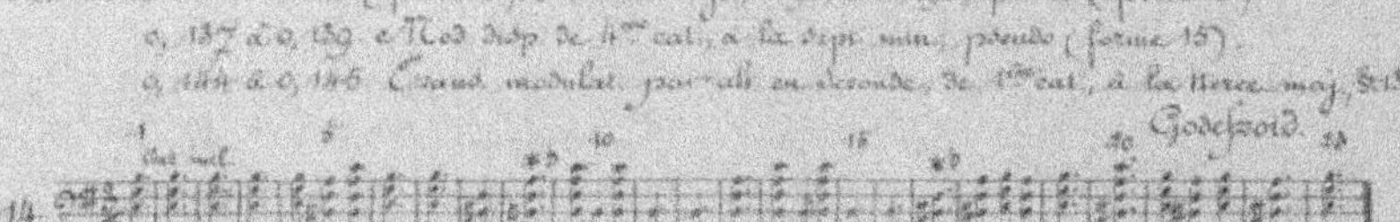

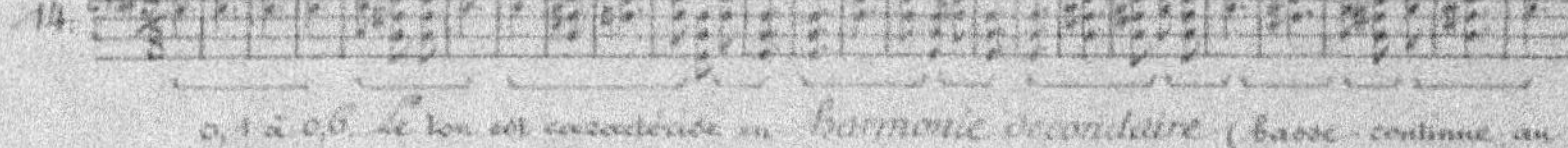

0, 1 à 0, 6. Le ton est caractérisé en *harmonie secondaire* (basse continue au milieu) d'abord, en fondamentale ensuite. Uniton mineure.

0, 7 à 2, 10 e Mod au principal, par note comm, déterm tit de la 7me–5me note, forme nat b.

0, 16 à 2, 18 e Mod au relatif, par note comm, déterm tit de la 3me–6me note, forme nat b.

Gozia.

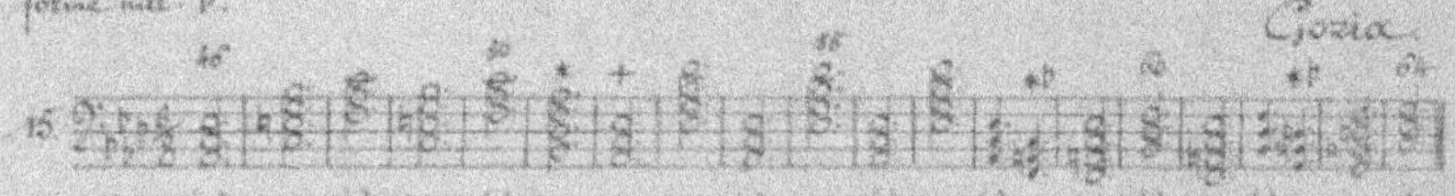

3, 58 à 0, 60 e Mod de 3me cat, par note comm, en 1re ligne gauche, déterm tit de la 6me–5me note, forme nat b, § 247, 5me gr., § 77, e T 45.

3, 62 à 0, 64 e Mod de 2me cat, transitive, en 8me ligne droite, déterm tit de la 6me–5me note, forme nat b, § 220, 5me gr., § 49, e T 24.

Gounod.

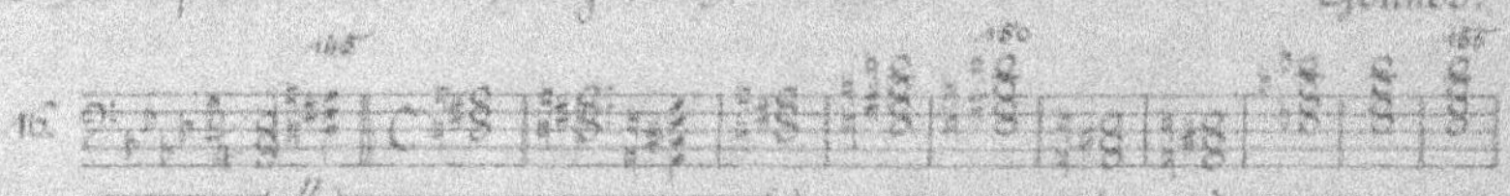

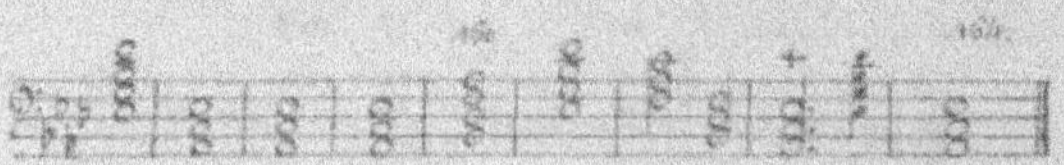

2, 145 à 3, 146 Grand modulat par alt en double, de 1re cat, à la quarte augm, 13me groupe § 29, e T 101 § 131 (la 1re tonique forme 4, la 2me tonique forme 4).

0, 162 à 0, 137 e Mod diap de 1re cat, à l'octave dim, 23me gr. § 44, e T 209. De la mes 155 et jusqu'à moitié de la mes 156, un triton valide par une dominante qui se répète, c'est comme si elle continuait.

0, 157 à 0, 164 Uniton majeure. D'abord basse continue au milieu, pseudo (forme 8) avec continuation de la tonique ; puis mes 159 à 163, phrase unitonique, contre-except.

(acc. diss. de la 2me note, forme 6 — acc. diss. de la 5me note, formé nat. en 24 — trit. de la 6me note — trit. de la 2me note) d'où cadence irrégulière, puisqu'on reste en unitonique.

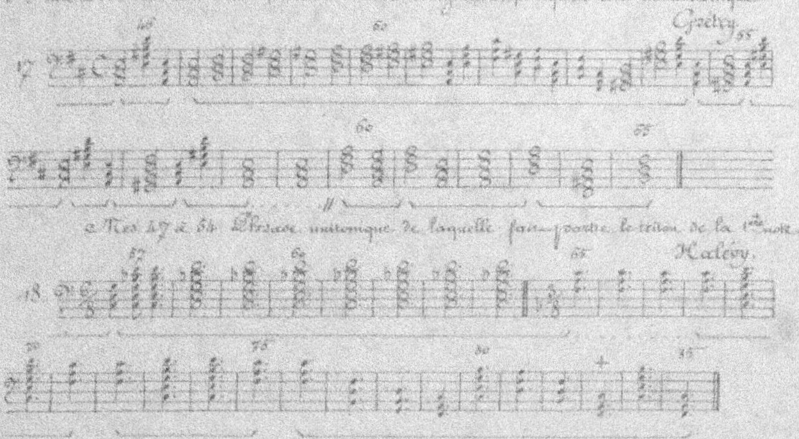

Nos 47 à 54 Phrase unitonique de laquelle fait partie le triton de la 1re note.

D'abord une mod. diap. de 1re cat., à la quarte juste, bien qu'accompagnée de deux de ses formes tronquées, puis unitonie majeure. À la dernière phrase, mes 75, la tonique en forme altérée (la 2me) de même que le trit. de la 4me note (la 1re), précèdent le trit. de la 1re note, cadence except.

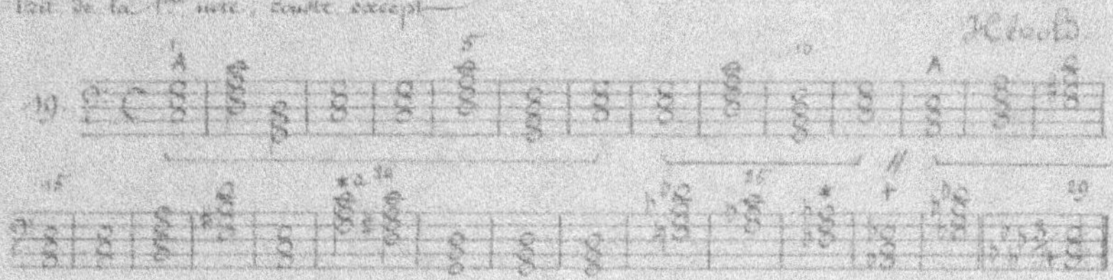

La composition commence en contraction régulière C (anticipation de la tonique), § 16e note. Nos 11 à 12, trans. nat. au ton relatif qui se pose de la même manière. Nos 19 à 21, mod. de 4me cat., par note comm. en 1re ligne droite, détermi. trit. de la 6me 7me note (forme 6), continuation de la tonique (basse continue), — mod. diap. de 4me cat., à la dept. min., — et finalement mod. par note comm. au principal.

Herz

20.

Nos 48 à 52 Mod. de 1re cat. transitive en 7me ligne droite, détermi. trit. de la 5me 3me note forme nat. ♭ d'après laquelle est donnée la signature de tonalité, ce dont on rencontre encore des exemples. D'après notre système, cette signature n'avait pas de raison d'être, ainsi qu'on le voit — et cependant on croit devoir y reconnaître l'unit. formellement exprimé par le compositeur, idéal. il reste à constater la tonique autoriée, § 16e note. Dans le cas donc qui nous occupe il y aurait transition du ré ♭ au la etc.

Hummel

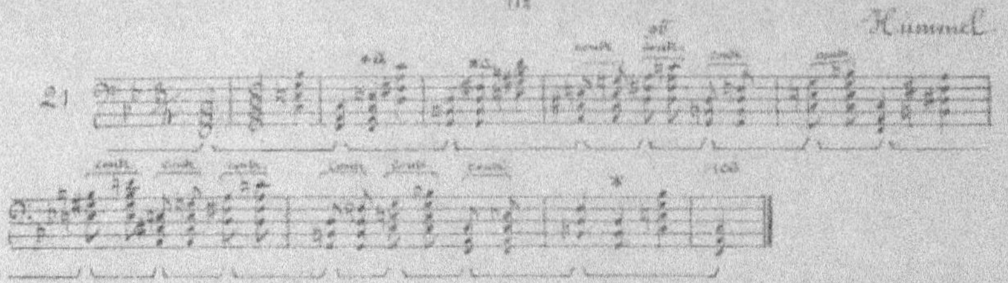

1.93 à 1.94 ou 1.94 à ½ 1.95. Mod de 1re cat., par note comm., en 2de ligne droite, déterm. acc diss de la 1re-7me note (forme 7) §. 190, 6me gr. §. 21, Ex 28 et 30. Puis une série de onze modulations dispositives, toutes de 1re cat., la cinquième à la sept. maj. les quatre premières et les six dernières à la quarte juste et en contraction. Voir ex. 10, §. 165 note.

1.99 à 1.100 Mod de 1re cat., par acc comm., en 1re ligne droite, déterm. tril de la 6me-2de note (forme 1), §. 188, 17me gr. §. 58, Ex 128.

Kalkbrenner

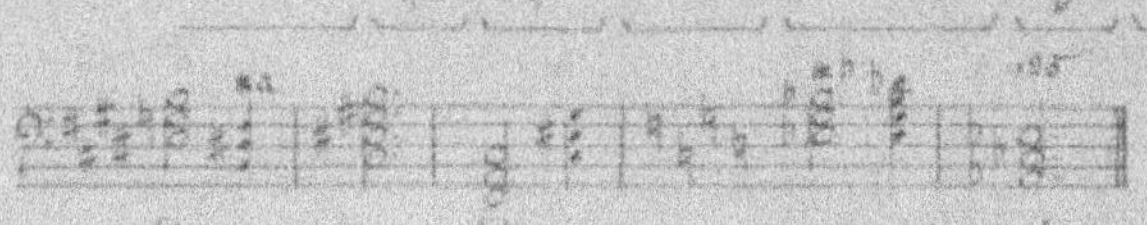

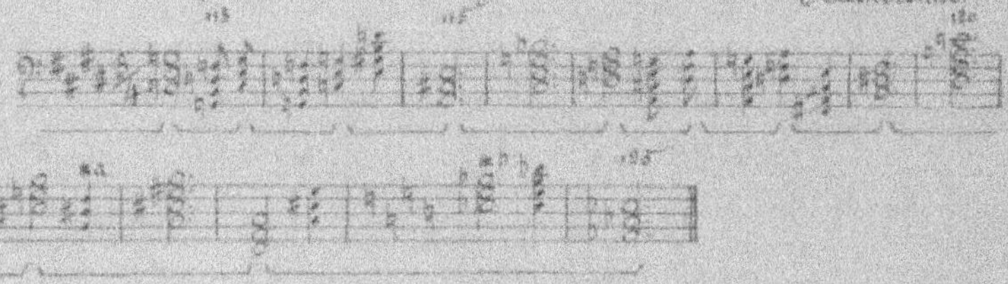

2.123 à 0.125 Mod de 2me cat., transitive, en 10me ligne gauche, déterm. tril de la 7me-5me note; forme nat. b. §. 235, 7me gr. §. 51, Ex 48.

Kuhé

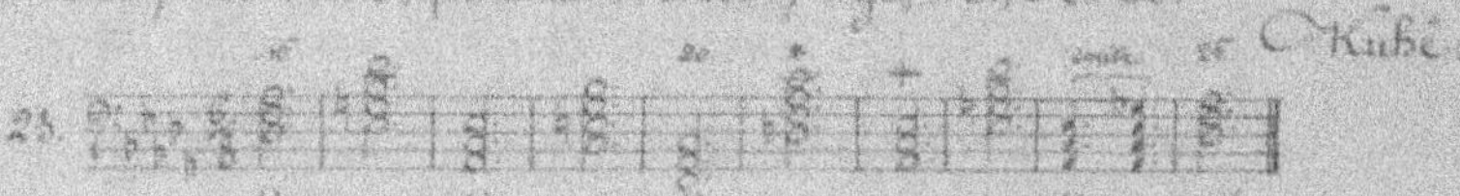

Mes 24 La contraction isolée doit se diviser lorsqu'elle contient la tonique qui vient de faire contraction exceptionnelle, parceque cette dernière implique la réapparition de la tonique après la dominante. C'est l'un des cas qui font exception à la disposition consignée au §. 165, note 2, relative au nombre des contractions.

Lambert

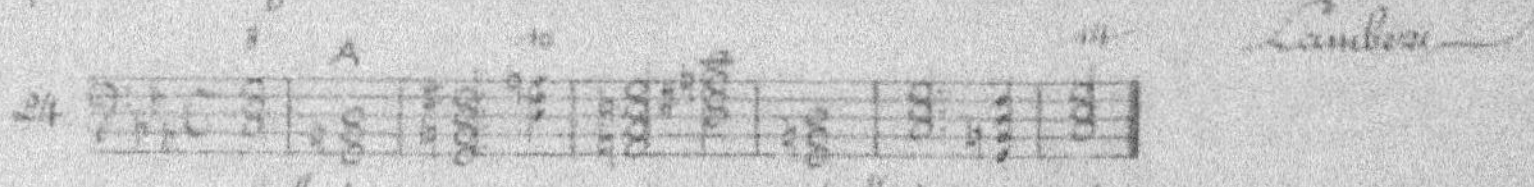

Mes 8 à 9 Grand nat de 4me cat. à la quinte juste; avec anticipation de la tonique.

Lefébure-Wely

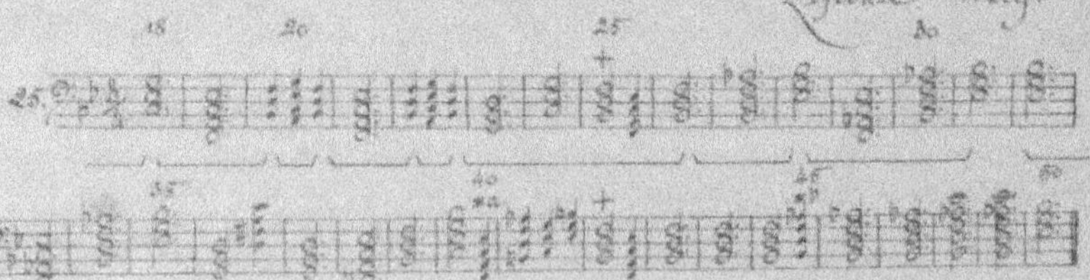

2.44 à 0.45 Mod de 4me cat., par note comm., en 1re ligne droite, déterm. tril de la 3me-4me note (forme 1). §. 277. 20me gr. §. 127, Ex 193 dont une basse continue compacte, fondée dans forme complète, altération descendante de la septième.

2,45 à 0,60 Mod de 1re cat. par note comm., en 1re ligne gauche, déterm. avec diss. de la 1re – 5me note, forme nat. b.

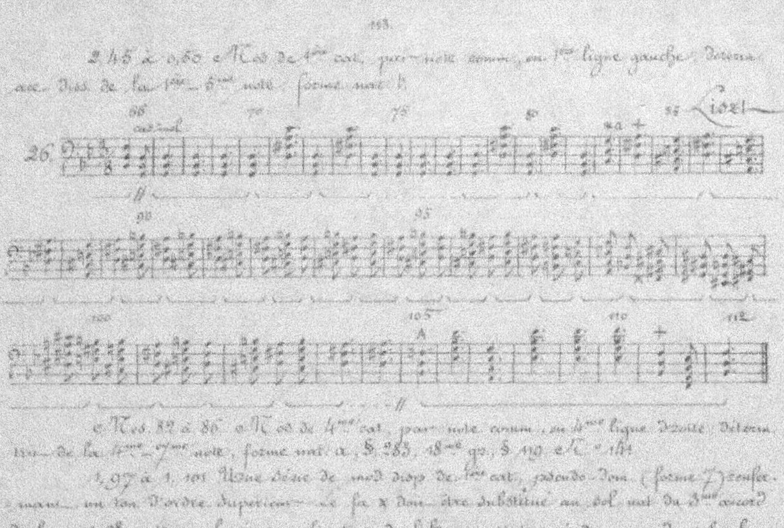

Mes. 82 à 86. Mod de 4me cat. par note comm., en 4me ligne droite, déterm. ... de la 4me – 7me note, forme nat. a, § 283, 18me gr., § 119, Ex. n° 184.

1,97 à 1,101. Une série de mod. diss. de 1re cat. pseudo-ton (forme 7) renfermant un ton d'ordre supérieur. Le fa x doit être substitué au sol nat. du 3me accord de la mes. 98, note employée par l'auteur de l'harmonisation évidemment dans le but de faciliter la lecture; l'intention de maintenir la symétrie des successions est trop visible pour en douter. Le passage entier constitue une évolution harmonique en ré maj. d'après la disposition composée, § 178.

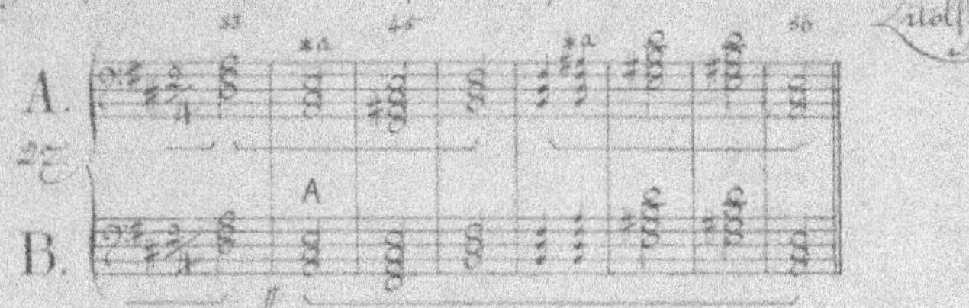

A la rigueur ce passage doit s'interpréter tel qu'il l'est dans A, vu à cause de la cadence du si min., le ton majeur du la ne se pose comme tonique qu'à la mes. 50. En considérant la dominante du si min. comme simple altération, le la maj. auquel le choix des accords convient parfaitement, peut se poser déjà à la mes. 44 (B). Voir au § 178. D'après l'original, la seconde interprétation paraît plus conforme aux intentions du compositeur.

2,116 à 0,118. Mod. de 1re cat. par note comm., en 4me ligne droite, déterm. avec diss. de la 6me – 4me note (forme 15), § 194, 9me gr., § 25, Ex. 68.

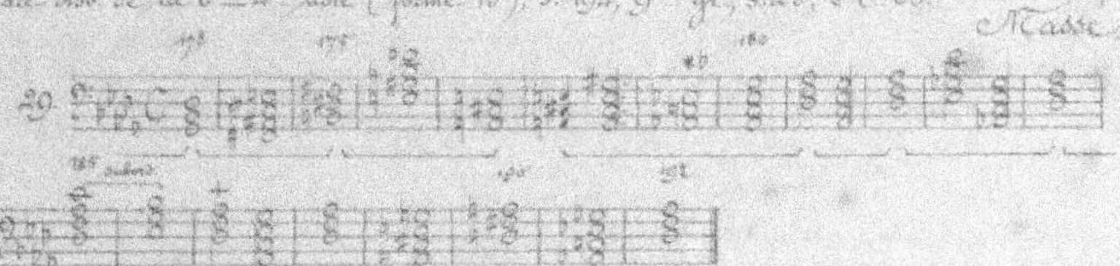

173 à 175. Mod. disp. de 1re cat., à la tierce augmentée; 10me gr. § 26, Ex. 71.

1, 178 à 2, 181. Mod. de 1re cat., transitive, en 8me ligne gauche, déterm. de la 1re—8me note; forme mel. b. § 202; 11me gr., § 27, Ex. 79. La tonique du premier ton devient—est déterm. en qualité de triton de la 1re note, § 145.

182 à 184. Union maj. dom. ord. (forme 28, employée seulement).

184 à 188. Union maj., si l'on considère la mod. disp. en mi b min. comme subordonnée. On peut la maintenir et en ce cas il y a transition en ré b maj., mais placée ainsi au milieu d'une harmonisation unitonique, on se demande peut-être avec raison s'il est bien nécessaire d'interrompre celle-ci par une mod. disp. isolée. § 176. Suivent deux mod. disp. de 1re cat., la première à la prime augmentée, la seconde à l'octave diminuée.

Mendelssohn-Bartholdy.

30.

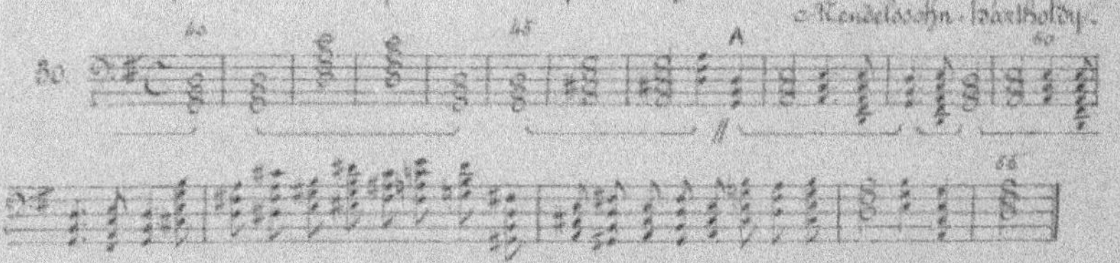

Le dernier accord de la mes. 47 est certainement la tonique, car sa cadence se fait sentir plusieurs fois. Mais aux trois apparitions qu'il fait aux mes. 48 et 50, on doit le prendre plutôt pour une forme accidentelle due à la rencontre de trois notes de passage. S'il s'agit de double ou triple note étrangère, l'analyse ne tient compte que de celle appartenant à la partie supérieure, de sorte que les trois premiers temps des mes. 48 et 50 s'interprètent ainsi:

Meyerbeer

31.

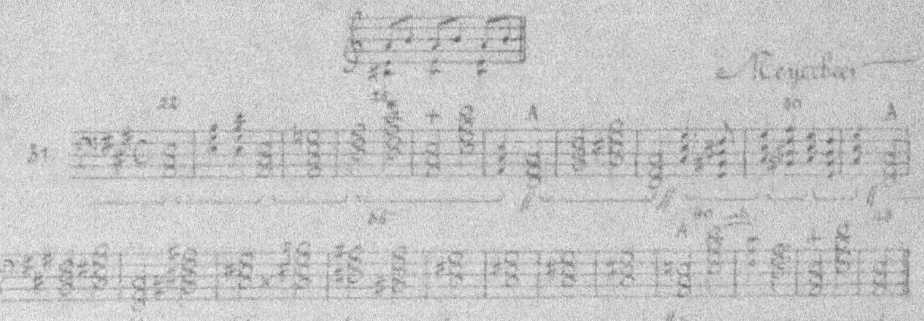

La mod. dispositive qui aux mes. 24 à 25 vient interrompre l'unitonique peut être supprimée sans inconvénient. Il en est de même de celle qui se produit entre les mes. 34 à 35 dans une basse continue composée fondamentale d'abord en dessus, puis en même temps au dessous. Que le compositeur entend pour tonalité le la maj. dès la mes. 40 paraît évident; la mod. disp. en fa # min. n'est donc qu'une altération.

Mixy

32.

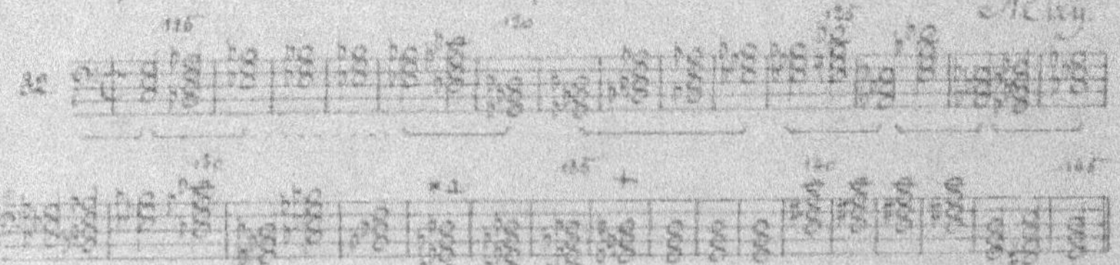

Le triton qui occupe la seconde moitié des mes. 127, 129 et 130 est la dom. ord. en forme incomplète (sans septième) parce qu'il y a enchaînement de modulations dispositives (disp. composée), § 160.

1, 131 à 1, 141 : Mod. de 1re cat., transitive, en 7me ligne droite, déterm. acc. diss. de la 6me-6me note (formes 18 et 6), § 200, 15e gr., § 17, c. T. D.

Remarquons, à la mes. 141, la pseudo-dom. dans une forme employée rarement (la 26me).

Moscheles.

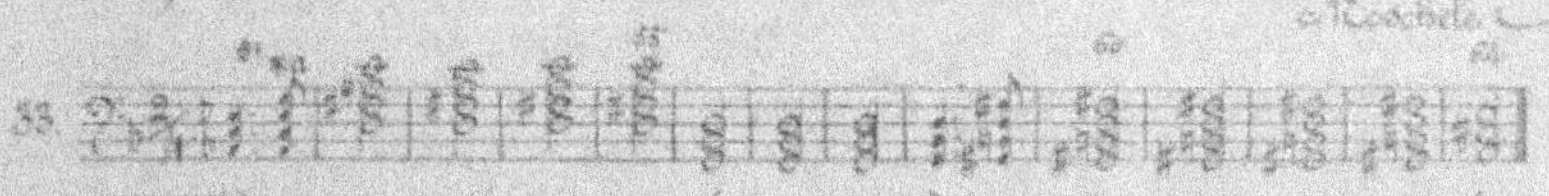

Au commencement, mod. de 3me cat., par note comm., en 2me ligne droite, déterm. acc. diss. de la 1re-2me note, forme nat. a.

À la mes. 59, encore la pseudo dom. dans une forme altérée singulière (la 24me).

Mozart.

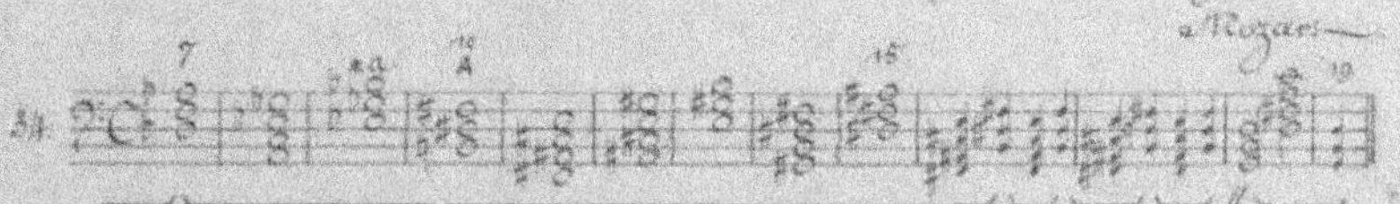

C'est de toutes les harmonisations proposées la seule qui, pour l'interprétation, offre quelque difficulté en ce qu'elle contient des substitutions d'orthographe faites évidemment dans l'intérêt de la lecture. La première cadence qui se rencontre à partir du ré ♭ maj. est celle du si maj. au commencement de la mes. 16; ainsi il y a modulation entre ces tons. La tonique du ton succédant se pose par anticipation à la mes. 10; il est donc certain que les accords placés entre cette tonique et sa cadence constituent la partie unitonique du si majeur. Des cinq accords dont elle se compose, les quatre derniers sont en forme altérée dont deux, savoir celle du tét. de la 6me note (mes. 13) et celle du tét. de la 4me note (mes. 15) n'appartiennent point à l'unitonique majeure en vertu des principes d'orthographe, car ce serait vouloir altérer en si majeur sol - si - ré en sol ♯ - si ♭♭ - ré ♭, et fa - la - do en fa ♭ - la ♭♭ - do ♭. Il y a donc à l'égard de ces deux accords substitution qu'il est important d'expliquer. En remplaçant, dans la simplification, les accords des mes. 13 et 15 par leur équivalent en dièses, on obtient mi ♯ - sol ♯ - si ♯ pour le premier, ré ♯ - fa ♯ - la ♯ pour le second, et ils deviennent ainsi toniques des 4me et 3me notes. On verra que cela va régulariser le passage en question et faire deviner en même temps les intentions du compositeur. Le tét. de la 4me note prend à présent l'altération ascendante de la fondamentale et de la quinte, ce qui est conforme aux principes et le tét. de la 3me note se trouve être en forme naturelle. Dès lors, on aperçoit sans peine le principe de l'orthographe choisie par Mozart : son but principal était de donner mi ♯ - sol ♯ - si ♯ dans une forme plus connue, celle de fa - la ♭ - do ; son but secondaire, et celui-ci s'explique par l'altération et par la disposition des quatre accords en question, de faire descendre parallèlement par demi-tons les deux parties inférieures, ré ♯ - do / la - la ♭ et si - si ♭ / sol - sol ♭, le tout pour guider plus sûrement le lecteur. Voir à la fin du § 143.

Cette modulation est de 1re cat., transitive, en 10me ligne droite, déterm. tét. de la 2me-4me note, forme nat. a, § 207, 22me gr., § 38, c. T. 168. Chacun des deux tons avec une partie unitonique, § 141 D, à celle du second ton participe l'acc. déterm. devenu après coup accord ordinaire, § 141 C, c.

4, 16 à 2, 17 : Mod. disp. de 3me cat., à la prime juste (à l'homonyme).

Offenbach.

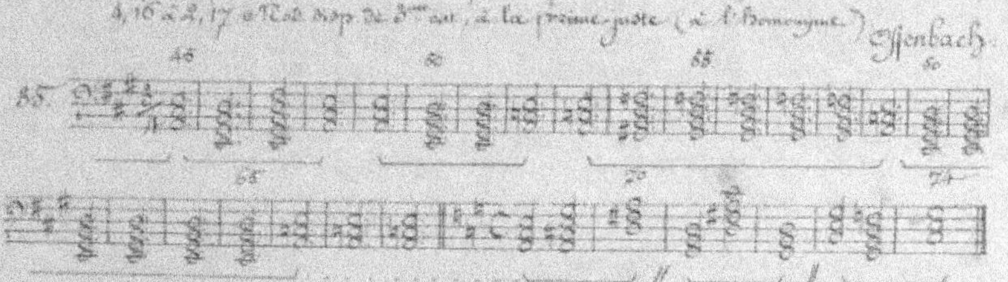

Mes 53 à 59. Unison min. cadence pseudo dom. en forme incomplète et altérée (la 9me). La note absente est toujours censée être naturelle.

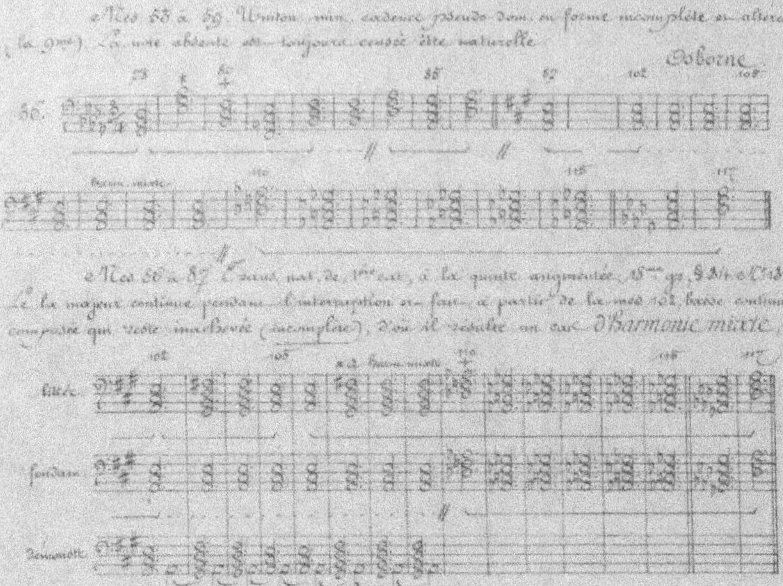

Mes 56 à 87 trans. nat. de 1re esp., à la quinte augmentée, 18me qu., § 314 et 131. Le la majeur continue pendant l'interruption et fait, à partir de la mes 102, basse continue composée qui reste inachevée (incomplète), d'où il résulte un cas d'harmonie mixte.

Basse continue composée incomplète.

En harmonie littérale, le nom l'indique suffisamment, on prend tous les accords au pied de la lettre, comme s'il n'y avait aucune distinction à faire par rapport à leur valeur; elle est indispensable pour l'entière clarté de l'interprétation ainsi que l'exemple exposé va le faire voir. Pour l'ordinaire, cette harmonie tient lieu de la fondamentale, mais elle est nécessairement subordonnée à cette dernière aux endroits où elle présente de l'harmonie secondaire. Quand la basse continue par exemple se trouve dans des conditions normales, c'est-à-dire qu'elle se pose et se termine par la tonique, les secondaire et fondamentale se succèdent en phrases qui appartiennent à l'une ou à l'autre exclusivement; dans le cas contraire, il se forme donc naturellement une phrase dans le courant de laquelle la fusion des deux harmonies a lieu de la manière déterminée par les circonstances. Voyons maintenant l'exemple en question. Une basse continue s'accomplit régulièrement de la mes 102 à la mes 105, ainsi, harmonie secondaire (cadence incluse) qui équivaut à la continuation de la tonique en fondamentale. Une seconde cadence incluse s'annonce à la mes 107 par la présence de la dominante, la simplification en fait foi mais sans aboutir, donc en fondamentale encore continuation de la tonique jusqu'à la mes 109. La cadence ne se faisant pas, la basse continue reste inachevée, ou incomplète, et la dominante devient comme toujours en pareil cas accord ordinaire, soit accord déterminant. Ce dernier appartenant encore à la secondaire tandis que le reste de la modulation à partir de l'apparition de la tonique du second ton (mes 110) rentre dans la fondamentale, il se forme évidemment une harmonie mixte, et comme dans le présent cas la seconde tonique, avec la pose de laquelle la secondaire cesse, est dans partie intonique, il s'ensuit qu'en harmonie mixte elle fait construction exceptionnelle et qu'en fondamentale elle succède en transition. La circonstance que la tonique en question a une altération n'y change rien, on le sait déjà. La transition est ici modulatoire par altération en seconde.

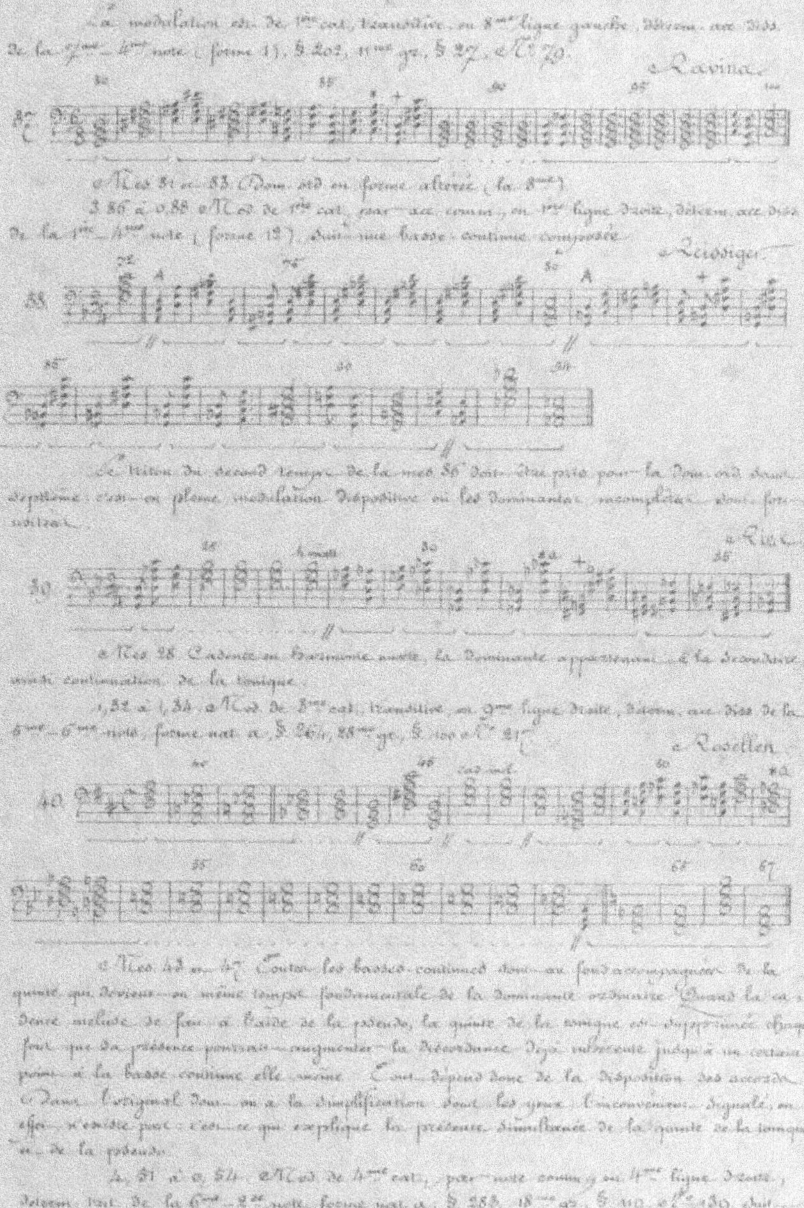

La modulation est de 1re cat., transitive, en 8me ligne gauche, détern. avec dièse de la 7me – 4me note (forme 1), § 202, 11me gr., § 27, Ex. 70.

Lavina

87.

Mes 81 et 83. Dom. ord. en forme altérée (la 8me).

3.86 à 0.88 Mod. de 1re cat., par acc. comm., en 1re ligne droite, détern. avec dièse de la 1re – 4me note (forme 12), suit une basse continue composée.

Reissiger

88.

Le triton du second temps de la mes. 86 doit être pris pour la Dom. ord. sans septième ; c'est en pleine modulation dispositive où les dominantes incomplètes sont fréquentes.

Reber

89.

Mes 28. Cadence en harmonie suite, la Dominante appartenant à la seconde, suivi continuation de la tonique.

1,32 à 1,34 Mod. de 8me cat., transitive, en 9me ligne droite, détern. avec dièse de la 5me – 6me note, forme nat. a, § 264, 28me gr., § 100, Ex. 21.

Rosellen

40.

Mes 43 et 47. Toutes les basses continues sont au fond accompagnées de la quinte qui devient en même temps fondamentale de la dominante ordinaire. Quand la cadence mélodique se fait à l'aide de la pédale, la quinte de la tonique est supprimée chaque fois que sa présence pourrait augmenter la discordance déjà inhérente jusqu'à un certain point à la basse continue elle-même. Tout dépend donc de la disposition des accords. Dans l'original dont on a la simplification sous les yeux l'inconvénient signalé, en effet, n'existe pas : c'est ce qui explique la présence simultanée de la quinte de la tonique et de la pédale.

A, 51 à 0, 54. Mod. de 4me cat., par note comm., en 4me ligne droite, détern. nat. de la 6me – 2me note, forme nat. a, § 283, 18me gr., § 119, Ex. 139, suit une basse continue composée.

Mes 63. Cadence modulatoire par altération en première.

Rossini

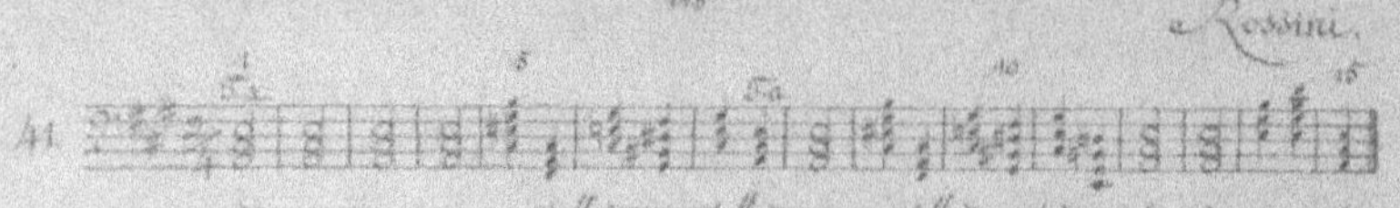

On voit que par deux fois le trait de la 1re note du ton indiqué se pose en tête d'une phrase qui finit par la cadence d'un autre ton après laquelle une transition se produit; plus qu'il n'en faut pour constater la *tonique autorisée* (construction D), § 16, note, car en supposant même que le premier accord des mes. 5 et 9 ne soit qu'un simple triton, la seconde cadence étrangère n'en existerait pas moins. Ce cas est d'autant plus facile à reconnaître qu'il s'agit ici d'une signature de tonalité réelle.

Schumann

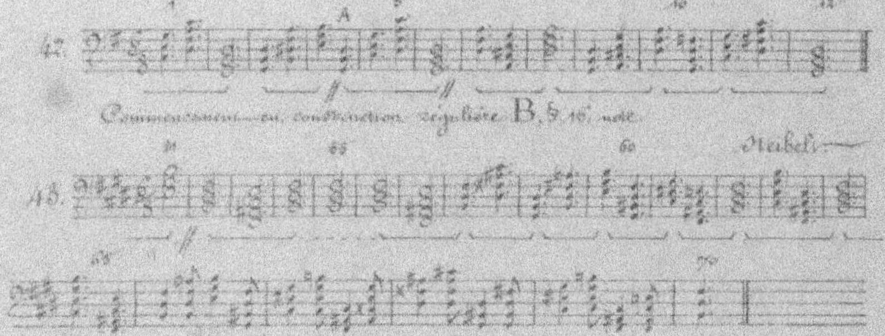

Commencement en construction régulière B, § 16, note.

Steibelt

Beaucoup de modulations dispositives. D'après la dispositive *composée*, tons appartenant au ré maj. à partir de la transition 0, 52 à 3, 58 unitonique; de là à 0, 62 diversion; de là à 2, 66 unitonique; de là à 3, 70 diversion qui transforme deux tons d'ordre supérieur.

Halévy

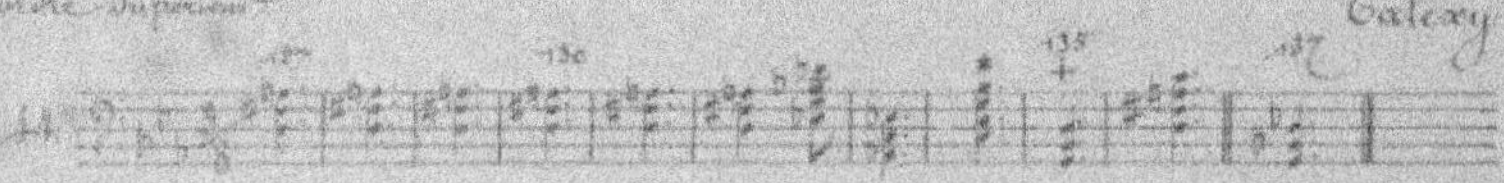

Basse continue. — mod. disp. de 1re cat., à la quinte dim. — mod. de 3me cat., par acc. comm., en 8me lig. droite, déton. acc. diss. de la 3me–4me note (forme 40), § 250, 27me gr., § 99, et T. 210.

Thalberg

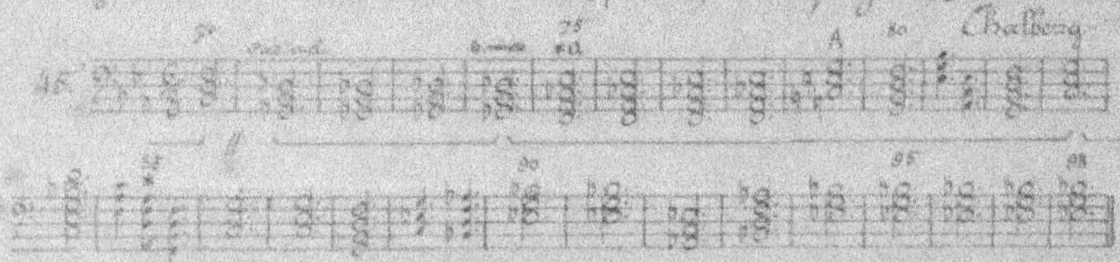

Mes. 74 à 83. Mod. de 1re cat., par note comm., en 6me lig. droite, déton. acc. diss. de la 5me–6me note (forme 25), § 198, 18me gr., § 70, et T. 99. En *littérale*, cette modulation est en harmonie *mixte*. Par le fait qu'à la mes. 74 la dom. sol devient acc. diss. de la 6me avec la cadence de faisant par, le premier ton possède une partie unitonique qui appartient à la *secondaire* et la modulation commence déjà à la mes. 78. Les deux harmonies se confondent donc ici dans l'accord déterminant.

Van Elewyck

46.

Mes 72 à 81. Mod de 4ème cat, transitive, en 7ème lig. droite, déterm. acc. dim. de la 2ème – 7ème note (forme 89), § 289, 10ème gr. § 111, N° 80.

Verdi

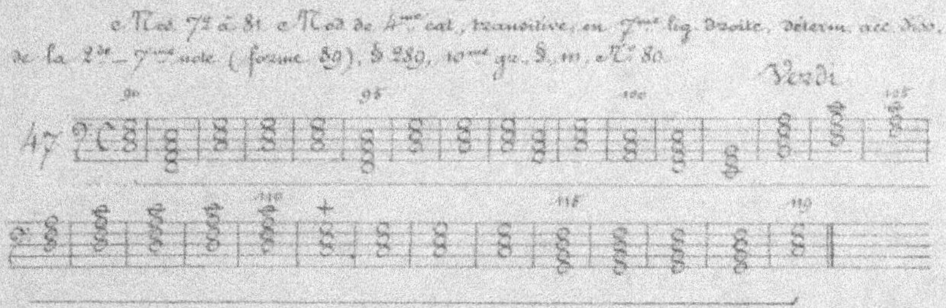

Voir à l'harmonisation N° 4 pour l'interprétation de l'accord de la mes. 108.

Phrase unitonique remarquable par la dimension et par les altérations, elle est en outre précédée d'une basse continue d'une vingtaine de mesures. Remarquons la présence du trit. de la 1ère note aux mes. 92, 93, etc.

Wagner

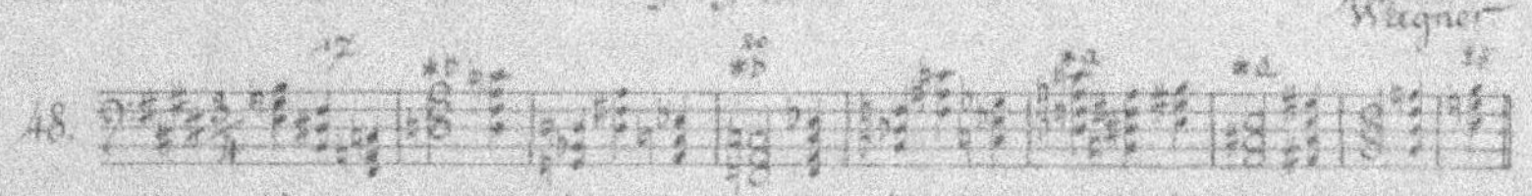

1, 17 à 1, 19. Mod de 2ème cat, par note comm., en 3ème lig. gauche, déterm. trit. de la 7ème – 3ème note, forme nat. b, § 221, 8ème gr., § 52, N° 54.

1, 19 à 1, 21. La même N° 57.

1, 21 à 3, 22. Mod de 4ème cat., par note comm., en 9ème ligne droite, déterm. acc. dim. de la 3ème – 7ème note (forme 66), § 293, 16ème gr., § 116, N° 109.

v. Weber

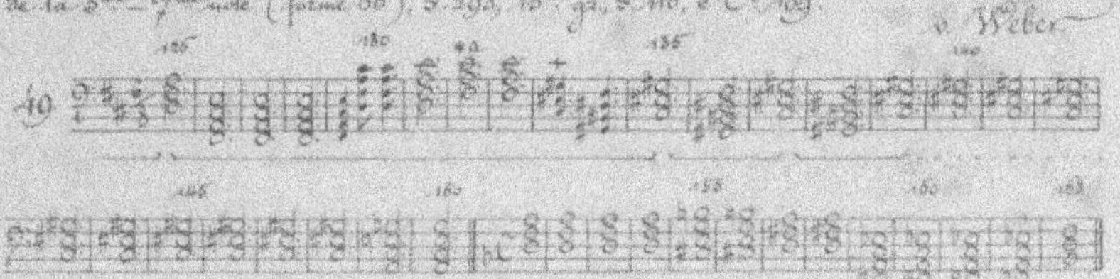

Mes. 126 à 135. Mod de 1ère cat., par note comm., en 5ème lig. droite, déterm. trit. de la 3ème – 4ème note, forme nat. a, § 195, 25ème gr., § 41, N° 191.

Voir la fin de la continuation que fait la tonique à partir de la mes. 141; elle prend deux formes altérées (les 3ème et 4ème). Voir à la fin du § 144.

Dans la dernière modulation dispositive, la dom. 9ème présente une forme altérée (la 21ème) que l'on ne rencontre pas souvent.

FIN.

Note au §. 150.

Voici comment s'explique l'*Enharmonie* d'après les principes de l'auteur. Les cadences comme celles-ci

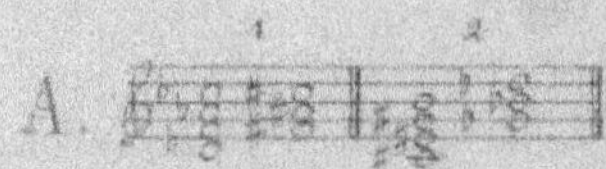

et que parfois l'on trouve marquées dans les compositions de la manière suivante qui est déjà plus explicite

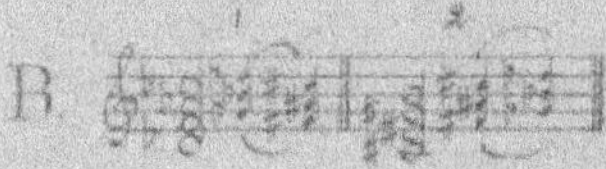

sont au fond des *transitions au synonyme*. Au lieu d'orthographier cette transition régulièrement en terminant d'abord la cadence indiquée par la dominante pour commencer ensuite le ton synonyme

C.

on *substitue* la tonique de ce dernier à celle du premier ton. C'est ainsi que se forment les cadences exposées sous A. et représentée de la sorte, la transition au synonyme a de la cadence l'*effet* sans en avoir *l'orthographe*. Or, la *cadence avec substitution enharmonique* (ou tout court *cadence enharmonique*) ayant *nécessairement* l'orthographe irrégulière, hybride, elle est inconnue en théorie. C'est pourquoi l'*Enharmonie* doit en disparaître comme principe; elle ne peut y rester qu'à titre d'expédient orthographique. En théorie et conséquemment en analyse, la cadence en question reste donc ce qu'elle est originairement, c'est-à-dire *transition au synonyme*.

TAB. I

Tons principaux (majeurs)

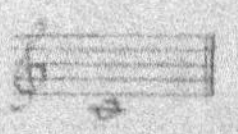

(base)

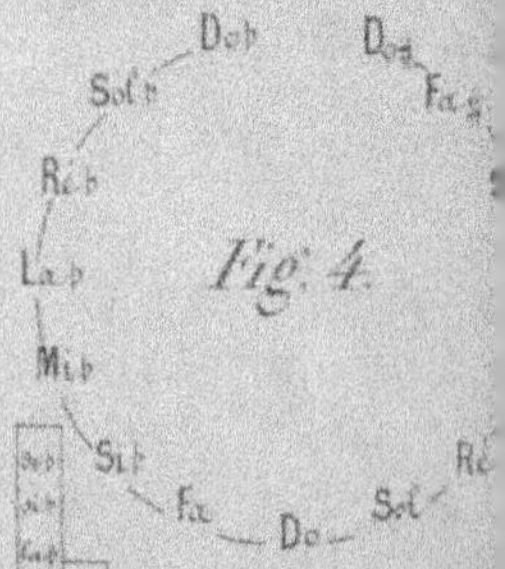

Fig. 4.

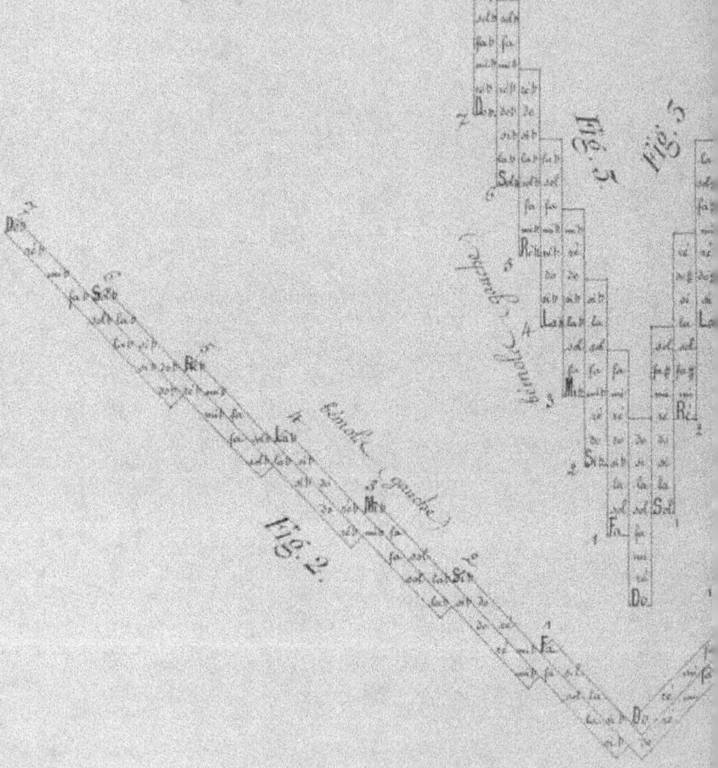

Fig. 5

bémols (gauche)

Fig. 2.

bémols (gauche)

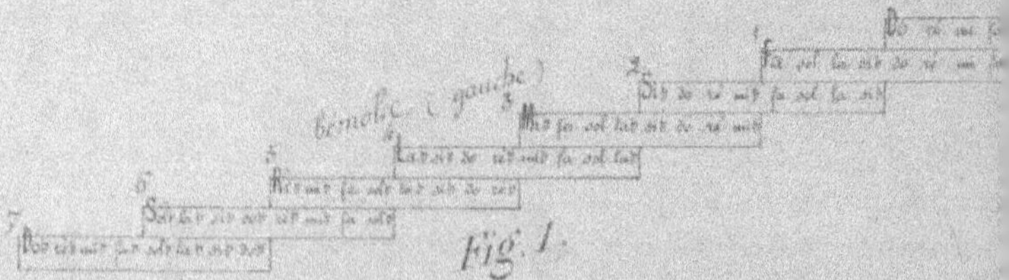

Fig. 1.

dièses (droite)

Fig. 2.

Fig. 5.

Sol ♭
Do ♭
Ré ♭
Fa #
Do #
Si
Mi
La ♭
Cercle de quintes
Tons majeurs
Mi ♭
La
Si ♭
Ré
Fa
Do
Sol

dièses (droite)

Fa# sol# la# si do# ré# mi# fa#
Si do# ré# mi fa# sol# la# si
Mi fa# sol# la si do# ré# mi
La si do# ré mi fa# sol# la
Ré mi fa# sol la si do# ré

Fig. 1

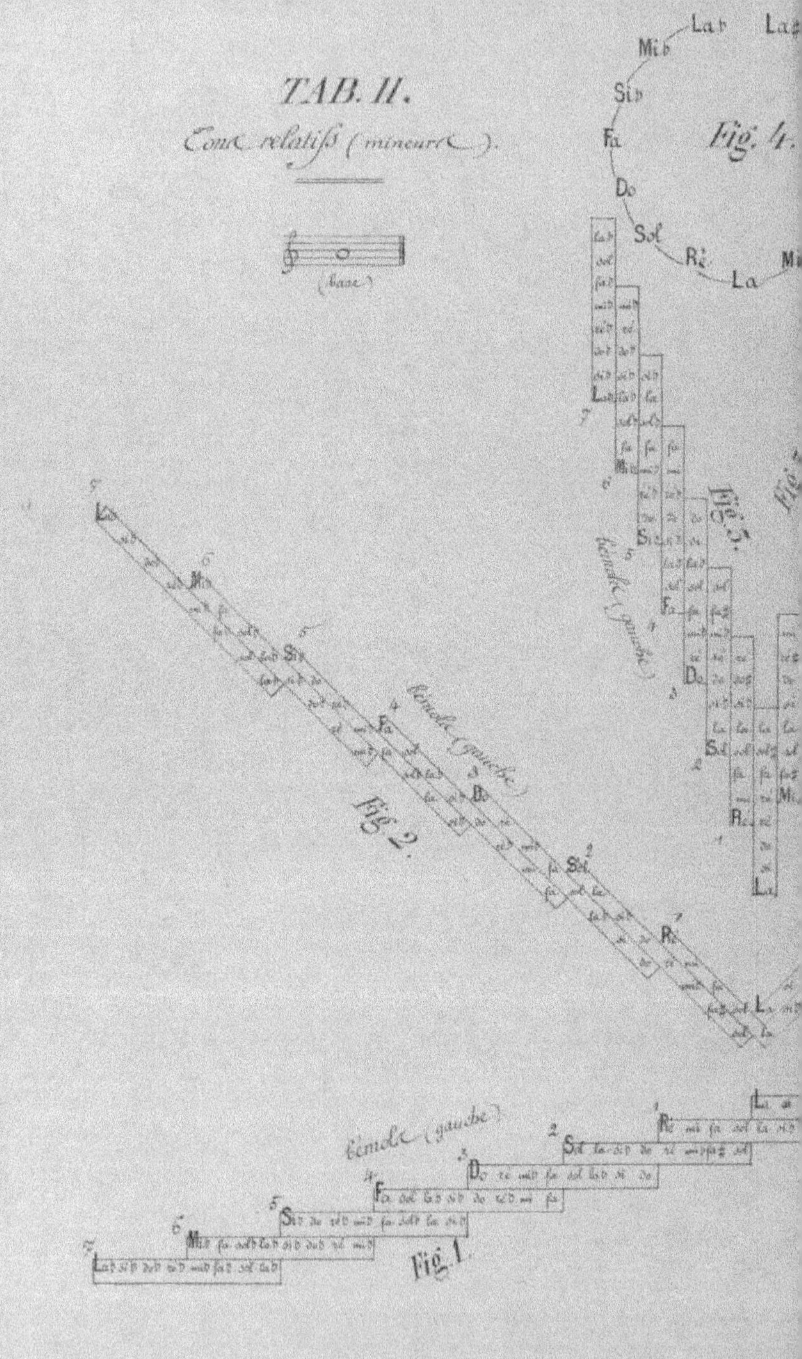

TAB. II.
Tons relatifs (mineurs).
(base)
Fig. 4.
Fig. 5.
bémols (gauche)
Fig. 2.
Fig. 1.

Fig. 5.

Cercle de quintes.

Tons mineurs

Mi♭ La♭ Sol♯ Ré♯ La♯ Si♭ Do♯ Fa♯ Si Mi La Ré Sol Do Fa

Fig. 2.

dièses (droite)

Fig. 1.

dièses (droite)

TAB. III.

Tons principaux et relatifs.

Ces derniers prenant naissance sur la sixte des principaux.

(base)

Fig. 4.

Fig. 5

Fig. 3.

Fig. 2

Fig. 1

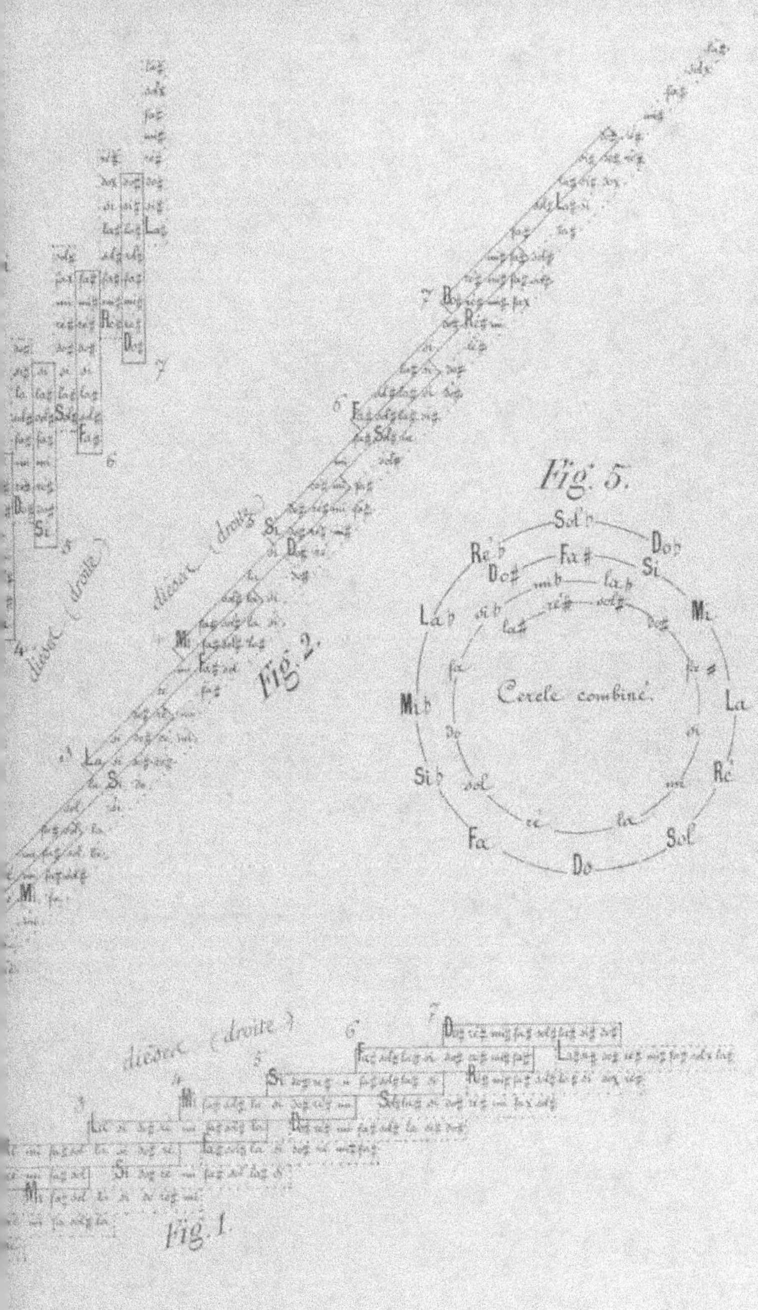

Fig. 5.
Cercle combiné
Sol♭
Do♭
Ré♭
Fa♯
Si
Do♯
Mi
La♭
La
Mi♭
Ré
Si♭
Sol
Fa
Do
dièse (droite)
Fig. 2.
dièse (droite)
Fig. 1.

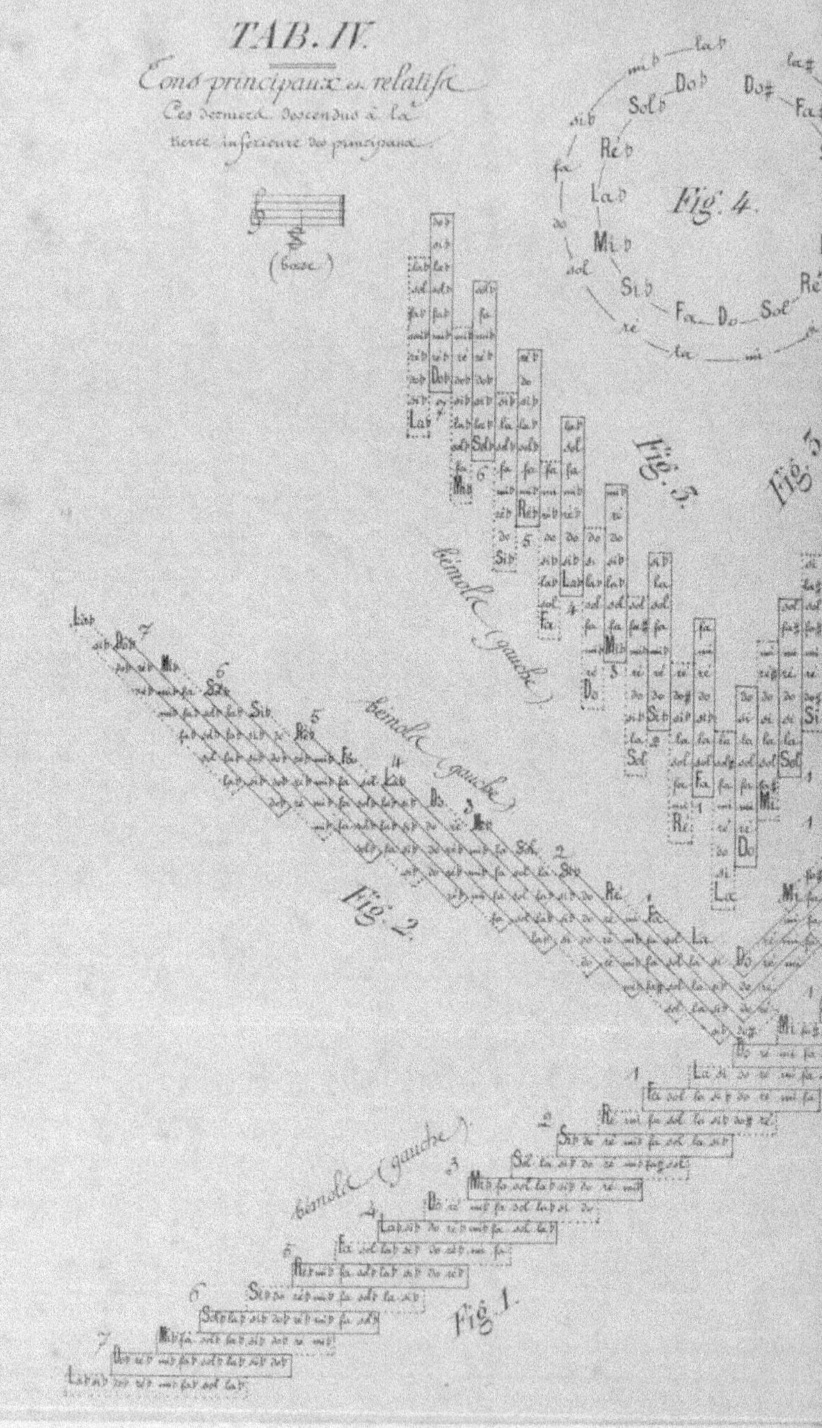
TAB. IV.
Tons principaux et relatifs
Ces derniers descendus à la tierce inférieure des principaux
(basse)
Fig. 4.
Do♭
Sol♭
Ré♭
La♭
Mi♭
Si♭
Fa
Do
Sol
Ré
Do♯
Fa♯
la♭
mi♭
si♭
fa
do
sol
ré
la
mi
la♯
Fig. 5.
bémols (gauche)
Fig. 3.
bémols (gauche)
Fig. 2.
bémols (gauche)
Fig. 1.

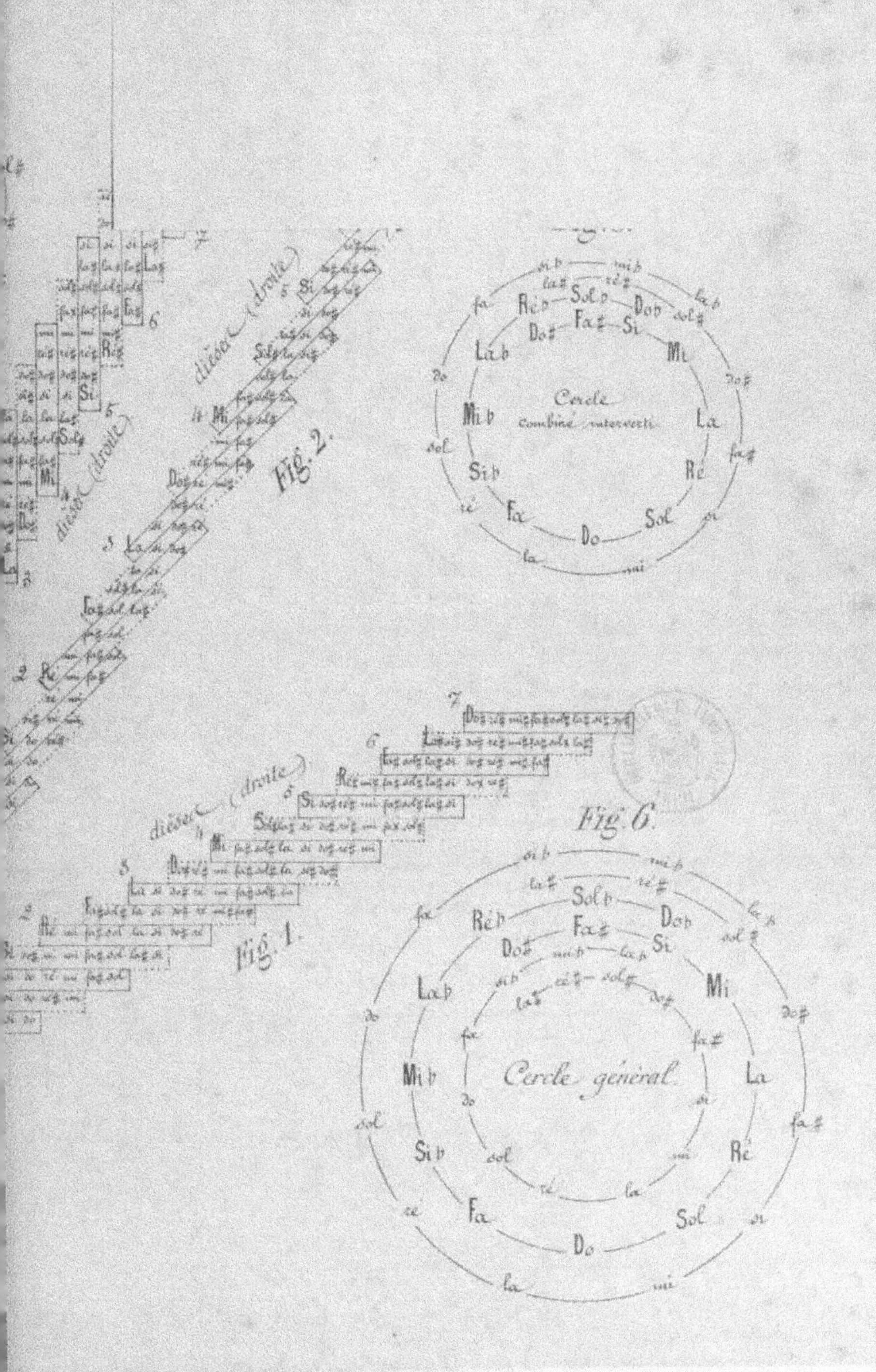
dièse (droite)
Fig. 2.
Cercle
combiné interverti
dièse (droite)
Fig. 1.
Fig. 6.
Cercle général

www.ingramcontent.com/pod-product-compliance
Lightning Source LLC
LaVergne TN
LVHW052029060726
842528LV00002B/689

* 9 7 8 2 3 2 9 2 2 4 7 2 5 *